把自己找回来
把过程看成生命
一定还有……

变论

◎ 朱跃生 著

中国商业出版社

图书在版编目（CIP）数据

变论 / 朱跃生著. -- 北京：中国商业出版社，2019.11

ISBN 978-7-5208-0971-9

Ⅰ.①变… Ⅱ.①朱… Ⅲ.①哲学思想－研究 Ⅳ.①B1

中国版本图书馆CIP数据核字(2019)第248030号

责任编辑：管明林

中国商业出版社出版发行
010-63180647 www.c-cbook.com
(100053 北京广安门内报国寺1号)
新华书店经销
北京中华儿女印刷厂印刷

*

710毫米×1000毫米　16开　13印张　118千字
2019年11月第1版　2019年11月1次印刷
定价：68.00元

****

（如有印装质量问题可更换）

序 变论

序

《问道篱瓜》

游子问篱瓜
归田牧野家
仙神修世谱
雅客乐哈哈
无道皆成道
非花尽是花
人间求索事
谁与种桑麻

变论　序

　　七月流火，时序变迁。刚刚为《薛氏家族文史丛书》写完跋正式出版之际，朱跃生诗友电话里说书稿已完成，请我写个序。我想定是跃生老弟一部力作，因为他是中国石油系统里的笔杆子之一。他告知，本书是从多维视角去思考论"变"。作为哲学命题，当初我有些担心此题过大，不易阐述。样稿到手，约见在北京东城白鹿江西酒店里，我和陈刘平博士、诗院秘书长谷淑君一同研读朱跃生先生的《变论》。欣赏学习后，感到很有启迪，值得全国作家诗友们研读。

　　我很惊讶《变论》题目如此广而大，心想很难讨论出定量的概念与宏辩的结果。远古先贤先圣们在"天地人"的时空变数中，早已在朴素的哲思中感受到生存和发展是在无数变中求其发展的，诸如伏羲的卦学、周文王周武王的易学、老子的道学、孔子的儒学等，我们现代人同样会去想一些困惑的哲学命题：譬如宇宙是怎样形成的？我是谁？我从哪里来，又将到哪里去？为什么活着？生命的意义何在？尤其在新时期社会变迁中，如何让自己在变革中审时度势，适应当前社会发展，调和人与社会关系，从而使我们在变幻莫测的社会生活里求得更有意义的价值人生。

社会总是在变革中发展，生活也是在变化中求新。然而有的人事业成功，但不愉悦；有的人生活快乐，却不富有，人生总是有这样那样的缺憾。才华再高，名声再响，权力再大，财富再多，不知生活智慧，不悟人生哲理，不懂社会哲学，缺少生活情趣，没有人生境界，所有一切，都会显得碌碌空为、流于平庸，以至于迷失自我，终将无趣于世。

哲学并非学院派之奢侈品，亦非抽象烦琐之教条，更非漫无边际高谈阔论。哲学是教人如何在社会生活中正确思维的一种工具学科，是讨论日常遇到的人和社会事务之间的智慧生活学问，它对我们工作、学习、处理事务有着极为重要的指导作用。

鉴于此，我们推出了这本《变论》一书以飨读者。这是一本充满智慧的书。全书分七个部分、二十四个议题，分别论述和阐释了宇宙变化、社会发展、人类变迁、新生活的哲思等，研究"变"的内涵与肌

变论　序

理，升华为一种规律、一种机能、一种创造。

笔者提出，"多维视角是一种开放思维、批判思维、创新思维、发展思维，它是基于多因素的系统融合、维度结合、视角综合以揭示事物变化本质的一种多元思维方式"。正如本书封面所述：把自己找回来，把过程看成生命，一定还有……

笔者时而用简朴的语言概括某些高深的哲学观点，时而用"朱言"的思辨与思变力去阐明变化思维的心言。

翻开书中字里行间，感受到一个哲人带我们走进哲思的礼堂，让求索的精神和时代的智慧震撼人心。特别是生动的诗语哲言，高超的分析，深刻的洞察力，向我们展现了新时代哲学思维的真正意趣。譬如，在本书之尾笔者借用极为优美的散文语言以及古朴的律诗形式来畅怀，显得格外清雅与含蓄。"变化，犹如披着面纱的绰约少女，没有人能把你说得清楚，没有人能把你讲得明白，但我们一定能感受到那种韵味：雾里水缠缠，溪边鸟并肩。轻风一阵阵，小草在流连。"这是何等的哲思、何等的雅韵，我们不知不觉地被哲人带入一个无声的哲思幽谷中……

同时，本书也是一部别开生面的哲学生活书。书中例举了唐李白的《静夜思》的诗句、小提琴协奏曲《梁祝》、贝多芬《欢乐颂》以及中国古玉文化、古钟文化、《太极图》等等。笔者从生活层面提出了真知灼见，从永恒"变数"中，探出普遍存在和永无止境两个变化的基本原则，承脉有络、过程演变、多元并行三个变化的基本规律……

这些观点与习近平总书记2019年7月5日在深化党和国家机构改革总结会议上强调，形势在变、任务在变、工作要求也在变，必须准确识变、科学应变、主动求变，其理论基础是连接的、一致的。

当今世界正处于百年未有的大变局，我国正处于一个大有可为的历史机遇期。"明者因时而变，知者随事而制"。面对多变的格局，我们应主动增强国家意识、民族意识，顺应新时代步伐，勇立时局潮头，适应新变化，把握新变化，驾驭新变化，在实干中践行为国为民之初心。准确识变、科学应变、主动求

变论 序

变,是时代赋予我们的使命。远山借跃生老弟著作出版之际,寄五绝以叙怀:

《变》

春秋花自开
时代有情怀
历史无声走
潮流滚滚来

李远山写于钱江源金溪河畔
二〇一九年七月十九日

前言 变论

前 言

  我们的一切都来自变化，变化充满着所有过程。

  当今世界发展汹涌澎湃，以前所未有的节奏穿越、跨越、超越，新思想、新概念、新技术、新产品、新模式……如滂沱倾盆、泻落满地，呈现给人类的是爆炸式、井喷式、聚变式的景象。变化是指数级别的变化。

  世界正处于这样一个高度变化的时代，与以往所不同的是，变化具有更快、更广、更深、更多、更近等特点。变化无处不在变化着我们，而且，还会继续不断地演绎下去。只有变化，才能深刻反映当下世

变论　前言

界、即时世界的真实真谛。

　　高度变化给人们带来了成就感、享受感和恐惧感，比以往任何时候都充满着变异、变数和变幻，许多新的更为复杂的问题不断呈现在我们面前，同时，也不断打破人类所预设的种种界限。变化是任何组织和个人都必须面对且无法回避的。

　　关于变化，习近平总书记有过很多的论述。早在2015年7月在吉林调研时他就强调"保持战略定力，增强发展自信，坚持变中求新、变中求进、变中突破"。2019年7月5日在深化党和国家机构改革总结会议上他特别提到"形势在变、任务在变、工作要求也在变，必须准确识变、科学应变、主动求变"。就国际形势而言，2019年6月7日在第二十三届圣彼得堡国际经济论坛全会上，习近平总书记指出"当今世界正经历百年未有之大变局。"

　　面对百年未有之大变局，需要以变化思想识变、应变、求变。我们不仅要从实践的角度去应对，还要从认识的角度去思考，这是时代发展的必然要求。而且一个时代总是有别于另一个时代，哲学思想也需要与时代相适应。高度变化的时代需要以变化的哲学思想为指导。

前言　变论

古今中外的先贤哲人以及学者专家们，有许多关于变化的哲思哲理，也不乏经典金句以及论述论断。然而，关于变化的专著或者系统全面的研究，仍然处于开荒开拓之地，需要对变化进行哲学性思考、规律性探究、实用性辨析，并从深奥中落地。

本书正是从此出发，试图对当今世界如此气势的变化做出一点点哲学性的思考，对当下高度变化的时代进行一点点理性的反思，努力构建一个关于变化的体系化思想，意在对人们面对变化时能够有所帮助，由此而抛砖引玉、弄箫求凰。

这种体系化思想包括多维视角一种思维方式，普遍存在和永无止境两个基本原则，承脉有络、过程演变、多元并行三条基本规律，趋势与态势、倾向与平衡、反复与稳定、无关与有关四对基本范畴，系统、过程、秩序、预设、区分五个基本要素。

本书力求哲学、科学、艺术的融合，力求政治、经济、社会的结合，力求知识性、现实性和实用性并举，提出了一些关于变化的思想观点，但这是一家之言故谓"朱言"，意在给人以启迪，引发读者去思考。

在成文写法上，本书也力求体现有所"变化"，

变论　前言

因此，也没有完全按照传统的、套路的、格式化的去组织，而是把格式化写法和散文、诗歌形式结合起来，努力做到文字尽量干净、段落尽量简短、叙说尽量自然，好让读者阅读时能轻松放松、容易理解、尽快吸收。

变化是一个大命题，关于变化思想的研究是一个大课题。笔者虽然对于变化已经进行了多年的思考积累，然而一直没敢提笔著书。本书所成却是源于中华诗院的鼓励启发，著名诗人、评论家、书法家、诗院院长李远山老师多次建议我提笔著书并为本书作序，更是在许多方面给予了深度的指导。

中华诗院还专门为本书组织了研讨和交流，空军政治部原主任王世志将军、中国军事科学院王凤山将军、北京警察学院李汝川政委、武警特警学院曾繁升教授、中国文联厉夫波主任、航空航天飞控中心宋军研究员、国资委工业研究所所长陈刘平博士、中建地产董事长郭公军、著名律师代国华、公安部吴晓明博士、企业家王晓君、李远、金维意、诗院秘书长谷淑君、清华大学研究生宋润滋、哥伦比亚大学研究生王思涵、英国考文垂大学研究生王典等各界友人对本书提出了许多建设性的建议。

本书得到了傅学超、徐锋、刘金彪、张巨河、蒋国耀、杜小弟、沈中、胡建国、俞军、唐磊、孙暖、朱登云、欧阳奋勇等好友的大力支持，他们提出了许多真知灼见，使本书得以丰富成稿。

在本书写作过程中，笔者经常和吴夏炎、刘志坚讨论碰撞，从他们身上汲取了许多新思想、新见地，他们还对本书做了全面的校勘。

在此，一并表示深深的感谢和敬意。

还要感谢我的家人和同事们，他们的支持以及他们的变化之美之妙，让我获得了许多灵感。

最要感谢的是这个时代。高度变化的时代，无一例外地铸就了你我他。

然而，体系化必须开放。因为事物变化本就具有无限性和不确定性，任何探究也自然存在着局限性。同时，事物是不断发展变化的，体系化也必须随之发展而发展。再者，由于本人水平所限，一些思想观点只是一家之言，不当或不适合的一定会存在。因此，恳请广大读者批评指正。

本书作为一本哲学性、思想性的专著，以变化的思想引发人们去思考变化，从中可以获得认识的提升以指导应对变化的实践，适合各类各界人士尤其那些

变论　前言

关注变化并希望从变化中得到变化的人们。

面对纷纭复杂的变化，在此真诚与广大读者共勉：

无论如何不要迷失自己，一定要把自己找回来；

无论如何不要忽视过程，一定要把过程看成生命；

无论如何不要轻易下结论，你的选择之外，一定还有……

二〇一九年八月八日

目　录

引言 ·· 1

一、理解变化 ·· 7
1. 源本属性 ··· 9
2. 最高形态 ··· 15
3. 永恒主线 ··· 21
4. 即时选项 ··· 26

二、感知变化 ·· 31
1. 承脉有络 ··· 33
2. 过程演变 ··· 40
3. 多元并行 ··· 47

三、变化思维 ·· 53
1. 多维视角 ··· 55
2. 秩序反思 ··· 63
3. 预设效应 ··· 70
4. 区分异化 ··· 77
5. 网筛情节 ··· 83

变论　目录

四、态势趋势 ······ 89
1. 置身势外 ······ 92
2. 抢变先手 ······ 98
3. 破局重构 ······ 104

五、倾向平衡 ······ 109
1. 标签情结 ······ 113
2. 破边除界 ······ 120
3. 同异同园 ······ 127

六、反复稳定 ······ 133
1. 待变有融 ······ 139
2. 达变若简 ······ 146
3. 空原化变 ······ 152

七、有关无关 ······ 159
1. 美哉变化 ······ 163
2. 近哉变化 ······ 169
3. 我哉变化 ······ 177

结语 ······ 185
参考文献 ······ 189

引言　变论

引 言

　　一切事物都容纳在变化之中，变化没有起点终点。

　　事物变化普遍存在、永无止境。变化是事物存在的源本属性，是事物发展的最高形态，是事物运动的永恒主线。变化意味着发展、进步、创新、变革……也意味着倒退、破坏、犯错、阻碍……

　　变化推动着变化，变化连接着变化，变化决定着变化，这种螺旋式递进把我们不断推向未来。变化无处不在，达者应变、仁者顺变、智者求变。

　　任何事物的变化都蕴含在积累、选择、改变之中，变化具有承脉有络、过程演变、多元并行三个基本规律。面对变化，超然物外才能明物，超然事外才能明事，超然我外才能明我。

未来制胜的一定属于抢先变化一步的。高度变化已经完全打破了人类所固有的种种界限，变化完全可以理解为是一种新的规律、一种新的机能、一种新的职业……创造是变化的全部意义所在。

面对变化需要变化思维。多维视角是一种开放思维、批判思维、创新思维、发展思维，它是基于多因素的系统融合、维度结合、视角综合以揭示事物变化本质的一种多元思维方式。

"一定还有"是这种思维方式的核心。不要轻易下结论，你的选择之外，一定还有你所没有看到的、没有想到的、没有听到的……这会让你更加周全，结果可能出人意料，纠结浮躁的心也会被"一定还有"所抚平。

秩序产生力量。秩序变化是事物变化的本质，事物变化是秩序的变化。变化以破坏既定的秩序为前提，以寻求新的秩序为目标，促使事物向新的秩序转化。秩序的力量有时就在对立面。有品质的人在错误中成长，对立面是他的另一个大脑。

预设产生立场。预设是事物及其变化的普遍现象。很多事情，环境并没有改变，但是人的立场一变，所有的事情包括选择就都变了。这种预设立场的选择，有时是制胜的或者是致命的。但预设是一种导向，千万不要被预设所左右。

世界是一个区分的世界，区分无处不在。区分具有行为导向作用，其本质是划定界限，使事物诸因素产生倾向性和立场性，事物变化的过程也因此被赋予了内容和形式，并深刻影响着事物变化的过程。

观察事物变化，大势为先。事物变化的过程，是一个从变到化的升级过程。势是事物变化的制高点、制胜点。成大事者必先谋大局，谋大局者必先观大势。然而，势之所以重要，并不在势之本身，而在势背后所代表的潜在力量。潜在的才最具威力，潜在的才最可怕，潜在引发无限想象力。

观察事物变化，平衡为重。世间万物因为平衡而存在，因为不平衡而消亡。事物变化是沿着一个平衡又一个平衡，向着一个比一个更高的层次递进的过程。平衡意味着过去的结束、现在的展开、未来的萌芽。在不平衡中看平衡，在不平衡中找平衡，在不平衡中求平衡，才是平衡之道。

观察事物变化，稳定为上。稳定是系统在一定条

变论　引言

件下处于持续平衡的一种状态，是事物变化的系统目标。系统稳定后还需要继续协调各种倾向性，使系统持续保持平衡的局面，这是一个持续的过程。系统稳定，文化是核心，秩序是关键，过程是基础。

面对变化有一种境界叫"空原境界"。腾空也清零、相机还纳新、回原又归本、展新而开枝，变而化之自然就成为必然。

世界在不停地变化着，人与变化终身为伍。不管人们能否感知得到，事物变化总是客观存在的，人们都是这个变化的局中者、剧中人，都是这个变化的相关者。变化与人们如此密切相关，却常常被人们所忽视，以致经常付出惨痛的代价。

变化呈现给我们的不仅仅是科学的一面，还有艺术的一面。它犹如一篇篇气吞山河般的乐章、一幅幅斗转星移般的画卷。面对变化，我们当始终乐观积极，以审美的态度、享受的心态，张开臂膀、敞开胸怀拥抱变化，先变而变、为变而变、一变定乾坤。

变化具有极推效应，往往能给人们带来颠覆性的变化。变化过程的极微性、极短性、极广性提示我们，应当树立"微变意识"，改变一点也是创造，提高一点也是进步；应当树立"即变意识"，当你回首迈步之间，无数个变化已经完成；应当树立"近变意识"，变化虽远亦近，就像在你的眼前一样，世界那么小，远方并不远。

面对变化的无我境界，就是要放下自我、融入众我、成就大我，以非我的胸襟作为、忘我的精神有为、舍我的品格久为，知行如一、表里如一、始终如一。

应变之功不在一时、不在一地，一定先在自己。把自己找回来，重新定义自己，从自然处出发，把过程看成生命，储备潜在力量，抑制名利之心，是自己面对变化的手中利器。

人的一生所度过的每一寸光阴，都有变化相伴。人的一生所经历的每一件事情，都有变化的影子。所有的结局都不是想出来的，但一定是从过程中来的。

不管怎么样，昨天的已经过去，今天我还存在，明天又是新的开始。变化创造了我们，我们创造了变化，变化创造了一切。

变化无止境。未来怎么样谁也无法预知，但我们可以预设、预测和预谋。在这个变化、变化、再变化的时代，最重要的是，我在变化、我要变化、我去变化。

变论　引言

　　创造无止境。历史是创造出来的，未来是创造的未来。在这个高度变化的时代，创造比任何一个时代都疯狂热情，而且还更加伟大。创造应当成为一种习性，必须有意而为、刻意为之。

　　应当经常回头看看。目标的偏差往往是由过程引起的，适当地回到从前，才能不忘起点初心，明白问题出在何处、错误又在哪里，以不断修正自己、完善自我。

　　观察变化是一项复杂的系统过程。哲学的求辩、科学的求真、艺术的求美，它们会给你带来不同场景的变化表达，一样精彩、纷呈各异。

　　正所谓：变化之道在知变明变，知变可知方位，明变能明方向。变化之道大势为先、平衡为重、稳定为上。空原而无我，自然而变化。

一、理 解 变 化

一切事物都容纳在变化之中，没有例外。

变化没有起点终点，但一定会有节点触点。

变化普遍存在、永无止境，这是变化的两个基本原则。

从135亿年前有了宇宙、45亿年前有了地球、38亿年前有了生物、300多万年前有了人类，世间万物的变化就始终没有停歇过，其中有进化、演化，也有退化。变化贯穿于事物发展的全过程。

距今50～70万年前的"北京人"和现在的北京人，变化之大是不言自明的。"北京人"生产生活的工具是粗简的石器，他们没有房子、票子，更没有汽

变论 理解变化

车和智能电器。变化之大,似乎找不出更为恰当的词语来形容。

任何事物都有自身的特征特质,而变化是它们的共同点。

沿着变化的轨迹逻辑,虽然不一定是事物存在的全貌,但一定是认识和实践的高点。

正所谓知变可知方位,明变能明方向。

1.源本属性

变化是事物存在的源本属性。

事物是客观存在的,变化是事物的存在方式。

人们对客观事物的认识,源于对客观事物变化的认识。变化是任何事物都具有的属性。恩格斯在《自然辩证法》中指出"除永恒变化着、永恒运动着的物质以及这一物质运动和变化所依据的规律外,再没有什么永恒的东西"。

人类对自然界的认识,经历了从古代朴素自然观、中世纪宗教神学自然观、形而上学自然观到辩证唯物主义自然观的变化历程。

在中国古代,人们把水、火、木、金、土"五行"看作是万物的本源,这五种物质元素是可以相互转化的。殷周时期,有人把天、地、雷、火、风、泽、山、水八种东西作为构成世界的基本物质。古希腊对万物的本源也有不同的说法,比如泰勒斯说是水,阿那克希米说是空气,而赫拉克利特说是火。

变论 理解变化

中世纪（5世纪到15世纪），在希腊人被罗马人征服之后，基督教占据了统治地位。他们认为自然界不是物质的，也不是由物质元素演化而来的，而是从虚无中被创造出来的。上帝创造万物之际，也就是世界开创之时。

——变化是万事万物的核心

理解变化　变论

随着哥白尼日心说的诞生，形而上学逐渐占据着主导，认为自然界的一切从来如此、永远如此，万事万物只是在空间上彼此并列着，并无时间上的变化。如果说要有变化，那也只是物体的机械动作和它们的能量交换，而其原因在于事物的外部，是由外力推动的。

18世纪下半叶以来，随着欧洲资本主义产业革命以及自然科学的一个又一个新发现，特别是细胞学说、能量守恒与转化定律、进化论三大发现，为辩证唯物主义自然观准备了条件。

辩证唯物主义自然观认为自然界是物质的，而物质的形态是无限多样的。物质是运动的，运动是不灭的、是物质的存在形式。物质运动是有规律的，要按规律去认识自然和改造自然。

1905年，爱因斯坦提出了狭义相对论，1915年他又提出了广义相对论，把物质、运动、时间、空间联系了起来，建立了相对论的时空观，是人类对时空认识的重大突破。

1953年，人类发明了遗传物质DNA双螺旋模型，60年代又搞清了遗传密码，揭示了核酸性质决定蛋白质的性质，建立了生物遗传变异信息概念，是人

变论 理解变化

类对生命认识的一次飞跃。

随着控制论、电子信息以及通信等技术迅猛发展，大数据、云计算、智能化、物联网等技术日新月异，技术创新带来了全方位的革命，大大促进了人们生产方式、生活方式以及价值观念、诉求需求的一系列时代性的变化。

人类这种对于自然界的认识及其认识变化，源于宇宙星际的运动，源于时空的推移，源于人类的进化，源于社会形态的发展，源于生产方式的改变，源于人们认识水平的提高，源于科学技术的进步，源于主观意识和能力水平的变化……

这些变化有的是内在因素，有的是外部条件；有的是主观情节，有的是客观驱引；有的是积累之选择，有的是偶然之随想；有的是决定论，有的是宿命论；有的以变化为结果，有的以变化为前提；有的以变化作表象，有的以变化作质地……但都聚焦在变化，只是角度不同、方式各异。

变化给人类带来了成就感、享受感和恐惧感，改变着人类认识实践的高度、宽度和深度。新旧事物交替转化深沉无度、交织融合深刻无界，成为当下世界、即时世界的百转之梦。

理解变化　变论

只有理解变化、感知变化并把握变化,从变化中洞见变化并赢得变化,才能在变化中有主动、主导和主张。

变化是存在的基础。

什么都在变,只有变是不变的。

变论 理解变化

【朱言】

- 任何事物都有自身的特征特质,而变化是它们的共同点。
- 一切事物都容纳在变化之中,没有例外。
- 变化没有起点终点,但一定会有节点触点。
- 普遍存在、永无止境是事物变化的两个基本原则。
- 我们的一切都来自变化,变化充满着所有过程。
- 变化是事物存在的源本属性,是事物的存在方式。
- 变化给人类带来了成就感、享受感和恐惧感,改变着人类认识实践的高度、宽度和深度。
- 变化无时不在变化着我们,而且还会继续不断地演绎下去。只有变化,才能深刻反映当下世界、即时世界的真实真谛。
- 变化创造了我们,我们创造了变化,变化创造了一切。
- 变化无止境,循着变化的足迹去探究变化,一样没有止境。
- 只有理解变化、感知变化并把握变化,从变化中洞见变化并赢得变化,才能在变化中有主动、主导和主张。

2.最高形态

变化是事物发展的最高形态。

发展通过变化而实现，变化承载着发展的全过程。

对立统一、量变质变、否定之否定是马克思辩证唯物主义三大规律，揭示了事物发展的必然本质。但马克思同样认为，随着科学技术的发展，科学理论也会随之发展和进步，以前的认识必然会出现各种漏洞甚至错误。这全是因为变化的缘故。这种变化的观点，正是马克思主义哲学的精髓和伟大之处。

当早上醒来，呈现在你面前的一切其实都已经发生了变化，而且还在不断变化着。你如不变化，必然会被变化所变化。

古希腊哲学家赫拉克里特在阐述变化的哲学时说过这样一句名言"人不能两次踏进同一条河流"，因为当你第二次踏入这条河时，流淌的河水已经不是原来的河水了。他形象地表达了变化的思想。他还说"太阳每天

变论　理解变化

都是新的"。这是一句极为震撼的论断。

当一个母亲在第二天一早见到自己孩子时的感受,还能和昨天一样吗?任何一个母亲总是关注着自己孩子的变化,哪怕是一点一滴的变化,所不同的只是对这种变化的态度或者方式方法而已。

太阳每天都是新的

——今天的就是今天的

理解变化　变论

变化推动着变化。变化意味着发展、进步、创新、变革……这是事物发展的正推力，但有时这种正推力也不一定就能把事物推向正变化。变化也意味着倒退、破坏、犯错、阻碍……这是事物的负推力，同理，这种负推力也不一定就会把事物推向负变化。

有时事物的巨大进步恰恰来自侥幸犯错，而破坏有时却是促进人类文明进步的力量。变化有着这样的诱人魅力和辩证关系。

当事物从一个阶段发展到另一个阶段，从一种形态发展到另一种形态，都是以上一个阶段或前一种形态为前提的。任何事物的变化，必然会产生、催生、派生出一些新的变化，包括事物自身的变化以及与之相联系的其他事物的变化。这是事物发展的推动模式。

变化连接着变化。纯粹的、单一的变化是不存在的。事物一定存在于系统之中并具有结构性特征，这决定了事物变化的无限性和过程性，因而，事物变化具有连续性，必然会一个接着一个进行下去，这是事物发展的演变过程。而且，当人类感知事物变化时，离不开所处的环境和视角的选择，这是对事物变化感知的局限性。即便如此，一个事物的变化还是可以有

变论 理解变化

千百种的感觉模式,这是角度不同的不同呈现和程度差异。

在白天观察事物和在夜晚观察事物,在今天观察事物和在明天观察事物,在这里观察事物和在那里观察事物,有时,甚至角度或环境的细微差异,客观存在在人类大脑中的反应或呈现都是不同的。以连续的角度、全域的环境去观察事物的变化时,全景的变化呈现才能表达事物变化的整体过程。

变化决定着变化。过程是寓于系统中的一个最基本因素,它也是事物变化的一个最基本因素。构成事物的诸多因素呈结构化特点同样被分布于过程之中,这种因素的变化及其综合都表现为事物的变化,同样带有过程的结构性特点。而过程是可以分为阶段的,阶段可以进而分为不可再分割的基本进程。

事物变化由若干个阶段性变化和众多进程性变化构成,这是一个过程性与结构性相容的具有逻辑关系的变化集合。这种变化的内在逻辑关系,反映的是变化的因果关系和从变原则,可以理解为变化是事物发展的结果、结局或结尾,是事物发展的决定方式。

变化推动着变化、变化连接着变化、变化决定着变化,这种螺旋式递进把我们不断推向未来,而未来的形态和特征让我们难以想象。

当下世界的变化越来越多，我们也需要越来越多的变化。

有了越来越多的变化，我们也将得到越来越多的变化。

变论 ｜ 理解变化

【朱言】

- 变化是事物发展的最高形态。
- 发展通过变化而实现，变化承载着发展的全过程。
- 你如不变化，必然会被变化所变化。
- 当早上醒来，呈现在你面前的一切其实都已经发生了变化，而且还在不断变化着。
- 变化意味着发展、进步、创新、变革……也意味着倒退、破坏、犯错、阻碍……
- 任何事物的变化，必然会产生、催生、派生出一些新的变化，这是事物发展的推动模式。
- 一个事物的变化可以有千百种的感觉模式，这是角度不同的不同呈现和程度差异。
- 变化推动着变化，变化连接着变化，变化决定着变化，这种螺旋式递进把我们不断推向未来。
- 有时事物的巨大进步恰恰来自侥幸犯错，而破坏有时却是促进人类文明进步的力量。
- 当下世界的变化越来越多，我们需要越来越多的变化，也将得到越来越多的变化。
- 变化的过程一段接着一段，如同时间日复一日、年复一年一样，每一段都是更高，每一日都是更新，因而必学新知。

3.永恒主线

变化是事物运动的永恒主线。

世界上所有的事物，都是变化的结果。

高山慢慢地被风蚀，气候一点一点地在变暖，世界经济形态及结构每10年都会发生显著变化，世界人口从1949年的24亿增长到2018年的74.4亿，原子力量的出现，基因结合产生出新的有机体，人类试管婴儿的诞生，伊拉克、利比亚的政权更迭……

到处都在变，到处都被变。变化对各方面都产生了影响，尤其是那些突变、巨变，往往使有些人变得孤立无援。变化打破了印刻在人们脑子里的种种预设。

变化是事物运动的主要成因。自从盘古开天地以来，无论是在自然界还是在人类所构建的世界里，变化从来就没有停止过。其结果是在宇宙中发现了一颗新星，在科技上发现了一种新规律，在经济上出现了一种新业态，在市场上冒出了一种新产品……

变论　理解变化

变化给人类带来新的机会，并以新的事物取而代之。变化也给人们带来了许多新难题，比如气候变暖、大气污染、艾滋病、车祸等。我们生活在充满复

——有变化，才能结果、才有结果

杂、深奥、疑难的时代，任何无视变化都将付出沉重的代价。面对变化，唯一的选择就是以变化去变化。

理解变化　**变论**

　　变化是事物运动的主要线索。事物总是从这个变化演进到那个变化的。两个变化之间必然存在着逻辑关联或实事关联。无关性是不存在的。这是事物变化的秩序性。秩序使事物呈现出结构性和过程性，使有限性和无限性得到平衡。秩序性是事物发展的内涵，离开了它，万物就会变得毫无意义。

　　中国古钟发展历程源远流长、自成体系。六千多年来，从陶铃、合瓦形青铜编钟到正圆形的梵钟，朝朝相袭、代代相传。作为乐器，钟吕、钟律独占鳌头；作为礼器，钟鼎并称；作为法器，晨钟暮鼓是佛寺的写照；作为报时器，钟鼓齐鸣、节度时间；作为政治符号，"惟功大者钟大"是统治者歌功颂德的丰碑……

　　古钟不仅是一种文化、一种思想，更是一种精神的象征。作为变化的载体，中国古钟蕴含着丰富的中国古代社会政治、宗教、军事、音乐、文学、民俗以及金属冶炼技术和制造水平等方面的信息，构成了整个中国古钟的变化历史。

　　人类发展过程中，秩序可以说至关重要。人类文明是秩序的结果，而文明会起起落落，秩序因此需要遵守更需要维护。不变的秩序是不存在的，秩序变化

变论　理解变化

本身就是变化。英国哲学家阿尔弗雷德·诺思·怀特海（Alfred North Whitehead）说过"进步的艺术是在变化中保持秩序，在秩序中保持变化。"

事物的发展犹如时代更迭，一个时代总要让位于另一个时代。如果还用上一个时代的变化来解释这个新时代，我们面对的将是一个混乱的局面。唯一正确的就是以变化的变化去面对变化的变化。

在这个高度变化的时代，变化无处不在。变化比以往任何时候都充满变异、变数和变幻，具有爆炸性、井喷性、聚变性，更加不可预测和错综复杂，而且注定还会这样持续下去。

以变化总揽，用变化统筹，将变化置于顶层，才能在超越时既承前、又启后。

正所谓：达者应变，仁者顺变，智者求变。

【朱言】

- 变化是事物运动的永恒主线。
- 世界上所有的事物，都是变化的结果。
- 只有变化才能诠释过去、现在和未来的一切。
- 高度变化打破了人类所预设的种种界限，任何组织和个人都必须面对且无法回避。
- 变化是事物运动的主要成因和主要线索，自从盘古开天地以来，变化从来就没有停止过。
- 到处都在变，到处都被变，变化对各方面都产生了影响，有时还往往使有些人变得孤立无援。
- 我们生活在充满复杂、深奥、疑难的时代，任何无视变化都将付出沉重的代价。
- 面对变化，唯一的选择就是以变化去变化。
- 人类文明是秩序的结果，而文明会起起落落，秩序因此需要遵守更需要维护。
- 变化比以往任何时候都充满变异、变数和变幻，更加不可预测和错综复杂，而且注定还会这样持续下去。
- 变化无处不在，达者应变，仁者顺变，智者求变。

变论　理解变化

4.即时选项

表达是事物变化的即时选项。

我们存在于变化之中,变化存在于我们之中。

事物变化是通过表达来呈现的,表达是人们对事物变化的反应。

这里有两层含义,第一是事物变化的自我表达,与人们对它的反应无关,比如水温降到零摄氏度以下就会结冰。第二是人们对事物变化的反应,比如水温降到零摄氏度以下结成冰时,有的人感觉很冷,有的人很是开心,有的人很是无奈……

这种反应是即时选择的结果,而选择是有局限性的。这种局限性与人所处的即时环境、变化期望、视觉视野、偏好兴趣以及经验直觉等有关,这正是对事物变化认识的局限性所在。但也正是由于表达,变化才显得有变化,变化才得以变化。

我们生活在一个丰富多彩的世界,对于周围事物的变化,人们总能按照自己的感受和选择做出反应,

理解变化　变论

去表达对这种变化的态度并影响着人们的行为方式。例如，感到天气变冷了就会多穿衣服，看见迎面来了烟雾就会捂住鼻子等等。

表达没有标准答案，也没有规定动作，更没有固定的程式。表达在本质上是个体化的，因每个人的选择而异。这关乎对表达的选择能力，从属于人们的认知水平和对变化的驾驭能力。

——配上好的态度才是好钥匙

变论　理解变化

有时态度还决定着变化的方向。比如，当一个孩子拿着考了80分的数学卷子站到家长面前时，家长的反应也许会有很多种，但结果却大相径庭。

有的家长会立刻拉下脸来，顿时火冒三丈，不分青红皂白地把孩子先训一顿。他（她）觉得孩子应该考99分的，为什么考的还不如谁谁谁呢，是不是没有好好上课啊……于是呼吸在加快，血压在增高，心跳在加速，面部肌肉在紧张，情绪更加激动。孩子一脸的委屈和伤心，家里的气氛似乎快要凝固了……

这是因为这位家长生了气才训孩子，而且越训会越生气。正如美国心理学家威廉·詹姆斯（w.james）说的"当我们一知觉到使我们激动的对象时，立刻就引起身体上的变化。在这些变化出现之时，我们对这些变化的感觉，就是情绪"。

而有的家长会先安慰一下孩子，说这次考得还不算太差，可能是没有正常发挥好。接着会和孩子一起分析卷子上的错误，告诉孩子的问题和不足，帮孩子梳理分析为什么会这样，引导孩子以后该怎么样……这时的家长是心平气和的，孩子的内心是平和的、服气的，家里的气氛是融洽的。

表达存在着选择，变化必然具有多样性。变化的不同表达，变化之变化也就千差万别。变化的这种多样性，不仅体现在变化的过程中，还体现在变化的因素上。不仅体现在变化的趋势中，还体现在变化的目标上。因为人类总是通过未实现的理想来塑造目标并指导行为，以实现其价值和重要性。

有时这种选择的差别也许不大，仅仅是程度不同而已，但程度的细微不同往往会产生巨大的差别。

人们的认识是有局限性、阶段性、选择性的，不论人们是否已感知或未感知的，变化总是客观存在并表达的。科学、艺术的发展是具有时代性、社会性、有限性的，不论人们是否能感知或不能感知的，变化总是先于认识而表达的。

没有表达就不存在变化，没有选择就无从表达。

变化是认识的坐标、实践的导航、发展的参照系。

变论　理解变化

【朱言】

- 表达是事物变化的即时选项。
- 我们存在于变化之中，变化存在于我们之中。
- 事物变化是通过表达来呈现的，表达是人们对事物变化的反应。
- 正是由于表达，变化才显得有变化，变化才得以变化。
- 表达没有标准答案，也没有规定动作，更没有固定的程式。
- 表达在本质上是个体化的，因每个人的选择而异。
- 面对变化态度很重要，有时态度决定着变化的方向。
- 表达存在着选择，变化必然具有多样性。这种多样性，不仅体现在变化的过程中，还体现在变化的因素上。
- 有时选择程度的细微不同往往会产生巨大的差别。
- 没有表达就不存在变化，没有选择就无从表达。
- 变化是认识的坐标、实践的导航、发展的参照系。

二、感知变化

感知变化，变化才存在。

理解变化只能说是知其然，感知变化才能知其所以然。

美国哲学家亨利·戴维·梭罗（Henry David Thoreau）有句名言："一切变化，都是值得思考的奇迹，每一刹那发生的事都可以是奇迹。"

变化千汇万状，表达俯仰异观。我们始终被变化包围着，但对变化的态度和感知能力却千差万别，决定了人和人之间的千差万别。

变论 感知变化

　　法国哲学家亨利·柏格森（HenriBergson）强调"变化是万物之规律。"变化也一样有其自身的规律，是可以感知的。

　　世界是感知的世界，事物是感知的事物，变化是感知的变化。

　　感知变化就是感知变化的规律性，这是把握变化的基础。

1. 承脉有络

变化是有规律的，一定有踪迹可寻。

变化是有过程的，一定会留下脚印。

变化推动变化的过程是递进的，变化连接变化的过程是相承的，变化决定变化的过程是逻辑的。变化具有呼应传承的特性。

感知变化，首先要把握变化的脉络。把握住了变化的脉络，变化的结构关系就会明朗有度，变化的过程关系被清晰贯通，从而也就把握住了变化的精髓要义，达到举纲张目的效果。

把握事物变化的脉络，要以宏观高度、俯瞰视野、超然心态，从结构关联、核心现象、构成要件等方面，去梳理归纳阶段性、整体性、趋势性的变化。

宏观高度、俯瞰视野、超然心态体现的是格局、眼界和境界。格局决定眼界，眼界决定境界。一个格局低的人，小我站位、一米视野，不会有太大的气度和胸襟，缺乏对变化的包容，患得患失、患取患舍、患成患败,必然眼低手拙,哪里还有什么境界。

——格局就是高度

把变化放到一个更大的系统或更高的层次或更广的环境中,去宏观审视,去俯瞰变化,这就既有高度还有视野,但还得超然。超然物外才能明物,超然事外才能明事,超然我外才能明我。

感知变化　变论

　　结构关联、核心现象、构成要件体现的是特点、特征、特质，它们是区别不同事物的基础证据。事物的变化也必然会反应为事物特点、特征、特质方面的变化。

　　分析结构关联，就是分析事物在时空关系、比例关系、状态关系等方面的变化脉络。分析核心现象，就是从事物的核心范畴出发分析变化的脉络，比如文化现象、移民现象、市场现象等等。分析构成要件，就是按照构成事物本质的方面去分析变化的脉络。这是梳理分析事物变化脉络的主要内容。

　　阶段性、整体性、趋势性必须体现真实、合理、准确。真实，即以变化的事实为事实，与客观事实及其变化相符合。合理，即遵从事物的本身规律，合乎事物发展的道理。准确，即摒弃主观臆断和偏见，还原事物变化的本来面貌。这是对分析事物变化的基本要求。

　　以中国古玉文化为例，看看其历史变化的脉络是如何演绎的。

　　玉文化是中国传统文化十分重要的组成部分之一，是中国起源最早并一直不断发展的特色文化，也是中国文化有别于世界其他文明的显著特点之一。从

变论 感知变化

结构关联的视野，选择朝代更迭接续的角度观察，中国古玉文化的发展变化主要经历了六个阶段：

一是孕育期。萌芽于新石器时代的早期，以兴隆洼文化（距今7000～8000年）为代表。新石器时代中期以仰韶文化（距今6000～7000年）为代表。新石器时代晚期玉文化遗址几乎遍布中国各地，以红山文化（距今5000～6000年）、良渚文化（距今4000～5000年）、齐家文化（距今3000～4000年）为代表。

二是成长期。从公元前21世纪至公元前771年，夏、商、西周三个朝代的玉雕艺术表现手法主要是象征主义，玉器形制、纹饰、刀工拘谨含蓄程式化，时代风格基本划整统一。尤其商代青铜器的出现，治玉工具有了质的飞跃，中国玉文化进入了一个新的成长期。

三是嬗变期。从公元前770年～公元前221年，春秋战国时期艺术表现手法虽仍以象征主义为主，但铁器的出现大大提高了琢玉精度和效率，工艺革命带来了玉雕水平的突飞猛进，开片、钻孔、阴刻线、圆雕、浮雕、透雕等治玉效果更加精致精准，现实主义开始萌芽。

四是发展期。西汉时期现实主义艺术表现手法有了巨大发展，雄浑豪放、气势磅礴的艺术风格极具特色，游丝毛雕、汉八刀等刀工至今无法超越。三国魏晋南北朝是一个安定与战乱并存的时期，佛教开始传入中国，百姓皈依、大兴造像，现实主义玉雕艺术发展受到阻碍。

五是繁盛期。隋唐是中国历史上一个统一的大帝国，玉文化再次出现了非常繁荣的局面，尤其唐代借鉴了绘画、雕塑和西域艺术造就了盛唐风格的玉器。宋代金石学的兴起以及工笔画的发展和城市经济的繁荣，出现了许多神形兼备的玉雕艺术。

六是鼎盛期。元明清三代，玉器艺术发展达到鼎盛时期。尤其是清代，做工力求工整精致，无论是数量还是艺术水平都达到了历史的高峰，只是清代晚期国弱外辱，玉器艺术一落千丈。

从核心现象的视野，选择文化传承发展的角度观察，中国古玉文化的发展变化可分为神秘化时期、礼仪化时期、人格化时期、迷信化时期和生活化时期五个时期。

从构成要件的视野，可以选择玉材、器型、纹饰、刀工和沁色五个角度，分别去观察中国古玉文化的发展变化，每个时代都有每个时代的特征。仅以汉

变论　感知变化

代玉器的刀工为例,汉代刀工凌厉、刀法洗练,汉玉的棱角边缘崭然刺手,游丝毛雕炉火纯青并新创游丝宽坡线,汉八刀刀刀见锋、刚劲挺拔,圆雕、高浮雕造型生动逼真,平整如镜的阳纹地平空前绝后,玻璃光无出其左右。

变化的脚印有时就那么清晰,如同刚刚从你的面前走过一样。

循着变化的足迹,历史会赐予你智慧和力量。

变化是你的前行之路。

感知变化　变论

【朱言】

- 人的一生所度过的每一寸光阴都有变化相伴，人的一生所经历的每一件事情都有变化的影子。

- 变化是有规律的，一定有踪迹可寻；变化是有过程的，一定会留下脚印。

- 变化推动变化的过程是递进的，变化连接变化的过程是相承的，变化决定变化的过程是逻辑的，变化具有承脉有络的规律。

- 把握事物变化的脉络，要以宏观高度、俯瞰视野、超然心态，从结构关联、核心现象、构成要件等方面，去梳理归纳阶段性、整体性、趋势性的变化。

- 做人应当有格局，千万不要"小我站位、一米视野"。

- 要把变化放到一个更大的系统或更高的层次或更广的环境中，这样才既有高度还有视野。

- 超然物外才能明物，超然事外才能明事，超然我外才能明我。

- 应当经常回头看看，适当地回到从前，才能不忘起点初心，明白问题出在何处、错误又在哪里，以不断修正自己、完善自我。

- 循着变化的足迹，历史会赐予你智慧和力量，变化是你的前行之路。

2.过程演变

变化是过程的变化，过程是变化的存在方式。

任何事物的变化都蕴含在积累、选择、改变之中。

积累、选择、改变本身也是变化，是事物变化的三种过程形式。过程的形式感带来过程感。

事物在变化过程中会不断受到内外部因素影响，这是一个因素积累的过程。事物以自身的方式对这些因素及其影响做出感受表达，决定着事物变化的方向，这是一个选择的过程。事物依据积累的能量和选择的方向驱引着变化，这是一个改变的过程。

积累是改变的基础，选择是改变的前提。选择从属于对所积累的重要性和兴趣的判断，而变化从属于选择。积累、选择、改变紧密相连、相互作用，使变化呈连贯有序的过程特性。

人的一生都在做积累、选择和改变这三件事情。学习是在积累，工作是在积累，生活、交友以及你做的每一件事都是在为自己积累，积累思想、知识、能力、资源，积累关乎生命、生存和目标理想的种种。有了积累才有选择的空间、机会和资格。

你所做的一切都是为你自己以后做的准备

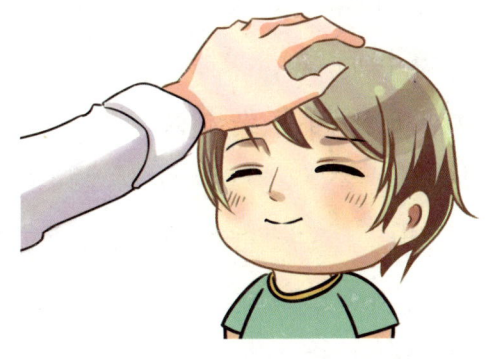

——积累就是为未来做准备

改变始于积累，成于选择。人和人之间的差别正是积累和选择所带来改变的结果。那些抱屈喊冤、怨天尤人的人，其实最该怨的是自己的积累太少，最该怨的是自己的选择出错，只怨自己、怪不得别人。

变论　感知变化

一个人如此，一个团队、一个企业、一个国家又何尝不是如此。

在这个过程中，有两个极为重要的概念应该予以澄清。

一个是目标问题。目标是过程中主导并重要的同格线索。终极目标是对未来的预设，是一种理想的或无限逼近的状态。事物发展是无限的，无限意味着过程无穷，理论上讲未来是可知的，但至少目前你不知、我也不知。事实上，过程性目标更为现实，它是过程的阶段性目标，是影响过程的重要因素。

目标之所以成为目标，不仅在于目标的结果性，更在于目标的导向作用。这种导向是过程的需要。因为目标一旦确定，方向也就明确，但路径却是无限的。路径不同，过程就会不同，效果就会有区别。

而且，在系统中目标并不具有唯一性。系统目标本身存在着阶段性，每个阶段都有每个阶段的目标。系统各因素同样有其各自的阶段性目标，它们从属于系统目标。系统目标和因素目标需要保持一致性，这对实现目标非常重要。

目标的导向作用一般有两种方式。一种是目标指向,这是一种过程思维,它把目标看成起因,把目标寓于过程之中,着眼于过程控制,路径明确、力量聚集,分步实施、整体推进。另一种是目标引导,这是一种结果思维,它把目标看成结果,把目标置于终端终点,着眼于结果控制,路径多选、力量分散,分路实施、分路逼近。

必须把目标既置于起点也置于终点,目标指向与目标引导相结合,在过程中不断修正校正,使得过程始终围绕目标前行,好比价格始终围绕价值规律运行一样。

另一个是沟通问题。沟通同样是过程中主导并重要的同格线索。事物发展过程中不可避免会发生矛盾或冲突,需要沟通促使其达到有序状态并产生正效应,而不是让事物变化朝着相反的方向发展。

沟通必须等量,等量才能有效。当你和不在一个频道上的人沟通时,好比你在十层楼顶、他在一楼地上,沟通是不是有效暂且不说,是否会把你气个半死也先不说,弄不好稍不注意你还会从楼顶摔下来,而他却依然如故。和不在一个频道上的人沟通是很危险的。

等量沟通需要把你和他置于同一个频道上。要

变论　感知变化

提取最大公约数、寻找最大共同点，所谓存异才能求同。面对小孩子你要蹲下身子或者抱起他来，陪老人散步你要放慢脚步并搀扶他一下，教育孩子你要先和他做朋友成玩伴。两个人不在一个频道上犹如视线不交集，你看不见他、他看不见你，哪里还有什么机会啊。

加强、平衡或衰减是事物变化的三种形式。加强是在数量、质量、性能、规模、效果以及结构关系、系统功能、发展程度等方面的优化进步，平衡是在这些方面处于相对协调稳定的状态，衰减是在这些方面的劣化退步。

物理变化、事理变化和情理变化是事物变化的三种类型。物理变化主要表现为事物的空间、结构、状态、性质、性能、比例、成分等方面的变化。事理变化主要包括环境、条件、组织、管理、思路、理念等方面的变化。情理变化主要包括思想、情绪、感情、期望、好恶、态度等方面的变化。

在事物的变化过程中，加强、平衡、衰减、物变、事变、情变在积累、选择、改变中相互交集、相互关联、相互作用，使事物变化更加精彩纷呈、变幻莫测，更加充满无限性和不确定性。

感知变化　**变论**

从某种意义上讲，过程就是自己所走的路。

路是走出来的，更是闯出来的，就看你怎么去选择。

不断地积累自己，路就会越走越好、越走越宽、越走越远。

变论　感知变化

【朱言】

- 变化是过程的变化,过程是变化的存在方式。
- 所有的结局都不是想出来的,但一定是从过程中来的,变化具有过程演变的规律。
- 任何变化都蕴含在积累、选择、改变之中,这是变化的三种过程形式。
- 加强、平衡或衰减是事物变化的三种形式,物理变化、事理变化和情理变化是事物变化的三种类型。
- 人的一生都在做积累、选择和改变这三件事情。
- 积累是改变的基础,选择是改变的前提。改变始于积累,成于选择。人和人之间的差别正是积累和选择所带来改变的结果。
- 必须把目标既置于起点也置于终点,目标指向与目标引导相结合,在过程中不断修正校正。
- 努力做到等量沟通,和不在一个频道上的人沟通是很危险的。
- 路是走出来的,更是闯出来的,就看你怎么去选择。
- 不断地积累自己,路就会越走越好、越走越宽、越走越远。

3.多元并行

变化是因素的变化。

因素变化是事物变化的前提。

世上没有无缘无故的变化,也不存在虚幻无实的变化。

变化是诸因素并行作用的结果。影响变化既有内部因素也有外部因素,既有客观因素也有主观因素。这些因素交织并行对事物发生作用、对变化产生影响。变化具有共生交融特性。

感知从属于选择。从理解变化、感知变化到表达变化,人们对这些因素按重要性进行区分,有的被注意而成为感知对象,有的则被忽视成为感知背景,使变化的无限性被衰减,感知的多样性被筛选,精确表达退位于模糊表达。

事物既包括事和物,还包括情这种特殊的物。变化因素涵盖物理、事理和情理三个方面。既要强调事物变化的自身规律,也要关注人在变化中的突出作

变论 感知变化

用，即从全视域角度观察变化以获得满意的关于变化的全面感知。这是物理—事理—情理系统方法论的出发点。

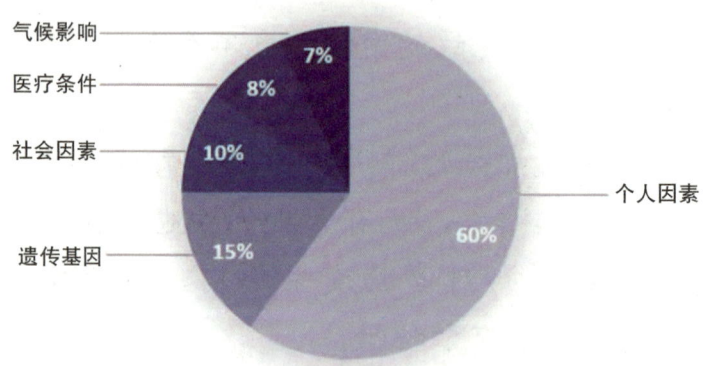

影响人类健康和长寿的主要因素

> 个人因素中，心态心情和生活方式是主要因素，癌症患者中大多数是由此引起的。

——无视哪个因素都是要命的

物理因素是指物质运动机理方面的因素，涉及数学、物理学、化学、生物学、计算机科学、

感知变化　变论

生命科学、空间科学、地球科学、环境科学等学科，比如位置、体积、温度、化学成分、地质矿产等。

事理因素是指对物质的认识、改变和利用即做事方面的因素，涉及社会学、运筹学、管理学、哲学、经济学、人类学等学科，比如社会制度、生产力水平、规划、计划、控制、监督、评价等。

情理因素是指人情道理以及情绪思虑等人类本体的情感因素，涉及人文与社会科学等方面的知识，反映在世界观、文化、宗教信仰等方面，比如关系、感情、习惯、利益、和解、和谐等。

事物相连，不可分离。虽然事不等于物，但事却离不开物。感知事物的变化，既要感知物变、事变，还要感知情变，综合考虑这些因素对变化的影响，以求得三者的平衡统一并达到尽可能地完满感知。

我们可以感知一下两滴水融合在一起的变化情景。

如果在常温下，放在一个密闭的容器里，两滴水成为一滴水；

如果在常温下，放在一个敞开的容器里，开始是一滴水，然后会慢慢地蒸发变成水汽，到一定时候容

变论 感知变化

器里便是什么也没有了；

如果在常温下，放在一个敞开的容器里并加热，开始是一滴水，然后水很快蒸发变成蒸汽，然后便是什么也没有了；

如果在常温下，放在一个高频振动的台面上，很快会被振碎成很多更小的水滴；

如果把它抛进炼钢炉里，那瞬间就被汽化了；

如果在零下五十摄氏度的旷野里把它洒向天空，那很快就变成冰滴了。

同样是两滴水，不同的环境条件和处理方式，便有不同的变化表达和呈现。

给人直观的感受是，影响因素不同，事物变化是不同的。深刻的感受是，影响变化因素之多，影响因素变化之多，带来变化呈现之多，变化之差别是很大的。

然而，变化并非不能洞见，关键得先洞见那些影响变化的因素。任何失败，往往不是输在变化本身，而是输在不能洞见那些影响变化的因素上。

对事物变化的质化揭示，必须把视野视角、方式方法置于系统的结构之内、过程之中，和要素捆

感知变化　变论

绑在一起，才能实现对事物变化的全景扫描和立体呈现。

事物变化既包括过程变化，也包括因素变化。

观察变化既要关注过程变化，也要关注因素变化。

变论　感知变化

【朱言】

- 变化是因素的变化,因素变化是事物变化的前提。
- 变化是诸因素并行作用的结果,具有多元并行的规律。
- 世上没有无缘无故的变化,也不存在虚幻无实的变化。
- 既要强调事物变化的自身规律,也要关注人在变化中的作用。
- 观察事物的变化,既要观察物变、事变,还要感知情变,综合考虑物理、事理和情理三个方面的因素。
- 任何因素的变化,都会带来事物的不同变化,并呈现不同的变化表达。
- 变化并非不能洞见,关键得先洞见那些影响变化的因素。
- 任何失败,往往不是输在变化本身,而是输在不能洞见那些影响变化的因素上。
- 观察变化,必须把视野视角、方式方法置于系统的结构之内、过程之中,和要素捆绑在一起。
- 事物变化既包括过程变化,也包括因素变化。观察变化既要关注过程变化,也要关注因素变化。

三、变化思维

理解变化、感知变化,更要把握变化。

把握变化,需要以变化思维为指导,这样才能对路对症。

变化有脉络,变化自然就有主支之分、呈多元动向分布。变化有过程,变化自然就有阶段进程之分、呈多元流向展开。变化是多因素共生交融作用的结果,变化自然就呈多元并行态势。

变化的脉络性、过程性及多元并行,使得变化在系统、结构以及过程中呈点、线、面、立体等方式展现。

变论 变化思维

  变化的脉络性、过程性及多元并行，使得变化无常势、无常形、无常态。正如兵无常势、水无常形、人无常态一样。

  因此，观察变化的思维方式也必须多元，否则，变化表达就不真实、不全面，变化就不可能被真正把握。

  变化思维的多元性，不仅在于过程的多元性和因素的多元性，更在于过程和因素的选择并加之于系统之中探究分析的多元性。这从属于维度的选项和视角的变换以及对因素的处理刻画。

  这是变化思维的出发点，即多维视角。

变化思维 **变论**

1.多维视角

变化是当今世界的主题和现实。

变化已经不是什么新闻,应对变化才是人们关注的焦点。

在"互联网+"时代背景下,复杂多变与不确定性波及各个领域,组织和个人都面临着种种选择性考验。跨界融合,一个老名新词,折射出当代世界前所未有的巨大变化。

在企业界,大到石油企业跨界金融、电力企业跨界汽车、IT企业跨界零售,小到服装销售跨界餐饮、煎饼果子跨界网营、加油站跨界食品零售,跨界融合的热度、频度、强度不减。

2014年9月16日,中国人保、腾讯、麦盛三方共同发起设立的深圳市人保腾讯、麦盛能源投资基金企业与中国石化销售有限公司签署《关于中国石化销售有限公司之增资协议》,标志着腾讯跨界石油产业。

2015年8月19日,微影时代宣布与蒙牛乳业正式达

变论　变化思维

成战略合作，共同投资10亿元拓展电影OTO市场和娱乐经营，标志着蒙牛正式跨界娱乐业。

企业在开疆拓土，国家为争夺资源以民主、人权、大规模杀伤性武器、核威胁等种种借口，而动用政治、军事、经济各种手段"跨界"的现象，又何尝不是比比皆是。我们时刻都被变化包围着、被变化变化着。

高度变化已经完全打破了人类所固有的种种界限。传统的边界、疆界、境域越来越模糊不定，新事物、新行业、新领域、新模式、新风格使过去的种种篱笆形同虚设。界可以被创造，也可以被消除。

变化充满着我们的感官，转眼之间就会让你感到陌生惊奇。变化对我们影响是深刻的，我们的变化都来自变化，可有时就是身在变中不知变。

未来制胜的一定属于抢先变化一步的。变化完全可以理解为是一种新的规律、一种新的机能、一种新的职业……创造是变化的全部意义所在。习近平总书记在《深入理解新发展理念》一文中指出"谁在创新上先行一步，谁就能拥有引领发展的主动权"。

事物变化是偶然与必然的结合体，具有复杂性与多样性。变化也给我们带来了许多新的更为复杂的问题，而固有的思维方式常常会受到经验主义的束缚，把握变化需要以变化思维为指导。

事物变化是物质世界、系统组织和人的动态统一。观察变化应当涵盖这三个方面以及它们之间的相互关系，综合考察物理、事理和情理的变化情况，以获得满意的关于事物变化的全面理解，从而采取恰当可行的对策。

应当对物理、事理和情理整体性地加以观察。忽视情理，难免机械教条，缺乏思辨和沟通，很可能达不到考察的整体目标。过分强调情理而违背物理事理，则显得简单粗暴，很可能与整体目标南辕北辙。懂物理、明事理、通情理是变化思维的通则准则。

观察事物变化，信息应该尽量丰厚，以便回到事物变化的"现场"探寻事物变化的本来面目。

多维视角是这样一种思维方式：

多维视角的核心是"一定还有"。是非之外，一定还有非是、非非、亦是亦非；敌友之外，一定还有非敌、非友、亦敌亦友；对错之外，一定还有非对、非错、亦对亦错……你的视野、角度、判断、结论之外，一定还有其他的东西。一定还有，原本就有。

"一定还有"不是否定过去的或既有的，而是对

变论　　变化思维

过去的或既有的之外进行深度的思考分析，以找出新的并与过去的或既有的同时作为选项进行优化。"一定还有"，可以在高度、宽度和深度上得到升华。

——一定还有，原本就有

"一定还有"是一种开放思维、批评思维、创新思维、发展思维，它能从更多的角度去观察，就会有更多的因素可选择，就会用更多的方法去优化，就会有更包容的态度面对结果。眼界会更宽、境界会更高、格局会更大，纠结浮躁的心也会被抚平。

多维视角的要义是"以合为上"。开放必然博采众长、容山纳海，各类信息蜂拥而至。只有把这些海量信息以一定的方式"合"起来，才能把变化"理"出来，观察变化才能成为"合理"。

"以合为上"，合在系统上、维度上、视角上。单纯的、割裂的总是分散的、无序的。只有把与事物变化相联系的子系统融合起来、各维度结合起来、各视角综合起来，才能实现对变化的整体把握。

系统融合，就是把与事物变化相关联的物理系统、事理系统和情理系统置于整个系统中进行综合考虑。所关注的焦点是变化的过程，即从系统整体结构出发，研究各个子系统的相互关系，梳理出它们的变化过程。

维度结合，就是把与事物变化相关联的物理维度、事理维度和情理维度置于整个过程中全面考察。所关注的焦点是过程中变化的阶段，即遵循各个子系统的变化过程，研究过程的变化节点，剥离出每个变化过程中的变化阶段。

变论　变化思维

　　视角综合，就是把与事物变化相关联的物理因素、事理因素和情理因素置于整个过程之中进行深度分析。所关注的焦点是变化的因素，即从每个变化阶段出发，分析影响阶段变化的各因素之间的相互关系，抽离出阶段所涵盖的各种因素变化。

　　梳理、剥离、抽离出的过程之变、阶段之变、因素之变，勾勒出了事物变化的全景遥感，是基于事物结构过程的变化集合。

　　这种变化的集合虽然是一种对事物变化的全面观察，但面面俱到有时并不能反应事物变化中最重要的部分，对于把握事物变化的本质也无益处，无力对事物变化进行适当的研究，还必须进行质的判别。也就是要从变化集合中识别出那些决定事物变化的具有影响力的方面。有时对事物变化的观察恰恰要从此出发。

　　多维视角的关键是"因素第一"。事物变化最终是由因素决定的。因素寄生于过程之中，与维度为伍，受视角左右。每一个因素的出现都会对变化产生影响，只是影响的方式和程度不同而已。不要忽略每一个因素，就像不要忽略自己身上的每一个部分一样，因为它们都有存在的价值。

变化思维　**变论**

　　因素决定事物变化的品格。我们讲"美雕"，是因为雕塑的造型美、纹饰美、神韵美。我们讲"美文"，是因为文章的结构美、文采美、文韵美。我们讲"美人"，是因为女人的体形美、衣饰美、风韵美。美离开了因素就无从言美，变化离开了因素就无变可变。

　　多维视角的定义可以这样描述为：多维视角是一种开放思维、批判思维、创新思维、发展思维，它是基于多因素的系统融合、维度结合、视角综合以揭示事物变化本质的一种多元思维方式。

　　一定还有、以合为上、因素第一，是多维视角的基本方法。

　　不要轻易下结论，你的选择之外，一定还有别的。

　　请牢记，一定还有……

变论　变化思维

【朱言】

- 变化无常势、无常形、无常态，正如兵无常势、水无常形、人无常态一样。
- 变化已经不是什么新闻，应对变化才是人们关注的焦点。
- 新事物、新行业、新领域、新模式、新风格使过去的种种篱笆形同虚设，界可以被创造，也可以被消除。
- 未来制胜的一定属于抢先变化一步的。
- 变化完全可以理解为是一种新的规律、一种新的机能、一种新的职业……创造是变化的全部意义所在。
- 变化包含物理变化、事理变化和情理变化三种类型，懂物理、明事理、通情理是变化思维的通则准则。
- 不要轻易下结论，你的选择之外，一定还有……
- 观察变化，必须把与事物变化相联系的子系统融合起来、各维度结合起来、各视角综合起来，进行质的判别。
- 每一个因素的出现都会对变化产生影响，只是影响的方式和程度不同而已。
- 不要忽略每一个因素，就像不要忽略自己身上的每一个部分一样，因为它们都有存在的价值。
- 多维视角是一种开放思维、批判思维、创新思维、发展思维，它是基于多因素的系统融合、维度结合、视角综合以揭示事物变化本质的一种多元思维方式。

2.秩序反思

宇宙是一个秩序的宇宙。

世界是一个秩序的世界。

正如我们在时空中观察到的秩序决定了地球的生命一样，秩序决定着存在，是维系事物存在的结构力量。

历史的发展是秩序形式转化的结果。事物变化也呈现出秩序形式的转化。这种秩序的转化，是一个从孕育、形成、稳定、混乱到消亡的演变过程，旧的秩序遭到破坏，新的秩序占据统治。

变化是秩序变化的结果。变化以破坏既定的秩序为前提，以寻求新的秩序为目标，使事物向新的秩序转化。秩序变化是事物变化的本质。

秩序的词义本身是一个纯粹的语义概念。秩序其实并不就是意味着有条理、不混乱，而有秩序才是有条理、不混乱。在事物变化过程中，秩序具有某种程度的一致性、连续性和阶段性，是一种相对稳定、可

变论 变化思维

延续的状态。自然界和社会系统都如此。

秩序产生力量。秩序对事物发展起着维护、稳定、协调、控制和平衡的作用。火车和马起步时,火车跑不过马,因为火车启动过程很复杂,而马起步很

——秩序在于遵守,更在于维护

简单。火车一旦开起来了,马就跑不过火车,因为火车靠的是动力,而马靠的是体力;火车有平滑稳定的

轨道，而马跑的路不规则有起伏。这就是秩序的力量。

秩序存在过程之中。如果没有过程，事物就没有了生命和运动，仅仅是事物本身而已。事物的变化表现为秩序形式的变化，它在过程中迸发。过程感尤为重要，过程感带来秩序感。用多维视角观察事物变化，观察过程的变化极为重要。

秩序的力量还在于潜在性。事物变化一般由因素发起、在过程中实现，因素的作用体现在过程之中。因素作用的过程性，意味着一些已经表达的因素由潜在性成为现实性，一些尚未表达的因素仍然处于潜在状态。潜在性是事物变化过程的驱动力。用多维视角观察事物变化，观察因素的变化极为重要。

聚焦过程之变，选择的是维度，代表的是站位，体现的是高度。系统是有结构层次性的，层次性使得事物变化过程呈现多样性，秩序形式也呈现着多样性。观察过程变化也就是观察结构层次变化，即定格于结构层次中那些居于主导地位或统治地位的秩序形式，去梳理事物变化的过程之变。

聚焦阶段之变，选择的是视角，代表的是方位，体现的是宽度。过程由阶段构成，阶段由进程构成，进程之

变论　变化思维

变堆积成为过程之变。深入观察过程之变还必须从阶段入手，观察阶段中的事物变化，即定格于阶段中那些居于主导地位或统治地位的秩序形式，去剥离事物变化的阶段之变。

聚焦因素之变，选择的是因素，代表的是点位，体现的是深度。因素是决定秩序的推动力量，因素的变化推导过程的变化。深入观察过程变化还必须从因素入手，观察构成事物诸多因素的变化，即定格于诸多变化因素中那些居于主导地位或统治地位的秩序形式，去抽离事物变化的因素之变。

观察事物的过程之变、进程之变、因素之变，是由宏观到微观、整体到局部、抽象到具体的观察过程，三者相辅相成、互为补充。

要全景扫描并立体呈现事物的变化，有时还需要回到从前才能站在适当的位置上。这样才能更好地了解未来所包含的和承担的无穷变化。反过来就无法做到。因为站在终点，你看到的都是现实实现，而潜在性却总是隐藏在事实的背后。

事物变化是有规律的，但放大了、放长了、放高了看，一些变化显得具有随机性、反常性、极端性，变化也并非总是呈线性的，有时甚至还是荒谬的，秩序因此而被偏离轨道。无序是有序的前奏，毁灭是创造的开端。这取决于对潜在性的预见力和掌控力。

没有对立面，事物就不会存在。事物的变化也是如此，只不过当变化完成表达时，变化的对立面也就成为了历史的潜在或者未来的潜在。德国20世纪著名的现实主义作家托马斯·曼（Thomas Mann）有句名言"一条伟大真理在于它的对立面也是一条伟大的真理。"

秩序的力量有时就在对立面。当秩序的力量阻碍了前进的步伐时，潜在的对立面就会转化为现实。改革、创新、开放乃至暴力、颠覆、破坏等都因之而起。

把握变化还须把握对立面。这来自对因素的理解能力和样本的选择能力，即对因素的刻画能力。但事物变化的复杂性和多样性让我们免不了不犯错误，因为人的认识是有局限性的。对错误的恐慌往往会扼杀进步。有品质的人在错误中成长，对立面是他的另一个大脑。

因素刻画首先要集合。即站在对立面思考分析，从正反两个方面观察事物的变化及其影响因素，集合正反两个方面的因素使之形成因素的集合，因素就有

变论　变化思维

了更多的样本选项。这是一种反向思维过程。

　　因素刻画其次要综合。即把因素集合中的样本综合起来、系统化地去思考分析，而不是片面地、孤立地、分割地去思考分析，从中选择那些占主导地位的有效因素作为观察对象。这是一种黑格尔式的思维过程。

　　因素刻画还要融合。即把上述那些因素选项共存并融合为一体，分层分级共同递进作用于事物的变化过程，分项分段观察事物变化的演变进程，构造全新的变化视域，展现卓越的变化表达。这是亚努斯式的思维过程。

　　有了秩序就有了世界。

　　秩序存在，变化就存在。

变化思维　变论

【朱言】

- 宇宙是秩序的宇宙，世界是秩序的世界，事物是秩序的事物，变化是秩序的变化。
- 秩序决定着存在，是维系事物存在的结构力量。
- 发展是秩序形式转化的结果，变化是秩序变化的结果。
- 变化以破坏既定的秩序为前提，以寻求新的秩序为目标，使事物向新的秩序转化。秩序变化是事物变化的本质。
- 火车和马起步时，火车跑不过马，但最终马跑不过火车。这就是秩序的力量。
- 秩序存在过程之中，过程感带来秩序感。
- 有时还需要回到从前才能站在适当的位置上，这样才能更好地了解未来所包含的和承担的无穷变化。
- 变化并非总是呈线性的，有时甚至还是荒谬的，秩序因此而偏离轨道。无序是有序的前奏，毁灭是创造的开端。
- 秩序的力量有时就在对立面，把握变化还须把握对立面。
- 对错误的恐慌往往会扼杀进步。
- 有品质的人在错误中成长，对立面是他的另一个大脑。

3.预设效应

预设是事物及其变化的普遍现象。

事、物和人融合在一起作为事物变化的根本因素时,事物变化及其表达才有可能完满。然而,人们对事物无限性的认知因自身认知的有限性而被局限,无法以整体上定义的环境为前提,预设就成为必然现象,对于事物变化的认识也就因为预设而被局限。

这种预设,有时是因为重要性的必要,有时因为是先前的经验,有时是因为兴趣选择等。因为人们很愿意相信自己有清晰的视野。

这种预设,往往会限定人们的思维界限,干预人们的认知过程,让人们偏重于最清晰的方面,指向最合理的部位,而某些真相却有可能被疏忽或掩盖,整体被分割,过程被分裂。

这意味着事物变化的全貌中,一部分被重视、一部分被排除;一部分被引用、一部分被舍弃;一部分被储备、一部分被忽略。观察事物变化的视域就会有

变化思维　变论

缺失，甚至会沦为琐碎。变化朝向多方，一切皆有可能，而预设却让变化更加精彩。

世界的一切
都可以看成是一种假设

——假设有时就是真的

上过小学的人估计都有过这样类似的经历或困惑，这是一年级数学的一道题，题目是看图列式：

左图上有一棵大树，树上有5只鸟，树边有3只鸟

变论　变化思维

头朝树；右图上也有一棵大树，树上也有5只鸟，树边有3只鸟头朝树外。按教材预设，树边的鸟头朝向表示加或减。左图应该是"5＋3=8"，表示"树上有5只鸟，又飞来3只鸟，一共有8只鸟"；右图应该是"8－3=5"，表示"树上原来有8只鸟，飞走了3只鸟，还剩5只鸟"。

这种预设并不严谨。因为该题并未明确鸟头哪种朝向表示加或减，除了老师是明确清晰的，而学生就未必了，家长那就难说了。这种模糊的预设，8只鸟之间的整体关系被分割、过程被分裂，真相不清楚，孩子的直觉就是清晰的指向。我以为，两张图的答案不论是5还是8，都应该是正确的，主要看孩子怎么表述。

但是，预设也并非完全没有必要。无限性由无数个局部构成，认识无限性还得从某处开始。而认识本就是一个过程，这也得从某处开始。某处是个局部的概念，局部自然就意味着环境是有限的，预设也就顺其而然地成为必然。

正因为这样，事物变化的无限性和人们认知的局限性，才有了无法解释的解释，不可调和的调和才成为可能。也显然，哲学和科学发展到当今如此高尚高级，而冲突与矛盾依然还是存在，未知与无解依然还有不少，科学家与哲学家有时依然还是貌合神离，都因为预设这个"正确的错误"。对此，似乎永远无法定论。

哲学领域、科学领域都普遍存在预设情景。离开预设，哲学的抽象就无法称为普遍性，科学的推导就会超越边界而出错。

所不同的是，哲学的抽象因为预设而抽象掉了无限，普遍的意义简约成为对事物统一、同一、通一的概念抽取，而残存的却是局部。有时局部恰恰是区别事物的本质，这也正是哲学不落地的主因。

一切事物之间的相互关系都是变化的，而抽象的普遍意义却与之相矛盾，当把事物的同一性抽象为普遍性之后，局部的本质被排除，这种普遍性就会成为空泛的概念。只有把广泛的普遍性和显著的特殊性融合在一起，才能还原事物变化的本来面目。

从这种意义上讲，哲学更应关注局部，而这又和科学产生了冲突，但至少哲学也应该关注知识化和细节化。

几乎所有的科学门类都预设了事物的某种基本模式。这种预设，一般以可知为前提、已知为基础、实

变论　变化思维

证为必要，并认为精神活动并不是自然界的一部分。这个假设完全撇开了那些精神的因素，否定了人类认知的因素，并完全主导了科学推理。

科学就是在一系列预设下对结论的推导。然而，如果充分展开推论，预设的科学早晚会陷入矛盾之中。这种预设的不完善性，使得科学也有了生命性，比如，牛顿理论为三百年之久，而现代科学约为三十年甚至更短。因为科学发展一定会冲破原来种种预设的束缚。

预设使得过程被明化简化。在预设的有限范围内，认知探究就相对简单容易，对事物变化的把握也可以更方便拿捏。但预设排除了一些似乎无关紧要的因素，使事物的变化空间变得收缩，有时这是灾难性的，犹如笛卡尔主张身和心分离所造成的科学盲区那样。

预设也使得变化表达成为有限。预设所限的是条件、环境或前提，其实是局限了路径方法，具有指向性。这种指向性意味着变化的无限性被限制，变化的表达也因此成为有限的集合。尤其在纯粹的情况下变化的表达还具有唯一性，比如几何命题。

预设还具有立场属性。人是有立场的，而立场从属于利益。很多事情，其实环境并没有改变，但是人的立场一变，所有的事情包括选择就都变了。这在重要性中当属居首。预设立场虽然从属于利益，但依然取决于事物变化的自身规律和认知水平。预设立场的选择，有时是制胜的或者是致命的。

在全国著名的中学中，衡水中学和毛坦厂中学无疑是两所非常典型并著名的中学。衡水中学走的是高端路线，大批毕业生进入名校，每年进入北大清华的都达一两百人。而毛坦厂中学则走规模化路径，每年参加高考人数超过万人，虽然尖子生比例不高，但作为高考工厂本科上线率却非常高。

如果说衡水中学在于激发学生、毛坦厂中学在于推动学生这是教学理念的话，那么，从过程的角度来看，衡水中学的成功，一是在生源拔尖选优，二是在老师优化精选；而毛坦厂中学的成功，一是在教学严谨严肃，二是在管理严格严明。这种教学管理的预设立场，正是他们的制胜秘诀。

预设是事物变化的重要因素之一。

事物是预设的事物，人是有预设的人。

预设是一种导向，但千万不要被预设所左右。

变论　变化思维

【朱言】

- 预设是事物及其变化的普遍现象，是事物变化的重要因素之一。
- 事物是预设的事物，人是有预设的人。
- 预设是一种必然现象，是人们认识无限性的必要，但对于事物及其变化的认识也就因为预设而被局限。
- 预设往往从属于重要性、经验和兴趣，人们总是非常愿意相信自己有清晰的视野，而事实往往并非如人所愿。
- 变化朝向多方，一切皆有可能，而预设却让变化更加精彩。
- 无限总得从有限切入，整体总得从局部入手，这就是过程。
- 科学需要容纳精神因素，更应该跨越边界，如此才有生命力。
- 很多事情，环境并没有改变，但是人的立场一变，所有的事情包括选择就都变了。
- 预设立场的选择，有时是制胜的或者是致命的。
- 预设具有导向作用，但千万不要被预设所左右。

4.区分异化

世界是一个区分的世界。

事物因区分而被认识,变化因区分而被感知。

事物虽然不是因为区分而存在,但因为有了区分才被质化。超市货架分类是为了售卖物品,但它并不是物品售卖的原因,这是同一个道理。

区分是认识的需要。单一性是不存在的,纯粹性属于理想状态。我们一直在区分,同时也一直被区分。有了区分,重要性、潜在性、秩序性、概念性、事实性等才得以甄别,预设效应、目标价值才有依赖依据。人有别于动物,精神有别于物质,这个有别于那个,现在有别于过去和未来等等之类,都是源于区分。

区分无处不在。区分是对世界的一种体验,它以质化区分为基础。质化区分使事物有了归属,科学便有了分类。严格的科学分类对科学发展极为重要。

英国哲学家阿尔弗雷德·诺思·怀特海(Alfred North

变论 变化思维

Whitehead）认为，自然界大致可以分为六类：第一类是人的存在，即身体和精神。第二类包括人类以外的各类动物生命。第三类包括一切植物。第四类由单细胞生物构成。第五类由各类大型的无机集合体构成。第六类由体积极小的存在所组成，是通过现在物理学的显微分析所发现的。

就生物分类而言，由大到小是界、门、纲、目、科、属、种。界是最大的分类单位，最基本的分类单位是种。分类单位越大，包含的生物种类就越多，生物的亲缘关系就越远，共同特征就越少。分类单位越小，包含的生物种类就越少，生物的亲缘关系就越近，共同特征就越多。

区分具有行为导向作用。一旦区分被定义，人的思想行为必然会因为区分而区分。区分作为行为的标准、目标或界限时，预设效应就会得到充分显现。尤其当人的行为被情绪化主导时，预设效应就会被放大、扩大或夸大。一些人莫名其妙地生气，或者歇斯底里地发作等，大概就是因为事实和他们所预设的区分产生了反差之缘故。

重要性导致区分。感知的本质是进入表达，而表达的取舍从属于重要性。这种取舍即区分，它首先来自重要性区分而产生的兴趣区分，还来自变化因素的区别感。重要性和区别感既是种概念，也是属概念，两者叠加，使变化随重要性区分而区分，变化因而存在多个等级选项，它反映了事物变化的结构性特征。

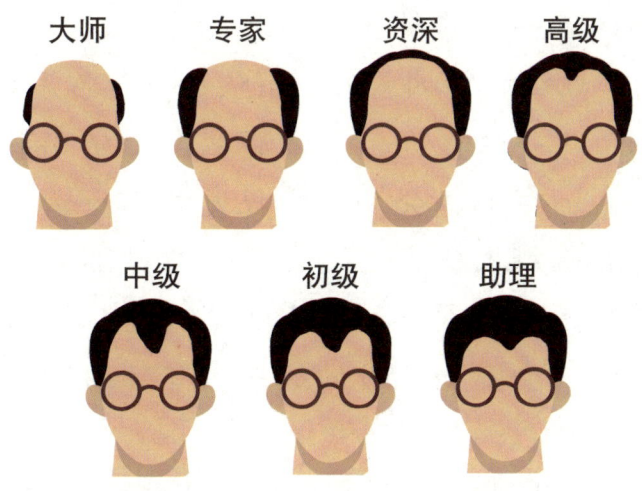

——区分有时会误导你的判断

结构性导致区分。结构包含层次并赋予功能。结构性导致层次区分，这体现着变化的层次差别。结构

变论　变化思维

性导致功能区分，这体现着事物变化的功能差别。同时，这种区分还表现为一种事物变化传承有序的秩序形式而存在，体现着事物变化的过去、现在和未来的时空形态，即事物变化的过程特性。

过程性导致区分。过程包含着阶段并受之于因素的作用。过程性导致阶段区分，这体现着变化的阶段差别。过程性还会导致因素区分，这体现着变化的影响因素的差别。这种区分还表现为过程形式的转换，体现着事物变化诸因素的细节化的并行作用特征。

细节化导致区分。因素有主次之分，不同因素的影响方式、影响机会和影响程度都不一样，因素的区别感存在着级次概念。因素区分是观察事物变化的基础和常规，属于因素细节化观察。观察事物变化时，无限的细节会产生无数的结果。有时细节化决定观察的成败。

合理的区分是必要的。以环境概念、类型概念等事实概念为证据，把事物变化的重要性和事实剥离出来；以兴趣或表达为预设，把注意力集中在感兴趣的重要性那里而摒弃那些无关的现象；以同格因素为前提，从事物变化的联系性中进行抽象化。这种分类分级的区分，是观察变化的需要。

区分带来差异。区分的本质是划定界限,从而使变化诸因素被有区别的定义而具有倾向性和立场性。倾向性和立场性是因素的差别所在,事物变化的过程也因此被赋予了内容和形式,并深刻影响着事物变化的过程。

区分不是一成不变的。它是一个动态的或可变的过程,随着系统、过程、环境、条件的变化而有所改变。区分的改变从属于系统或环境的定义和塑造。

区分是观察事物变化的重要手段,感知从区分中得到启迪。

世上万物都会被区分,有了区分才有存在感。

变论　变化思维

【朱言】

- 事物因区分而被认识，变化因区分而被感知。
- 世上万物都会被区分，区分无处不在。
- 我们一直在区分，也一直被区分。
- 区分是认识的需要，有了区分才有存在感、归属感。
- 区分具有行为导向作用，一旦区分被定义，人的思想行为必然会因为区分而区分。
- 重要性导致区分，进而体现在结构、过程和因素等方面的细节化区分。
- 无限的细节会产生无数的结果，有时细节化决定观察的成败。
- 区分是观察事物变化的重要手段，感知从区分中得到启迪。
- 区分的本质是划定界限，从而使变化诸因素被有区别的定义而具有倾向性和立场性，事物变化的过程也因此被赋予了内容和形式，并深刻影响着事物变化的过程。
- 区分不是一成不变的，它随着系统、过程、环境、条件的变化而有所改变。
- 面对变化，应当保持自然的心态，有取有舍、能取能舍、善取善舍。

5.网筛情节

事物变化重在过程，却在因素。

选择是观察事物变化的一种常态。

无限性有时让人很无奈、无力、无语，选择是唯一的出路。

事物变化从因素始起，在因素终落。因素变化造就了事物变化。

多维视角观察事物的变化，始终离不开对因素的观察。因素观察贯穿变化的全过程。

影响变化的因素众多，虽然共生并行作用于事物，但对变化的作用并不是都等量等效的。因素能力决定因素效力。

把众多因素纳入观察系统之后，对因素的系统性作业，不仅是对因素本身的把控，更是对事物变化的整体性把控。这不仅需要宏观层面的，还需要微观层面的。因为因素的表达非常活跃，把控偏离将导致观察失败。

变论　变化思维

对因素的系统性作业属于细节范畴。因素规划是前提，因素筛选是核心。因素同样在于表达，而细节是因素表达的全部。概念性的因素刻画属于宏观范畴，涵盖在事物变化的结构性、层次性、阶段性观察之中，而事实性的因素表达属于微观范畴，是变化实现的具象，在变化实现的表达中被筛选。

世界卫生组织研究报告显示，人类三分之一的疾病通过预防保健可以避免，三分之一的疾病通过早期发现可以得到有效控制，三分之一的疾病通过信息的有效沟通能够提高治疗效果。影响人身体健康的因素有很多，主要有环境、饮食、起居、情绪、信念、遗传、潜意识、爱与希望等八大因素。

其中，环境因素又包括大到空气污染、水污染、土壤污染、噪声污染、疾病传播等，中到工作环境、社交环境、旅游环境、社区环境等，小到家里家具布置、物品摆放、垃圾清理、花草鱼鸟等。依次推之，影响身体健康的因素实在数不清。

这对人们的身体健康无疑具有普遍的指导意义。但对于具体某个人来说，还是太宽泛了，需要根据自身的实际做出判断性选择。

人的认知水平不同，对这些因素的关注点是不同的。人的思维方式不同，对这些因素的认同取向也会不同。不同的年龄阶段、不同的身体体质、不同的文化背景、不同的即时环境、不同的身体变化等，不同的人会有不同的因素筛选。正确的选择往往会事半功倍。

也许有人听说过，牛奶喝多了会掉头发、豆浆喝多了会掉牙齿。你可能都会信以为真，真假似乎并不那么重要，因为那是同事朋友说的，是网上看到的，好多人都这么说的。

重要的是，除了那八个方面的因素之外，还有这么多细节因素决定着你的健康行为。你该怎么选？

观察变化因素先行。因素筛选是前置性作业。这是一个从因素规划、因素分解、因素衡量到因素组合的系统性作业。

因素规划是一个由变化宏观分析过渡到概念性因素确认的过程。要根据变化的结构状况、过程状况、阶段状况以及它们的内在关系，从物理的、事理的、情理的，过去的、现在的、未来的，显性的、隐性的，即时的、潜在的，正向的、反向的等方面，去分析确认层次性因素、过程性因素、阶段性因素，从而建立变化的基本因素框架。

因素分解是一个从概念性因素到事实性因素的确认

过程。要以因素表达的事实性为依据，对每个因素的形态、特征、方式以及它们对变化的推动诱导作用，从因素的拓延性、关联性、壁垒性等方面，去分析确认每个因素所涵盖的因素子项，从而建立事物变化的候选因素集合。

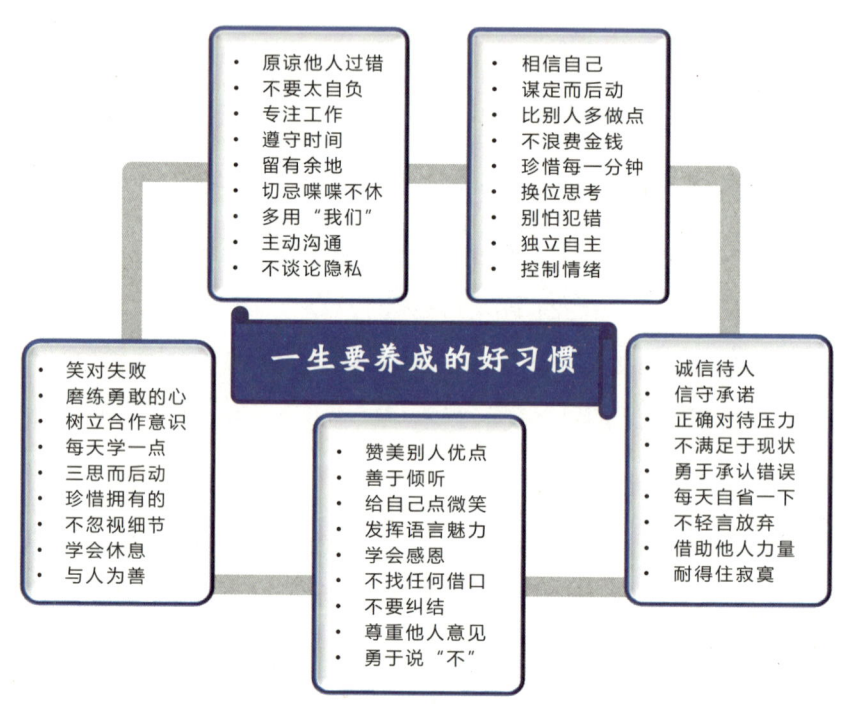

——好习惯助你事半功倍

因素衡量是一个对基本因素框架以及候选因素集合进行综合判别的过程。要根据诸因素对事物变化的影响力度、影响频度、影响程度，从因素的重要性、典型性、特殊性等方面，去分析确认那些关键因素，从而建立事物变化的因素集合。

因素组合是一个从因素集合中分类筛选表达因素的过程。要根据实际观察的目的需求以及观察本质，从因素的独立性、综合性、冗余性的方面，去选取最终的观察因素，建立事物变化的因素样本空间。

观察因素还必须注意细节因素和因素细节。细节因素并不一定不重要、不关键。因素细节也不一定就影响小、程度低。这些细节具有隐蔽性、不显现，容易被忽视忽略，但它们在一定的条件下的影响力却是独特的，有时还不可逆转。

据英国《新科学家》周刊1994年10月1日报道，美国政府的一项调查断定，因一枚30毫米长的螺钉比标准长度超出几毫米而引起了短路，这枚价值不到10美分的螺钉使一颗耗资7700万美元的气象卫星在发射两周后成为一堆废铁。对细节因素和因素细节的忽视，有时代价是巨大的。

因素是事物的因素，也是过程的因素。

观察因素重在细节，但绝不能陷入细节。

细节未必决定成功，但轻视细节一定会失败。

| 变论 | 变化思维 |

【朱言】

- 观察变化重在过程，却在因素。
- 无限性有时让人很无奈、无力、无语，选择是唯一的出路。
- 事物变化从因素始起，在因素终落，因素变化造就了事物变化。
- 观察事物的变化，始终离不开对因素的观察，因素观察贯穿变化的全过程。
- 把众多因素纳入观察系统之后，对因素本身以及系统整体的把控，不仅需要从宏观层面，还需要从微观层面进行系统性作业。
- 因素同样在于表达，而细节是因素表达的全部。
- 不同的人会有不同的因素筛选，正确的选择往往会事半功倍。
- 观察变化因素先行，它是一个从因素规划、因素分解、因素衡量到因素组合的系统性作业。
- 观察变化还必须注意细节因素和因素细节，不要忽视细节，它们在一定条件下的影响力却是独特的，有时还不可逆转。
- 观察因素重在细节，但绝不能陷入细节之中。
- 细节未必决定成功，但轻视细节一定会失败。

四、态势趋势

势是观察变化一个极为重要的概念。

以势而论，与势为伍，因势而为，才能成就大势。

观察事物的变化，必先观势。这是把握变化的最高层级。

事物变化到一定程度，必然会形成一种暂时相对平稳的局面。这种局面就是事物变化的态势，它是事物变化的分水岭。

这种局面是多因素并行的作用力相互制约的结果。而这种结果表现的是一种状态，宛如黎明前静悄

变论   态势趋势

悄的那种状态。此时某些因素尤其是那些关键因素一旦偏离了秩序，系统将会失衡失稳，事物变化就会重新选择方向。于是，态势成为趋势。

事物变化的过程，是一个从变到化的升级过程。事物因变成势，势因变而化。变而不化，变之失色。变而化之，变之添彩。

趋势属于非实事性模糊概念。预期、预判或预设的因素如果触发，变化的方向是多选的，变化的表达也就存在不确定性。因此，把握趋势需要组合性策略。这是"预"的过程。

但必须清醒的是，"凡事预则立，不预则废"这种纯粹的因果关系，忽略了"势"的不确定性。预了未必就能立，当预而不立成为事实时，一定是自己的"预"出了问题，或者没"预"好。

凡事预好则立，不预未必废。因为，兵来将挡、水来土掩，对于某些超凡的人，"不预"恰恰就是最好的"预"。这也正是"老子"无为之道的精髓所在。

然而，变化之势，绝非"一势了之"那么简单。

"势"这个简单又深奥的字眼，在中华文明的发展过程中从未"失势"过。老子《道德经》五十

态势趋势　**变论**

一章提到的"势"，从古到今人们一直都在使用它，局势、形势、态势、趋势等，水势、火势、风势等，谋势、蓄势、造势、借势等，几乎不可或缺、无可替代。

其实，"势"之所以如此让人着迷，并不在势之本身，而在势背后所代表的潜在力量。潜在的才最具威力，潜在的才最可怕，潜在引发无限想象力。老子以道起家、以势成家，原就在于此。

势是事物变化的制高点、制胜点。潜在的无限想象力，使变化的视域得到拓展，变化得以在更宽广的环境中延伸。

因此，观察事物的变化，还要把它放到更大的环境中去考察。这样，视域才更广，视野才更宽，小势才能成为大势，劣势才有能转化为优势，优势才能转化为胜势。

观察事物变化，大势为先。

变论 态势趋势

1. 置身势外

大势者,大是大非也。

面对大势,大局大节为重。

大势之下,心存高远,方得大势。

在大势面前,任何人都无法置身事外,但必须置身势外。这是谋大局、成大事者必有的容山纳海胸怀与同格品质。容山可容万物、纳海能纳万象,观山山在脚下、观海海收眼底,高瞻远瞩、视势自若,视域自然不同寻常,势域也会超乎想象。伟人如此,大师如此,"大家"如此,大家也该如此。

大势有大境。置身势外就是要跳出境外看大势,以境为镜,境在心中,心如明镜。因为人在境中,容易为境所困。

昆仑山西起帕米尔高原,山脉全长约2500公里,平均海拔5500~6000米,宽130~200公里,总面积达50多万平方公里,横跨青海、四川、新疆和西藏四省区。身处如此大境之中,估计不被如此的山势淹没是

态势趋势　**变论**

极小概率事件。至少目前的记载中，还没有人能够踏遍整个昆仑山脉。

　　大势有大景。置身势外就是要走出景外看大势，换个角度看景色，景色也许更加迷人。因为人在景里，容易为景所惑。

——保持适当的距离才真美

变论　态势趋势

　　北京奥林匹克塔，由五座186～246.8米高的独立塔组合而成，是北京的一个新地标。如果你要观看塔的全境，在塔里是不可能做到的。北京奥林匹克塔白天的壮观、夜晚的壮美，只有在塔外观看才行。

　　面对大势，大局感极为重要。大局感是对事物变化那些带有根本性、决定性和方向性特征的感知。大局就是大势，没有大局感是不可想象的。剥夺大局感如同人被剥夺了感觉一样，就会陷入难以忍受的痛苦，一切都会趋于混乱甚至消亡。大局感是大局观和大局意识的基础和前提。没有大局感就没有大局观和大局意识。

　　面对大势，大节观极为重要。事物变化态势一旦形成，预示着趋势即将展开。这便是抉择的时候。这种抉择与大局紧密相连，意味着立场的选择有时甚至是生死考验、命运抉择。大局为重、大我为上，便是有节操，小我才能闪耀出价值的光芒。小我为上，是小节小利，成就的是小我局面，弄不好还会因小失大、殃及池鱼。

　　面对大势，意志力极为重要。大势之下、大局之中，往往会面对诸多不确定性和复杂情况，失去意志力就会向困难屈从、向逆境低头，智力也会随之黯然

态势趋势　　**变论**

失色。智力因意志力而迸发，凭着顽强的意志，转危为安、反败为胜的例子比比皆是。意志所向，困难披靡。从某种意义上说，意志造就了人、成就了势。

超然才能置身势外。超然是一种状态，抑或是一种境界。仅仅置身势外是不够的，还必须高出、突出。高势一筹，人在势上。突势之围，不为势累。如此状态，才会有豁然之灵感。如此境界，才可顿开局势之茅塞。正所谓置身势外，还需超然势外。

置身势外还当有态度。态度是不可缺失的，态度具有行为的倾向性。对这种倾向性的预设，决定了态度的性质。态度是选择的结果。选择什么样的态度，观察事物变化就有什么样的结果。

同样是一盆鲜花，商人的实用态度，关注的是鲜花商机背后的利益；植物学家的科学态度，关注的是鲜花的属性分类、品种特质及其生存条件；艺术家的审美态度，关注的是鲜花的美感和诗情画意。虽然商人也会有美感，科学家也会有商业头脑，诗人也懂得点植物学原理，但习性区分了他们的选择和表达。

态度真的能决定一切吗？至少"一切"的概念过于模糊也过于绝对。态度再好，也抹杀不了素质能力的作用。

变论 态势趋势

其实态度不能简单以好坏来区分。然而，态度的选择对事物变化的观察和表达却是决定性的。尤其在大势面前，态度往往决定着立场。因此，置身势外还当选择一个与大势、大局、大节相匹配的态度，这时态度决定一切才有可能。换句话说，匹配的态度决定一切。

成大事者必先谋大局，谋大局者必先观大势。

置身势外，才能观大势、谋大局、成大事。

态势趋势　**变论**

【朱言】

- 观察事物变化,大势为先。
- 以势而论,与势为伍,因势而为,才能成就大势。
- 成大事者必先谋大局,谋大局者必先观大势。
- 在大势面前,任何人都无法置身事外,但必须置身势外。
- 势之所以重要,并不在势之本身,而在势背后所代表的潜在力量。潜在的才最具威力,潜在的才最可怕,潜在引发无限想象力。
- 势是事物变化的制高点、致胜点。
- 置身势外就是要跳出境外看大势,以境为镜,境在心中,心如明镜。
- 置身势外就是要走出景外看大势,换个角度看景色,景色也许更加迷人。
- 面对大势,大局大节为重。大势之下,心存高远,方得大势。
- 智力因意志力而迸发,意志所向,困难披靡。
- 大势之下,置身势外,还需超然势外。高势一筹,人在势上。突势之围,不为势累。
- 在大势面前,态度往往决定着立场。置身势外还当选择一个与大势、大局、大节相匹配的态度。

2.抢变先手

有志者势竟成。

大势当前,不抢便会落后。

大势之下,不先就会被抛弃。

态势趋势一旦到达了某种局面,意味着新的变化即将登场,新的局面必然开始酝酿涌动。

新旧局面的交替更迭,是各种因素的角力角逐,重新洗牌布局、势力划分、利益分配、格局重构的过程。这种过程演变,有些是形式的转变转换,有些是因素的优化分化,有些是内容的替代替换,但都是对未来格局的重塑。事物总是在交替更迭中进步。

未来的,既是潜在的,必是模糊的,具有不确定性和多种选择空间。未来的,既是新生的,必是成长的,具有复杂性和质化区分特征。未来重塑,是新秩序的重构。在这个过程中,潜在性逐渐显现,成为一种不可忽视的力量。未来由潜在的塑造,在新生中绽放。

态势趋势　变论

　　未来重塑之路是复杂多变的。对事物变化未来之势的未雨绸缪，表象是战略谋划，实质是追求升级、升华、创造和发展，使事物变化向更高级别、更高层次进化。这也许是一个漫长而痛苦的过程。

　　世界需要重塑，世界在不断重塑，关键在于抢变先手。

——决胜往往只在一步之间

变论　态势趋势

抢变先手，就是要抢在变化之前谋篇布局，取得主动权。抢在变化之前，先于变化一步，才能制胜未来。抢先一步，抢的是先机、先势，抢的是策略、行动，它给未来埋下伏笔、奇兵。抢先一步，往往能出其不意，取得意想不到的效果。俗话说，抢先一步，领先一路。这是先手意识、先手思维和先手方法。

飞夺泸定桥，十三根铁链劈开了通往共和国之路，足以说明抢变先手的极为重要性。

1935年5月25日，中央红军在安顺场强渡大渡河后，形势依然十分严峻。国民党追兵紧追不舍，几万红军渡河仅靠几只小木船，这最快也要一个月的时间，而大渡河上只有一座铁索桥还距此240里。不抢得先机尽快渡河，红军就有可能被消灭。

生死存亡关头，夺取泸定桥势在必行。红四团官兵接到命令后昼夜奔袭，一路大雨倾盆、山路崎岖陡峭，沿途击溃了好几股阻击的敌人，仅用20多个小时就出其不意地赶到了泸定桥西岸。

泸定桥由13根铁链组成，离水面有几丈高，人走在桥上摇摇晃晃就像荡秋千似的。桥上的木板被抽掉了，夺桥过程中桥上的铁索还被放火烧红了，桥对面有国民党两个团在防守，桥头的火力十分猛烈密集。22名勇士

态势趋势　**变论**

冒着枪林弹雨，沿着光溜溜的铁索链向桥头猛扑，仅用两个小时就奇绝惊险地夺下了泸定桥。

飞夺泸定桥，为红军快速过河、打破国民党的围追堵截，抢得了先机，红军因此化险为夷。这里固然有红军战士英勇顽强和坚定的信念毅力等原因，但如果不抢先一步，红军就会陷入十分被动的境地甚至是绝境，历史就可能会被改写。

抢变先手，首推敏感性和洞察力。敏感性和洞察力是起因，抢变先手是成因。没有敏感性，对于局势的把握就会失去支撑点。没有洞察力，对局势的应对就会混乱盲目、无的放矢。敏感性和洞察力决定着抢变先手的成色。

抢变先手往往要面对复杂多变的局面，要善于从无序之中找脉络，以剥茧抽丝；从离散之中求同格，以聚智集力；从不寻常中看隐情，以明察秋毫；从无关中找相关，以合纵连横；从最高处听风雨，以举要删芜；从最底处看细节，以睹微知著……如此才能解疑释惑、拨云见日。

抢变先手还要快抢。形势瞬息万变，机会稍纵即逝。你不抢先，必被抢先。抢先是一种感觉，变化的危机感是抢先的动力，而潜在性是危机感的重要源

变论　态势趋势

泉。抢先还是一种理念，在大势面前，等待意味着等死，怠慢意味着殆尽，拖延意味着拱手相让，只有抢先才是存在的价值和真谛。

不等、不慢、不拖，你将走在前面，别人跟着你。从某种意义上讲，走在前面，才有自由，才能自在，才会自然。

抢变先手还得占先。抢是手段，先是行动，要想领先就得先行。在事物变化的过程中，先一手布局，先一手到位，就能占据有利地位，取得先发优势。面对复杂的变化，先一手就是底气霸气。有了先手，让事态的发展处于可控状态，沿着预设的方向推进。先变一手，满盘皆活。

抢变先手还得超越。事物的发展不会低水平重复，更不会原地踏步。如果要实现更高级别的转化，还必须有所超越。因为大势之下，因素的力量对比将发生变化，定义区分将重新布局，新一轮的重塑也将随之展开。如果没有超越，在这个过程中也许会被边缘化，或者被替代，或者被灭亡。

有了超越才会卓越。

超越让一切成为可能。

任何非凡超伦的成就，都离不开抢变先手。

态势趋势　**变论**

【朱言】

- 大势当前，不抢便是落后，不先就会被抛弃。
- 未来重塑，是新秩序的重构。未来由潜在的塑造，在新生中绽放。
- 世界需要重塑，世界在不断重塑，关键在于抢变先手。
- 抢变先手，就是要抢在变化之前谋篇布局，取得主动权。这是先手意识、先手思维和先手方法。
- 形势瞬息万变，机会稍纵即逝，你不抢先，必被抢先。
- 抢先是一种感觉，变化的危机感是抢先的动力，而潜在性是危机感的重要源泉。
- 抢先是一种理念，等待意味着等死，怠慢意味着殆尽，拖延意味着拱手相让，只有抢先才是存在的价值和真谛。
- 从某种意义上讲，走在前面，才有自由、才能自在、才会自然。
- 抢是手段，先是行动，要想领先就得先行。先一手就是底气霸气，先变一手、满盘皆活。
- 抢变先手还得超越，有了超越才会卓越，超越让一切成为可能。
- 任何非凡超伦的成就，都离不开抢变先手。

3.破局重构

身处大势,破局才能得势,重构方能稳势。

事物变化的奥妙就在于平衡失衡的交替,有序无序的更迭。正是这种交替更迭,推动着历史的车轮滚滚向前。

大势形成之后,当某些因素一旦触发,事物变化就会重新选择方向。一些背后的潜在力量就会走到前台,与原有的因素交织在一起,在重塑过程中相互作用,以求取新的平衡。这个过程是因素战争的过程,是各因素为争夺新平衡的势力而展现自我力量的过程。

事物变化往往会呈现涟变方式。变化会在系统内传递扩散,会引发其他因素的连锁反应,各因素相互制约、相互作用的平衡关系被打破,系统秩序处于某种无序混乱的状态,各种势力纵横交错,各方面力量重新洗牌,多因素并行作用再度交织汇集,新的不确定因素再次叠加,事物变化在新的层面上展开。

涟变方式所带来的连锁效应对事物变化的态势趋势非

常重要，而潜在性分析却是关键。这是观势、处势的必修课。

潜在性属于不稳定的因素。从旧局面来看，如果潜在性维护的是旧局面，它就属于旧势力；如果潜在性支持的是新局面，它就属于新势力，是旧势力的对立面。从新局面来看，如果潜在性维护的是旧局面，它就属于保守派；如潜在性支持的是新局面，它就是新局面的推动力量，是新势力中的一员。

潜在性属于模糊性概念，从模糊性概念到事实性概念的转化过程是非常艰难的。但无论如何，对这种潜在性因素及其变化影响性的判别并做出相应的对策都是必要的。大势所趋预为先。

潜在性作为事物变化的重要推手，仅仅对它保持敏感警觉是不够的。预的过程不仅在于对潜在性本身的应急应变，还在于对潜在性成为现实之后所带来的力量对比变化、平衡态势变化以及对趋势影响力等的预判并采取相应的策略。否则，潜在性就会失控。

在涟变过程中，往往因为预设立场的不同、倾向性区分的差别，各因素对新平衡的诉求导致新的潜在性成为可能，重塑过程在交织胶着中涟变。这时，局面往往不容易打开，重塑过程受到限制，对峙冲突成为常态，

变论 态势趋势

事物变化处于低谷、低潮或僵持状态。系统需要破局重构，历史在等待着决定性因素的出现。

比如，2012年11月中国共产党第十八次代表大会召开，12月4日八项规定正式出炉，标志着中国共产党自我完善净化的反腐败斗争大幕正式拉开，经济建设、改革开放向更高的级别推进，中国特色社会主义建设进入新时代。

——胆识是破局的第一武器

决定性因素是破局重构的核心因素。决定性是在偶然与必然的融合、过程与结果的叠加、潜在的与事实的共振之中逐渐显现出来的,是一个不断积累完善的过程。与其说它是因素的特征魅力,倒不如说是事物变化的历史选择。

破局极为重要,重构更为关键。破局是过程,重构是结果。两者紧密联系、相互交集,不能完全割裂开来。

破局重构面对的是多元、多样、多变的利益格局调整和形形色色的变化表达,是一项系统性、整体性和协同性的大作业。

破局重构,需要大勇气,更需要大智慧。

破局必须重构,势成则事成。

变论　态势趋势

【朱言】

- 身处大势，破局才能得势，重构方能稳势。

- 事物变化的奥妙就在于平衡失衡的交替、有序无序的更迭，它推动着历史的车轮滚滚向前。

- 大势形成之后，当某些因素一旦触发，事物变化就会重新选择方向，一些背后的潜在力量就会走到前台，以求取新的平衡。

- 事物变化往往会呈现涟变方式，各因素相互制约、相互作用，各种势力纵横交错，各方面力量重新洗牌，事物变化在新的层面上展开。

- 大势之下不要犹豫，大势所趋预为先，而潜在性分析却是关键。这是观势、处势的必修课。

- 在涟变过程中，局面往往不容易打开，重塑过程受到限制，对峙冲突成为常态，事物变化处于低谷、低潮或僵持状态，系统需要破局重构。

- 破局极其重要，重构更为关键。破局是过程，重构是结果。两者紧密联系、相互交集，不能完全割裂开来。

- 破局重构面对的是多元、多样、多变的利益格局调整和形形色色的变化表达，是一项系统性、整体性和协同性的大作业。

- 破局重构需要大勇气，更需要大智慧。

- 破局必须重构，势成则事成。

五、倾向平衡

平衡是观察变化另一个极为重要的概念。

事物因倾向性而失衡,却在倾向性中实现平衡。

世间万物因为平衡而存在,因为不平衡而消亡。

事物变化到一定的阶段,老的平衡必然会被新的平衡所替代。这是一个新阶段到来的标志。

平衡融目标、过程、方法于一体。平衡是事物发展的阶段性目标,事物在诸因素相互作用、此消彼长中完成秩序重塑。平衡是过程转化的结果,事物在平衡、失衡、再平衡的不断循环过程中提升价值。系统诸要素之间、系统与环境之间、系统与系统之间需要

变论　倾向平衡

以平衡维护平衡，否则平衡就无法维系。

变化是平衡的变化，平衡是变化中的平衡。平衡贯穿事物变化的全过程。从这种意义上讲，平衡是事物变化中最重要的因素之一，是事物存在的基本属性。

平衡意味着过去的结束、现在的展开、未来的萌芽。事物的变化正是沿着一个平衡又一个平衡，向着一个比一个更高的层次递进的过程。人类文明的历史如此，科学发展的进程如此，企业成长的历程也是如此。平衡是事物发展的必然中继。

平衡不是一劳永逸的。事物诸因素因为预设和区分而产生立场并具有倾向性，这种倾向性是客观存在的，它是导致系统不平衡的原因，使得事物变化具有不稳定性。倾向性影响着事物变化的走向，事物变化也在平衡倾向性中趋向平衡。

绝对的平衡是不存在的。平衡往往是各因素之间对系统目标调和妥协的结果，这个结果的现实使事物变化朝着系统的目标逼近。目标逼近的过程是无限的，平衡实际上也就是一种近似或大体意义上的平衡。从严格意义上讲，平衡是一种理想逼近状态，不平衡才是事物变化的常态。

倾向平衡　**变论**

在不平衡中看平衡，在不平衡中找平衡，在不平衡中求平衡，才是平衡之道。

平衡之道在心态。古希腊哲学家埃皮克迪特斯（Epictetus）有句名言"人不是被事情本身所困扰，而是被对事情的看法所困扰"。系统是复杂的，过程是多样的，因素是多元的，不平衡自然就复杂多样多元，平衡事物变化过程中的不平衡也必然复杂多样多元。不为这样的复杂多样多元所困、所限、所误，心态就显得非常重要。

曾经去医院看望一位手术后的朋友，调侃地和他说，你在医院里那么长时间了，单位里的工作仍然很不错，手下的人也很出色，后面的话有两种选项让他选：一种是你不在时手下一样干得很好，有你没你一个样啊；另一种是你不在时手下一样干得很好，还是你平时管理有方啊。其实这是两种不同的心态看待同一件事情截然不同的结果。

仁是平衡之道的最佳心态。仁不仅是一种品格，更是一种自信。面对复杂多样多元的不平衡局面，有仁才有容纳之心，能够容得下强者；有仁才有呵护之意，能够呵护弱者小者；有仁才能协调各方，以达到最佳的平衡状态。仁是智慧之音、强者之路，是高飞

变论　倾向平衡

的翅膀、远航的舰船。走得好、走得远的，一定是仁道而非霸道。

平衡之道在境界。事物变化诸因素的倾向性，使因素也因此被贴上了标签并有了边界。这种标签和边界使因素有了归属感，有意识无意识地驱使着因素的行为走向，这使复杂多样多元的不平衡状态更加错综复杂。

如此之下，如果没有破边除界的勇气，去突破旧平衡的条条框框，就会被标签情结所禁锢；如果没有同异同园的情怀，去接纳持不同立场的倾向者，就没有满园春色花似锦的繁荣。

当破边除界以兼容并蓄，同异同园以万花争艳，事物变化才能在倾向中走向平衡。

平衡观是一种主动的思维方式。思维主动才能赢得变化。

观察事物的变化，大势为先、平衡为重。

1.标签情结

变化是感知的变化。

感知的变化在于表达。

这种感知是区分的结果，这种表达是语言的表达。或者确切地说，语言是表达的主要形式。

感知、区分、表达是人类文明进化的成果。感知、区分、表达实质上是人类的意识捆绑了事物并给之贴上标签、赋予内涵。因为人类需要给不同的事物命名，否则，事物就无法被感知，世界就无法证明它的存在。有了标签，事物才可能逐渐被感知认识。也正是这种标签化的区分，奠定了一切秩序的基础。

试想一下，人、马、牛、水、火、土……如果不给它们贴上标签，或者不加区分地把它们皆称为人，那世界将会如何呢？

标签是种类属类的概念。这种概念的起步一般从两个方面切入。一是统一性因素，这是区分不同事物的基础。二是多样性因素，这是区分同一类事物的基础。然而，这并不完整，内容与形式并不都具有一致性。因为事物之间的统一性存在关联，标签就会有特征性交集。事物本身的多样性受认知有限性的局限，标签也存在一定的局限性。

定义和区分是标签的两大功能，其实质是对诸因素倾向性和边界的定义和区分。事物因标签而定性，变化因标签而定调，平衡因标签而定格。标签无处不在，它是事物的基本属性，是观察变化的重要概念，是平衡的原始场。

标签这种被身份化了的因素，在事物变化中是不容忽视的。因为它是某种特征、立场、站位、势力或某种秩序的潜台词。观察事物变化时必须慎重对待，否则，一旦标签出了错，事物就会失性，变化就会变调，平衡就会出格。

人们对于标签的情结是复杂的。欲拒还迎、既爱又恨，谁也逃脱不了的情结怪圈。

标签的过度化情结，对观察事物变化是非常危险的。

标签伴随着即时情境而出现，是人们区分需要的即时存在，并在特定的预设环境中实现抽象。这种即时性情境与预设环境的结合，任何物、任何事、任何

倾向平衡 **变论**

人都免不了被不同的系统贴上不同的标签,标签因此常常被过度区分。标签过度是个危险的信号。

——标签即时贴进行中……

变论　倾向平衡

　　标签满天飞也许最能形容当下的景象。其中不乏一些过度化标签，它们抛开客观事实、科学细节以及关联环境的特殊性，主观臆断或个体经验成为主导，扭曲了事物变化的本来面目，观察也因此被扭曲。

　　抛开客观事实与科学细节以及关联环境的特殊性，对于海南人与拉萨人而言，谈起"今天的空气真清爽"是没有区分的，但事实性经验表明却是截然不同的，因为，海拔高度、大气压力、环境条件、气候状况等情况的不同，海南的空气和拉萨的空气的湿度、密度、成分、质量是不一样的。

　　把标签现象纳入观察系统，标签的客观事实与科学细节以及关联环境的特殊性是需要权衡的因素。离开这点，标签就会成为陷阱。

　　标签的固化情结，对观察事物变化是一种悲剧。

　　标签若被固化在某种预设环境和过去情境时，标签就定格在过往的经验判断中，脱离了当下即时的现实，忽视了事物变化的本质，排除了人们的认知能力，以过去论现在，用昨天说今天，完全抹杀了进步的存在和存在的进步。

　　即便是古老文明的传统也都有现代的呈现，即便是马克思主义哲学也还在发展，标签自然也不是贴上

倾向平衡　变论

了就能圈定了一切的。标签也是动态变化的，但标签有时只不过是名称代号而已，贴贴而已罢了。

曾经看到过许多人士对标签极为看重，他们甚至把是非功过都归结为标签的缘故。于是，振臂呐喊撕掉过去的标签、向标签宣战、为标签祈祷等之类的感言，似乎标签就代表了一切。对此实在无法匪夷所思。

观察变化的最大失误有时就是标签失误。因为一旦标签情结被触发而产生作用，不管人们是否能意识得到，它总能对事物变化产生极具感情强度的影响，甚至是主导性作用，并还会伴随着强烈的爱或恨、快乐或伤心、感激或愤怒等情绪表达，理智于是让位于情结。

这是另一种标签过度，即标签反应过度，它对系统地、全面地、客观地观察事物的变化是致命的。正所谓成也标签、败也标签。

保持适当的距离。标签情结与我们观察事物的利害关系如此复杂密切，如果距离太近，身在其中，就无法从情绪化的判断和利害关系的圈套中跳出来，情结很容易变成情绪，系统就会失真。如果距离太远、身不可及，就会隔离标签与事物的原本联系，情结就

变论　倾向平衡

会变成纠结，观察就会失灵。置身事外，保持适当距离，标签才是真实的。

以多维视角而论，标签背后一定还有其存在的价值、一定还有其所代表的利益、一定还有其观察的需要……

不要轻易否定，也不要过于依赖，要从标签因素的特征、立场、站位及其在变化中的地位作用等多维度去考虑并做出综合性的判断，看看态势趋势的发展再说，看看系统平衡的状况再定，看看因素的事实表现再取舍。

任何人都会被贴上标签，这很无奈但又无法回避。

我们应当谨记：什么都不要太过。

倾向平衡　**变论**

【朱言】

- 观察事物的变化，大势为先、平衡为重。
- 事物因倾向性而失衡，却在倾向性中实现平衡。
- 世间万物因为平衡而存在，因为不平衡而消亡。
- 平衡意味着过去的结束、现在的展开、未来的萌芽。
- 绝对的平衡是不存在的，不平衡才是事物变化的常态。
- 在不平衡中看平衡，在不平衡中找平衡，在不平衡中求平衡，才是平衡之道。
- 变化是平衡的变化，平衡是变化中的平衡，平衡贯穿事物变化的全过程。
- 平衡之道在心态，仁是平衡之道的最佳心态，走得好、走得远的，一定是仁道而非霸道。
- 感知、区分、表达实质上是人类的意识捆绑了事物并给之贴上标签、赋予内涵，并奠定了一切秩序的基础。
- 定义和区分是标签的两大功能，其实质是对诸因素倾向性和边界的定义和区分。事物因标签而定性，变化因标签而定调，平衡因标签而定格。
- 保持适当的距离，不要被标签所迷惑，标签过度化是非常危险的，而标签固化则是一种悲剧。
- 我们应当谨记：什么都不要太过。

变论　倾向平衡

2.破边除界

平衡需要平衡。

平衡维系着平衡。

事物变化是一个平衡再平衡的过程，是一个从一般平衡向更高层次平衡递进的过程。

这个过程，实质上是边界重新定义或划分的过程。这种边界有的是事实性的，是再平衡的结果。有的是概念性的，存在于人们思想或组织规划之中，是潜在性的。

从狭义上讲，边界是地域性的概念，比如国界、河界、山界等，是自然形成的或历史划分的结果，处于相对稳定状态。

从广义上讲，边界还包括组织的职域划分，比如企业内部的职能划分、管理界面等。它还包括人们脑子里固有的、非固有的对事物的界定，比如他是工人、他是农民，他是企业家、他是打工的等。广义的概念是动态的，处于不稳定的状态。

倾向平衡　**变论**

标签化意味着任何事物总会被划分在某种边界之内，倾向性意味着人们会按照自己的价值需求重新定义事物的边界。重新定义，意味着边界的突破。比如，企业发展要从这个领域拓展到那个领域，打工的想要成为企业家。这是事物变化的前奏，再平衡的开端。

然而，边界意识是根深蒂固的。边界一旦形成，它就成为事物的代名词。边界是事物平衡的稳定因素，也是事物变化向更高层次递进的阻碍。

在当下这个高度变化的时代，边界随时有可能被打破，边界也随时有可能被重新定义。从某种意义上讲，谋势在界、成事在界。谋势在界，当知势之界。成事在界，当突破边界。这是观察事物变化的上上之策。

破边除界，是一种主动性思维。它不被传统所围囿，不为权威所限制，不受现实所困扰，敢于挑战经验主义，敢于否定教条主义，敢于摒弃形式主义，实现在跨界中重塑，在融合中提升。

破边除界，是一种思想性跨越。它在于破旧思想观念之边、除旧思维方式之界；在于破老视野视域之边、除老视角视力之界，打破旧思想的禁锢，主动出

变论 倾向平衡

击,抢得先机。

破边除界,是一种创造性行为。它是对固有力量的格局调整和秩序的重塑,意味着新思想、新领域、新事物的诞生。它让想象成为现实,不可能成为可能。所谓不破不立、不除不成。

对手
你心中的影子

——要想战胜对手得先战胜自己

倾向平衡 **变论**

　　破边除界，进取意识、危机意识以及勇气决心固然重要，或者说它们是不可或缺的素质。但更为重要的，在于想象主张、边界再认识和破除自我，这是破边除界的前置性因素。

　　破边除界必先想象主张。破边除界的最大障碍，往往不是思想，因为谁都愿意更好，那是意识愿望；也不是梦想，因为梦想谁都会有，那是人的天性；也不是冲动，因为冲动谁都会有，那是人的潜质。

　　在思想、梦想和冲动面前，有的人就是迈不出那一步，心高脚沉、眼高手低，这不可能、那不允许，这有危险、那有障碍等，不为自己的想象做主，于是，思想被压制，冲动被压抑，梦想真的成为梦想。

　　想象必须主张，意志才能转化为行动。走出第一步什么才有可能。

　　破边除界必先边界再认识。不知边界，何来破除。边界再认识是一种动态思维，把边界看成事物变化过程中的一种阶段性成果，随着事物变化向更高层次递进，需要对边界进行再认识或者再定义。边界无处不在，但边界也并非一成不变。

　　有些边界很明确而有些却很模糊，有些边界是固有的而有些却是即时性概念。从广义上讲，那些阻

变论　倾向平衡

碍、禁锢事物变化向更高层次递进的种种预设、区分、标签、模式、形式等，都是边界的范畴，都应该也可以被破除。

破边除界必先破除自我。事物变化的无限性，决定了破边除界过程的多样性。就某个具体的边界而言，存在着n种可能性被突破，然而事实并非那么简单容易。因为人总要先为自己的行为定义许多预设、区分或标签，这等于是为所要突破的边界又前置了一道边界。

这种前置边界是需要破除的第一道边界，而它却又是自己给自己设的绊。任何创造过程都是从突破自我开始。如此才能轻装上阵，才没有后顾之忧。

对于当下互联网智能化时代，几乎任何商业模式都离不开跨界这种方式。比如，对时尚品牌来说，要想真正破除边界，唯有借助外部的力量，化身互联网化的时尚企业，才有可能走出孤独的困境。对于无界零售这种营销模式，庞大的用户基数是其战略的基石，但离开云端大数据以及众多供应商的支持，几乎是不可能的。

一篇好文章也是如此。

文章的结构美、文采美、文韵美体现在其内容美、形式美以及对主题的表现力上。这种美与力的展现，其实是一个创造和突破的过程。比如主题的深挖，比如结构的优化，比如素材的把握，比如修辞的拓延等，都不是人云亦云，都不是表面的叙说，都不是简单的搬借套引，而是对那些常规的、固有的界限的"否定"。

好文章之所以好，好在对过去认知的突破、对以往经验的提炼、对传统意义的升华，是脑力和体力的深度结晶。如今标题党满天飞，范文范例到处泛滥，实在是非社会之福、大众之望。

边界是自我的藩篱，人的一生永远在破边除界的路上。

迈出一步，破界在我。

变论　倾向平衡

【朱言】

- 平衡需要平衡，平衡维系着平衡。
- 事物变化是一个平衡再平衡的过程，是一个从一般平衡向更高层次平衡递进的过程。
- 平衡过程，实质上是边界重新定义或划分的过程。
- 边界重新定义，意味着即将突破，这是事物变化的前奏，再平衡的开端。
- 边界是事物平衡的稳定因素，也是事物变化向更高层次递进的阻碍。
- 高度变化的时代，边界随时有可能被打破，也随时有可能被重新定义。
- 边界是可以创造的，也可以被消除的。
- 破边除界，是一种主动性思维、思想性跨越、创造性行动，它让想象成为现实，不可能成为可能。
- 想象必须主张，意志才能转化为行动。走出第一步，什么才有可能。
- 破边除界必先破除自我，任何创造都是从突破自我开始的。
- 边界是自我的藩篱，人的一生永远在破边除界的路上。

3.同异同园

差异化锤炼人的品格。

情怀往往可以让品格自由地翱翔于蓝天白云之间。

在事物变化过程中，因素的倾向性存在差异化并处于不稳定状态，不断影响着系统的平衡。对倾向性的平衡，是系统平衡的重要内容。

平衡这种差异性必须要引入价值链这个概念。

自然界生态系统是由生物链所维系的。事物变化系统是由价值链所维系的。倾向性是这一价值链中最重要的同格因素之一。

事物变化包括过程变化和因素变化。这些变化互不相同但又相互关联，构成了事物变化的动态过程即价值链。价值链在事物变化过程中无处不在，过程与过程之间存在过程价值链，因素与因素之间存在因素价值链，过程与因素之间也存在着价值链联结。事物变化是整个价值链的综合变化，它决定事物变化的平

变论 倾向平衡

衡方向。

每一个过程变化或因素变化都是这条价值链上的一个环节。这些环节之间相互关联、相互影响，每一环节都与其他环节相关，一个环节的变化可以影响到其他环节的变化。但一个环节能在多大程度上影响其他环节的变化，与其在价值链条上的地位作用相关。

在事物变化的过程中，也并不是每一个环节都发生变化，实际上价值链上的某些特定的活动才是真正引起事物变化的主要环节。这些环节是平衡尤其是能够长期保持平衡的关键。从某种意义上讲，抓住了这些关键环节，也就抓住了整个价值链。

倾向性具有平衡块的作用。倾向性具有双重作用，它既是事物变化失衡的因素，也是事物变化平衡的因素。不平衡是事物变化的常态，而平衡是暂时的相对的，系统需要综合协调那些具有倾向性的诸多因素之间的关系，使每个环节的价值相匹配，从而使系统向新的平衡目标逼近。

倾向性是不可避免的，差异性就无时不在，系统需要不断做出调整以保持平衡。可以说，平衡倾向性是维系系统平衡的常态化作业。

倾向性还具有校正器的作用。倾向性失控有时是难免的，有时还会与它所代表的立场产生偏离甚至脱离轨道，系统必须在其他倾向性因素方面做出调整，以校正系统的平衡状态。

由此可见，倾向性也是事物变化的基本属性，它与平衡既相连也相斥。平衡离不开倾向性，倾向性决定平衡的走向。如何对待倾向性，对平衡至关重要。

人是有意识选择性的高级动物，常常会根据重要性、兴趣或好恶来预设或区分。如果仅凭此而选择，这显然与人的理性不符合，与事物变化的多样性相悖。一旦那些重要的、感兴趣的或所好之外的被排除，价值链就会被割断，系统就会失去那些具有平衡校正作用的因素，那所谓的平衡也不过是一种假象而已。

既然如此，那就当接纳所有的倾向性。这意味着既要接纳那些与重要性、兴趣或好恶一致或同向的，也要接纳那些与重要性、兴趣或好恶不一致或相向的。这种行为已经超越了理性本身，因为理性本身也是一种选择的行为。

接纳所有的倾向性，与其说是一种超理性的行为，倒不如说是一种情怀更为贴切。这是平衡的非凡境界。

变论　倾向平衡

这种情怀是一种同异同园的情怀。好比万花之园，姹紫嫣红、暗香疏影、百花竞放、百鸟争鸣，同异共处、各领风骚。

我国倡导的人类命运共同体也是这样的情怀，你中有我、我中有你，兼容并蓄、交流互鉴，相互依存、休戚与共，合作共赢，共享繁荣。

——有容乃大、有容老大

倾向平衡　变论

同异同园，当重一个"容"字。这是一种宽广博大的情怀，对于不同的倾向性，都能容纳、相容、真容，都会容众、容错、持容。这种情怀也是一种换位思考、容性思维，见异不异，见同相惜，而绝非那种见异则迁、见同则妒的自大心理。

同异同园，当重一个"礼"字。这是一种大公无私的情怀，对于不同的倾向性，都能尊礼、尊重、尊行，都会公正、公平、公允。这种情怀是一种角色互换、礼性思维，尊异为同，奉同纳异，而绝非那种视异为敌、待同若异的自重心理。

同异同园，当重一个"义"字。这是一种大仁大义的情怀，对于不同的倾向性，都能仁和、仁慈、仁爱，都有道义、正义、情义。这种情怀是一种将心比心、义性思维，予异以义，与同为仁，而绝非那种对异无义、对同不仁的自闭心理。

倾向性是可以转化的，它也许是未来决定成败的潜在力量。

善待倾向性，就是善待自己，它也许是平衡过程中的重要砝码。

倾向性是一面镜子，它会照亮着你脚下的颠簸坎坷。

同异同园，天地更宽、情义更长。

变论　倾向平衡

【朱言】

- 差异化锤炼人的品格。情怀往往可以让品格自由地翱翔于蓝天白云之间。

- 自然界生态系统是由生物链所维系的，事物变化系统是由价值链所维系的。事物变化是整个价值链的综合变化，决定事物变化的平衡方向。

- 倾向性具有平衡块和校正器的作用，它与平衡既相连也相斥，平衡离不开倾向性，倾向性决定平衡的走向。

- 倾向性是不可避免的，差异化无时不在，系统需要不断平衡倾向性以保持平衡。

- 接纳所有的倾向性，与其说是一种超理性的行为，倒不如说是一种情怀更为贴切。

- 与所有倾向性同异同园，好比万花之园，姹紫嫣红、暗香疏影，百花竞放、百鸟争鸣，同异共处、各领风骚。

- 对待不同的倾向性，当重一个"容"字，当重一个"礼"字，当重一个"义"字。

- 倾向性是可以转化的，它也许是你未来决定成败的潜在力量。

- 善待倾向性，就是善待自己，它也许是你平衡过程中的重要砝码。

- 倾向性是一面镜子，它会照亮着你脚下的颠簸坎坷。

六、反复稳定

变化在平衡中反复。

平衡在反复中稳定。

稳定是观察变化又一个极为重要的概念。

稳定是事物变化的系统目标,它是系统在一定条件下处于持续平衡的一种状态。这种持续状态呈阶段性特点。

当系统再平衡递进到更高的层次时,事物变化的诸因素实现了重新洗牌布局、势力划分、利益分配和格局重构,完成了新秩序的重塑。稳定的本质是秩序的稳定。

变论 反复稳定

新秩序是事物变化的结果，标志着新事物的诞生，它在新事物中占据着统治地位。新秩序对事物发展起着维护、稳定、协调、控制、平衡的作用，具有某种程度的一致性、连续性和阶段性，处于相对稳定、可延续的一种状态。这是秩序力量的作用。

同时，新的平衡必然导致新的预设、新的区分，产生新的立场、新的标签，新的倾向性、新的边界也由此而陆续登场。这些因素在新事物中有的已经显现，影响着平衡的持续性和稳定性；有的是潜在性因素，是影响系统未来稳定的潜在力量。

新的倾向性对新秩序是一种考验。当它与新秩序同向一致时，自然就会成为新秩序的维护力量。当它与新秩序反向不一致时，就会成为新秩序的反对力量。反秩序力量是破坏系统稳定的主要因素。

而且，在新事物、新平衡中，也依然还会有旧事物、旧平衡的残余成分，旧秩序的力量虽然已被打破，但其影响力仍然还不同程度地存在。这些旧势力不会甘心已失去的利益，更不会心甘情愿地退出历史舞台，而会以不同的方式发起对新秩序的挑战。

秩序力量、反秩序力量和旧势力三个方面的因素交错纵横、叠加较量，威胁着新事物的发展根基，影响着新事物的稳定进程，注定了新事物稳定的过程不会毫无风浪、平顺坦途。这正是从平衡趋向稳定的过程，反复性是这个过程的显著特点。

在这个过程中，只要新秩序的力量足够强大，对反秩序力量和旧势力有足够的洞察洞见并有效控制，那么，这种反复是小级别的波动或是秩序性完善，秩序力量必在反复中强大，新的平衡必然会在反复中实现稳定。

不然，这种反复就是大级别的动荡或秩序混乱，在各方势力的激烈较量中，要么新秩序浴火重生、凤凰涅槃，要么新的平衡再次被打破，再平衡的过程重新开始。

由此而论，系统必须排除各种反秩序力量和旧势力，这样，新秩序才能得以稳定。这是一个改造、转化和清除的过程。

由此而论，系统稳定后还需继续协调各种倾向性，以控制平衡在小级别水平上波动，并不断完善以强化秩序力量。

稳定正是这样一个在反复中实现持续平衡的过程。

企业机构改革也是这样一个反复中实现稳定的

变论 | 反复稳定

过程。

　　企业通过组织手段构建新的机构框架，赋予其职能职权，据此定员定岗定责，建立新的管理体制。优化梳理业务流程，开展制度顶层设计，建起相应的管理运行机制。建立与管理体制、运行机制相适应的标准、规范、定额以及基础资料、基础报表、基础台账等，构筑新的管理基础。新的管理秩序诞生，新的机构步入运行轨道。

　　新的管理秩序的建立，打破了原来的管理秩序，是各种利益的再平衡、再分配的过程。在这个过程中，各方利益讨价还价、展开博弈，表现在机构设置、定员定岗、制度建立、管理基础等各个环节。

　　在这个过程中，旧的管理思维、管理模式、管理方式还难以彻底根除，与新秩序难免会发生冲突。与改革不相适应的反秩序力量也会产生新的倾向性，在新秩序运行中还会有消极的表现。它们与新秩序力量交织角力，有时会使新秩序在运行初期不稳定不顺畅，问题反复复杂，协调沟通很艰难，内耗很严重。

　　只有在反复平衡协调或进一步调整整顿之后，这种状况才会得以改观，新秩序才能真正实现上轨加速运行。

反复稳定　变论

　　稳定是一个相对概念。虽然旧势力和反秩序力量已经被分化或消除，新秩序占据了统治地位，但新秩序下的预设和区分依然存在，标签化和新边界仍然是一个动态的过程，完整的价值链上的各因素依然具有不同的倾向性，仍然需要继续平衡以维持稳定。

　　稳定是一个持续的过程。需要不断对过程和因素的倾向性进行调节调整，以平衡价值链各环节之间的关系，使系统持续保持平衡稳定的局面。

　　然而，在这种大势已定的局面下，应该以自然的心态，自然面对变化，使事物变化归向自然。这才是长久稳定的自然之道。

　　道家的无为而治大道至简，强调的是不过多地干预，遵循客观规律而为，充分发挥民众自我能动性。儒家的以德而治同样大道至简，强调的是不妄为，恪守道德观、价值观而为，倡导人们积极进取、奋发有为。一个出世、一个入世，一个对上层、一个对大众，殊途同归。

　　其实，出世入世并没有严格的界限，大道至简还得大道至真、大道至善。大道至真、大道至善才能大道至简，进而才能大道至美。

　　大道当自然。用文化感召以夯实稳定，用秩序规

变论 | 反复稳定

范以压实稳定，用过程化变以超越稳定，自然之道便充满了自然之力。自然之道，自然就真、善、美。

系统稳定，文化是核心，秩序是关键，过程是基础。

观察事物变化，大势为先、平衡为重、稳定为上。

反复稳定　变论

1.待变有融

文化是系统稳定的核心力量。

文化是任何组织或系统最深厚的软实力。

任何系统的发展都是文化发展的产物。任何系统的冲突归根结底是文化的冲突。文化对系统的稳定具有决定性作用。

系统稳定是对过程和因素的倾向性调和的结果。这种调和实质上是立场的转化。而立场是思想的产物，与人们的地位和态度紧密相连。这种立场不管是自觉的还是不自觉，它都具有倾向性，但也不是一成不变的。

系统稳定是一种动态的、有序的、连续的状态。这种状态下虽然没有全局性的秩序性波动，也不会发生突发性的质变，但并不意味着系统没有变化或不会变化。

稳定的系统内部诸因素的变化包括两种情况，一种是主要因素如核心价值观、组织文化、基本制度

变论 反复稳定

等，它们的变化比较平缓，不至于引起系统的严重不稳定。另一种是次要因素如材料、价格、一般性制度等，它们的变化比较频繁有时还很剧烈，但不会影响到系统稳定的根基，可以控制在一定的秩序之内。

尽管如此，这些重要因素的平缓变化和次要因素的频繁变化，是不能无视或忽视的。因为涟变效应不仅具有传播扩散性，还具有叠加累进现象，一旦聚合并发也会给系统造成很大的冲击，即便是以秩序的力量能够控制事态的发展，但也会付出很大的代价，有时还会伤筋动骨。

任何系统都不能游离于环境之外。而环境是复杂多变的，环境一变系统也必须要变，否则系统的发展就会与环境变化不相适应，甚至会引起系统的动荡。这种系统随环境的变化而变化，既是系统内生动力，也是系统的外生变量。它是系统稳定的充要条件。

影响系统稳定性的这种多元性和多样性，反映在诸因素的立场上也是多元多样有时还多变。系统稳定仅仅依靠秩序力量显然力是力不从心的，也是难以长期维系的。多元多样的问题还需要多元多样的方法解决，而文化正是其中最具魅力的方法。

文化是秩序的基础，秩序是文化的表现。文化和秩序相辅相成，秩序好比是一条船，文化就是船上的导航仪。文化具有导向作用、凝聚作用、激励作用、约束作用与融合作用，是系统最具力量的核心部分。文化是系统的灵魂，是系统全部力量的载体。

痛苦，说明自己的修养还不够

——不是文化不够是修养还不够

系统稳定需要文化的力量还有一个要因，就是文化冲突。系统内部、系统之间也存在着文化冲突现象，

变论 反复稳定

不同形态的文化或文化要素之间相互抵触或相互排斥，集中表现在人们对事物变化的思维方式和评判标准上，导致对事物变化的态度和行为存在差异性，由此而引发系统的不稳定。从某种意义上讲，文化是一切冲突的根源。

用文化力维护系统稳定，不仅在于文化本身的多元多样性，更在于文化的柔韧性。这种柔韧性产生的力量是不可低估的，有时它的作用甚至超过系统的秩序力。这是维护系统稳定的最高艺术。

发挥文化力的作用，不仅在于文化塑造和文化传播，更在于文化自觉和文化主动。文化只有成为系统成员的自觉、主动，文化才有力量。这种文化自觉和文化主动体现在维护系统稳定的过程中时，关键就是一个"待"字、一个"融"字。

一个"待"字，深含的是担待、善待、友待，是宽以待变、以诚待变、待变不薄。在"待"中求同存异，在"待"中引异趋同，在"待"中同异共荣。

一个"融"字，深含的是融合、融洽、融溶，是融分以合、融散为聚、融小成大。在"融"中同异并存，在"融"中同异并肩，在"融"中同异同行。

中华民族传统文化，比如儒家文化、道家文化、法家文化、玉器文化、古典文学、古典礼仪、风俗民俗等以及承载这些文化的文字、语言、思想，五千多年来与时俱进、延绵不断、传承有序，承载着中华民族的无比聪明智慧和非凡创造力，印刻着中华民族朴实而坚韧、包容而坚毅的品格特征。

正是这些传统文化，哺育着中华儿女，驱引着中华儿女，激励着中华儿女，使得中华民族这艘巨轮，风平浪静之时能够稳健笃定，大风大浪之时能够沉着自信，一路护卫着中华民族文明进步的历史车轮滚滚向前，屹立于世界之林而我自岿然。

这种文化的柔韧性，好比上善之水在苍茫大地上流淌可以沐浴众生、滋润万物，在千壑万沟中激流可以走云穿月、破土穿石，看似柔弱其实刚强。这是至柔至刚的自然之力。

这种文化的柔韧性，好比怯弱的小草、纤细的竹子，飘摇在风雨之中，只是为了彩虹下的一抹微笑，看似弱小却蕴藏着坚韧和刚毅。这是弱极而刚的自然之力。

发挥文化力的作用，还必须着眼于有用、有形、有为。有用，在于突出文化的功能性，使文化转化为组织的具体行为。有形，在于突出文化的多样性，使

变论 反复稳定

文化撒播在组织的每个角落。有为，在于突出文化的针对性，使文化在组织内生根落地。

发挥文化力的作用，还必须立足于自信、自律、自化。自信，在于对文化的价值认同。自律，在于对文化价值的敬畏。自化，在于对文化的价值追求。只有从自信、自律上升为自化，文化之道才真正迈向了自然之道。

系统稳定，文化力是核心。

待变有融，变亦融融，变化是一道亮丽的风景线。

【朱言】

- 观察事物变化，大势为先、平衡为重，稳定为上。
- 稳定是系统的目标，变化在平衡中反复，平衡在反复中稳定。
- 以自然的心态，自然面对变化，使事物变化归向自然，这是长久稳定的自然之道。
- 大道至真、至善才能至简，进而才能至美。
- 文化是系统稳定的核心力量。
- 任何系统的发展都是文化发展的产物，任何系统的冲突归根结底是文化的冲突，文化对系统的稳定起决定性作用。
- 任何系统都不能游离于环境之外，环境一变系统也必须要变。
- 文化和秩序相辅相成，秩序好比是一条船，文化就是船上的导航仪。
- 用文化力维护系统稳定，不仅在于文化本身的多元多样性，更在于文化的柔韧性。
- 发挥文化力的作用，不仅在于文化塑造和文化传播，更在于文化自觉和文化主动。
- 发挥文化力的作用，还必须着眼于有用、有形、有为，立足于自信、自律、自化。

2.达变若简

秩序是维护系统稳定的关键力量。

任何事物的发展都是秩序的发展。任何事物的不稳定归根结底都是秩序的不稳定。秩序对系统的稳定至关重要。从某种意义上讲,系统稳定就是秩序稳定。

没有秩序是无法想象的。如果不遵守交通秩序,闯红灯、超速超载、逆行强行、带病行驶等,教训是非常惨痛深刻的。如果饮食只进不出或不进只出,人的新陈代谢就会出现问题,身体的生理肌理平衡就会遭到破坏,就会有生命危险。莱蒙特指出"世界上的一切都必须按照一定的规矩秩序各就各位"。

秩序稳定首先是结构稳定。结构化的系统,使得所有因素都被纳入一定结构关系的体系内,都被置于一种地位确定的系统中,各因素及其之间的关系都被系统明确规定,系统处于相对稳定的状态。相对稳定的系统结构是秩序的基础。

反复稳定　变论

秩序稳定还包括制度稳定。系统诸因素的地位及其诸因素之间的关系要维持下去并保持相对稳定，就必须借助于反映并适合其需要的制度规范，以及这些制度规范被广泛地遵守和执行。这些制度规范直接体现着它们所代表并维护的系统秩序，遵守与维护这些制度规范即是遵守与维护系统秩序。制度稳定是秩序的关键。

结构稳定和制度稳定一旦形成，秩序就会形成一种强大的力量，具有非凡的应变力和控制力，能够有效地应对各种因素的变化影响，把系统状态控制在组织的秩序之内，确保系统的持续稳定。

秩序力量并非是一种恒力，是随系统结构和制度规范的变化而变化。受系统诸因素倾向性影响，事物的变化必然引起系统的结构变化和因素变化，系统的稳定也不同程度地受到影响。这时，秩序力的控制作用就会发生变化。

对此，系统必然会在结构性改革和制度性安排方面做出调整，以提高系统的秩序能力，从而把事物的变化控制在调整后的秩序范围内。这种调整是系统的适应性变化，是秩序力的自我调整和能力加强。这个过程是系统稳定的内部变化。

变论 反复稳定

秩序在维护系统稳定的同时，还有其反作用的一面。系统诸要素的预设区分和标签边界定义，从某种程度了划定了因素的范围，定格了因素的空间，限制

——守规矩才能有未来

了因素的创造能力，成为系统不稳定的诱因。这是秩序的刚性约束所致。

也正因为如此，因素的倾向性也不完全都是负面因素，有些倾向性对系统的稳定具有正向作用，是促进秩序力自我完善的有利因素，对于系统自我完善、保持持续稳定起到推动作用。

秩序还有一个非常重要的概念就是潜规则。即那些没有明文规定的、约定俗成的，却又是被广泛认同、实际起作用的非组织制度规范。有些合理的潜规则可以弥补秩序的不足，有些不合理的潜规则应当抵制或排除。潜规则对系统稳定性的影响不可低估，有时甚至决定着系统的运行秩序。

好的秩序是事物发展的推动力量，坏的秩序是系统发展的破坏力量。从某种意义上讲，秩序就是系统的生命。

在维护系统稳定的过程中，发挥秩序力的作用既充分、还必要、更关键。秩序和文化一样，是维护系统稳定的压舱石。

发挥秩序力的作用，不仅在于秩序本身的合理性、强制性和适应性，更在于秩序的鲜明性。这种鲜明性强调尊重自然规律与尊重人性相结合、探究事实真相与系统调和相结合，敢于交锋、善于通达，立场坚定、旗帜鲜明，清新刚健、简朗洗练，以求取事

变论 反复稳定

物变化的最大同格含量。这是维护系统稳定的最高手段。

要发挥秩序力的作用，不仅在于秩序建设和秩序遵守，更在于秩序感和秩序性的维护。没有秩序感就没有获得感，失去秩序性就失去作用力。这种秩序感和秩序性体现在维护系统稳定的过程中时，关键就是一个"达"字、一个"简"字。

一个"达"字，蕴含的是远达、睿达、明达，是广而达变、理而达变、实而达变。对待变化高远豁达、智慧通达、公正明达，才能在"达"中同异互信，在"达"中同异互尊，在"达"中同异同园。

一个"简"字，蕴含的是简约、简严、简当，是明变若简、调变若简、处变若简。对待变化简省节约、简洁严明、简节得当，才能在"简"中同异相合，在"简"中同异相通，在"简"中同异相济。

这种秩序力的鲜明性，正如瑞士哲学家阿米尔所说的"秩序意味着光明和安宁，意味着内在的自由和自我控制；秩序就是力量……秩序是人类最大的需要，是真正的幸福所在"。

系统稳定，秩序力是关键。

达变若简，变亦简单，变化是一排南飞的候鸟。

【朱言】

- 秩序是维护系统稳定的关键力量。
- 任何事物的发展都是秩序的发展，任何事物的不稳定归根结底都是秩序的不稳定。
- 没有秩序是无法想象的，从某种意义上讲，秩序就是系统的生命。
- 结构稳定是秩序的基础，制度稳定是秩序的关键。
- 潜规则对系统稳定性的影响不可低估，有时甚至决定着系统运行的秩序。
- 秩序和文化一样，是维护系统稳定的压舱石。
- 发挥秩序力的作用，不仅在于秩序本身的合理性、强制性和适应性，更在于秩序的鲜明性。
- 发挥秩序力的作用，不仅在于秩序建设和秩序遵守，更在于秩序感和秩序性的维护。
- 没有秩序感就没有获得感，失去秩序性就失去作用力。
- 发挥秩序力的作用关键是一个"达"字，对待变化要高远豁达、智慧通达、公正明达。
- 发挥秩序力的作用，关键是一个"简"字，对待变化要简省节约、简洁严明、简节得当。

变论　反复稳定

3.空原化变

过程是维护系统稳定的基础力量。

任何事物的发展都是由过程构成的。

不稳定蕴藏在过程之中，过程对系统稳定非常重要。

有的人，没输在起跑线上，却输在了过程中；有的人，虽然起跑时输了，但最终赢得了胜利。

有些事，不是败在实力上，而是败在过程中；有些事，虽然实力不强，却最终取得了成功。

这一切都因为过程。所谓成也过程，败也过程，一切尽在过程中。

变化是过程的变化，过程是变化的过程。只有把握住了过程，观察变化才是联系的、动态的和全面的，而不是孤立的、静止的和片面的。恩格斯提出"世界不是一成不变的事物的集合体，而是过程的集合体"。毛泽东说过"统一的物质世界是一个发展的过程，要把世界当作过程去考察"。

反复稳定　变论

　　稳定是过程的稳定。在这个过程中，单一的、局部的变化对稳定的影响，都会在过程中整体性地反映出来，而不是单一的、局部的变化的孤立表达。整体性反应是系统对这些变化的综合结果，它决定着稳定的质量，从属于系统的过程能力。

——过程好一路好

　　过程力来源于过程思维。它是一种面向过程的思维方式。这种思维方式把事物变化的观察对象即因

变论　反复稳定

素的变化置于过程之中，过程观察与对象观察有机结合，区别而又有联系，多样而又有统一，局部而又有整体。过程思维是系统稳定的基础面，好比高楼大厦的基础，不仅面宽、还要根深。

过程力来源于过程意识。因素变化的表达往往是即时的或应景的，它对系统稳定的影响往往也是即时的或应景的。从过程控制的角度看，系统对这些变化表达的反应不能仅仅是头疼医头、脚疼医脚的见招拆招式的反应，而应该是一个系统化的过程，否则系统的稳定就失去了过程性。过程意识是系统稳定的支柱主干，根深了还要干强。

过程力来源于超前谋力。对事物变化的控制固然重要，但更为重要的是对事物变化以及变化的趋势进行超前预判，作出前瞻性的谋划，进行战略性布局。这样，过程控制就有了应急应变的选项，事物的发展就有了更大的回旋余地，过程控制才会真正转化为过程能力。

这种超前谋力是对未来的过程预设。未来的毕竟是未知的、模糊的，预设过程也自然就存在不确定性。但无论如何，未来预设极为必要。这种预设基于对未来趋势的判断，着眼于未来的组织风险，需要具

反复稳定　变论

有超凡的能力，既能赢在起跑线上，也能决胜在过程之中。

发挥过程力对系统的稳定作用，在于适应性，更在于主导性。

适应性即跟随性，系统依据变化而做出相应的调整，是一种结果引导，系统随变化而变化。主导性是一种目标指向，它立足未来大势，追求化变超越，由系统来主导变化的过程。

主导性是系统稳定的一种新境界，往往能开创出一片新天地。比如"一带一路"就是面对当今世界正在发生复杂深刻变化的实际，由我国主导的国家级顶层合作架构。

2013年9月和10月，习近平在出访中亚和东南亚国家期间，先后提出共建"丝绸之路经济带"和"21世纪海上丝绸之路"的倡议，旨在与沿线国家建立经济合作伙伴关系，共同打造政治互信、经济融合、文化包容的利益共同体、命运共同体和责任共同体，把世界的机遇转变为中国的机遇，把中国的机遇转变为世界的机遇。

"一带一路"的深远意义在于，通过探寻建立经济增长之道、实现全球化再平衡、开创地区新型合作

变论　反复稳定

的有效机制，为全球治理提供了新的路径与方向，为新时期世界走向共赢带来了中国方案，为全球均衡可持续发展增添了新动力、提供了新平台。

这种主导性要求组织必须强大。面对复杂多变的局势或者一时难以破局的变化，如果不够强大，事态就难以驾驭，还有可能被主导的危险。组织必须不断地自我变革以自我重塑，在整体上实现大而强，或者在关键方面取得明显优势，否则，主导性就难以实现。

这种主导性还要求团队必须卓越。某种意义上讲，组织的较量就是团队的较量或者是团队核心人物的较量。团队必须不断自我更新以实现品质的极大提升，使得团队及其核心人物具有非凡的崇高境界，否则就与主导性不相匹配。

自我变革和自我更新，是系统稳定的两个极，但还必须具备一种"空原境界"。

空，首先要腾空清零，即给过去的画个句号，对过去的种种进行清扫、清除、清零，并放下来、搁一旁，以腾出更多的资源或精力。而且，还要相机纳新，即相机而谋、相机而为，在新空间、新领域或新层面寻找突破口，为未来的主导性提供新的机会空间。

腾空清零是前提，相机纳新是目标。腾空清零是放下包袱、蓄势储力，相机纳新是辨析新方向、明确新路径。腾空清零之时还必须相机纳新，否则就会失去目标、迷失方向、丧失动力，使组织陷于危险的境地，空就真的空了，零也真的成为零了。

原，首先要回原归本，即腾空清零之后，不受过去的所局限、不被过去的所束缚，回归到一种原生态、自然态，让组织和团队得以重生。而且，还必须展新开枝，即在新空间、新领域或新层面展现新举措，展示新实力，开创新局面。

回原归本是基础，展新开枝是结果。回原归本是一种以退为进的自信，意味着新的起点、新的高度和新的活力。展新开枝是一种另辟蹊径的自若，意味着新的面貌、新的景象和新的状态。回原归本之后还必须展新开枝，否则，就只能站在原点、原地、原来之上了。

腾空也清零、相机还纳新、回原又归本、展新而开枝，变而化之自然就成为必然。

系统稳定，过程力是基础。

做好自己的事，让自己足够强大，是一种明智的首选。

空原化变，变亦惬意，变化是一排南飞的候鸟，缓缓地奔向远方。

变论 | 反复稳定

【朱言】

- 过程是维护系统稳定的基础力量。
- 稳定是过程的稳定,任何不稳定都蕴藏在过程之中。
- 有的人没输在起跑线上,却输在了过程中;而有的人虽然起跑时输了,但最终赢得了胜利……这一切都是因为过程。
- 变化是过程的变化,过程是变化的过程。所谓成也过程,败也过程,一切尽在过程中。
- 过程力来源于过程思维、过程意识和超前谋力,要全面的、联系的、动态的去对待。
- 发挥过程力对系统的稳定作用,在于适应性,更在于主导性。
- 主导性是系统稳定的一种新境界,往往能开创出一片新天地。
- 组织自我变革和个人自我更新,是系统稳定的两个极。
- 空原境界的核心:腾空清零画句号、相机纳新找突破、回原归本自然态、展新开枝辟蹊径,变而化之自然就成为必然。
- 做好自己的事,让自己足够强大,是一种明智的首选。

七、有关无关

世界在不停地变化着，人与变化终身为伍。

变化与人们如此密切相关，却经常被人们所忽视，以致于经常付出惨痛的代价。

有些变化与我们很遥远，看似无关，其实未必无关，与我们一定存在着某种相关性，也会深刻影响着我们。有些变化离我们那么近，甚至我们就身在变化之中，然而还必须跳出变化，把它看成无关，与它保持一定的距离，为的就是当局者不迷。

有关无关是一个很难界定的多重性概念，但对观察变化非常重要，以至于无法回避。

变论　有关无关

有关无关是相对的。就单一系统而言，系统的所有因素都是这个系统变化的有关者，它们对于另一个系统而言却是无关者。这是由系统的边界所决定的。然而，单一的系统是不存在的，任何系统都会与环境发生关系，都是更大系统中的一个子系统。从无限性而论，纯粹的无关性是不存在的，只有有关者，没有无关者。

有关无关是可以相互转化的。就事物变化的过程而言，因素的作用也必然呈阶段性特点，这个阶段的有关者，在下一个阶段有的就成为无关者，而原来的一些无关者就成为有关者。这种相关因素交替作用，是系统的预设立场和区分标签的产物，是因素的倾向性和秩序性变化的情境选择，它们在过程中完成转化。

有关无关还具有潜在性。就环境之下、系统之间而言，环境对系统变化的影响是巨大的，系统之间相互作用所带来的变化是深刻的，一些环境因素或其他系统的因素有时看似无关，其实它们才是事物变化的主要诱因。无关者的潜在性是普遍存在的。从无关到有关，意味着事物变化向深度发展，而无关的却是重要推手。

有关无关　变论

从无关中找相关，在相关中找关键，有时会成为一种创造性过程，事物的变化往往会从这种无关者身上找到突破口。无关者有时是一把打开成功大门的钥匙。

就人类感知而言，不管人们能否感知得到，事物的变化总是客观存在的。人们都是这个变化的局中者、剧中人，都是这个变化的相关者。变化，只有变化才能给我们带来一切。

如果没有变化，人类现在也许还是身上到处毛茸茸的、四肢爬行的猿猴。那么，如果没有变化，猿猴又会是什么呢？让地球停顿一秒，世界会变成什么样子谁都无法知晓……没有变化简直无法想象。

变化给我们带来一切，是事物发展的全部。面对变化，我们以多维视角探究，从中感知变化、理解变化，并把握变化的大势、平衡与稳定，可以从中得到变化的真章。

变化呈现给我们的不仅仅是科学的一面，还有艺术的一面，它犹如一篇篇气吞山河般的乐章、一幅幅斗转星移般的画卷。科学性与艺术性的巧妙结合，变化给我们带来了无限的美感。面对变化，我们以享受的心态、赞美的角度迎接变化，可以从中得到变化的

变论 有关无关

真义。

我们处在这样一个高度变化的时代,变化如此之多、如此之快、如此之大,常常与我们不期而遇,常常与我们接踵而至,常常与我们擦肩而过,以至于我们常常为之感叹。面对变化,我们当张开臂膀、敞开胸怀拥抱变化,可以从中得到变化的真容。

面对变化,我们自身也需要不断变化。我变才能适变,我变才能应变,我变才能求变,如此才能融入世界大变化的趋势之中。面对变化,我们当先变而变、为变而变、以变促变,可以从中得到变化的真谛。

以审美的态度看待变化、拥抱变化、我先变化,变化在我们心中,变化就在脚下。

有关无关　**变论**

1. 美哉变化

变化是科学和艺术的同格特征。

艺术与科学一样，都来源于现实生活，反映着客观世界，影响着人们的思维与认识，并反作用于改造客观世界的实践活动。它们的目标是统一的，只是以不同的方式、从不同视角去探索世界的变化、揭示事物的真理。

科学、艺术都是美的。科学之美在于理性之美，艺术之美在于感性之美。美也是科学和艺术的同格特征。

既然如此，从艺术的审美角度去观察事物的变化，也许可以让我们享受到变化之美的另一半即感性之美。钱学森教授指出"它将我们引向高处，引向深处，引向远处……"因为，"科学需要艺术，艺术也需要科学"。

科学艺术美在哪里？美在平衡、稳定、对称、和谐、简单、完整等，但有时不平衡、不稳定、不对称、不和谐、不简单、不完整的也很美。这种形式美感固然

变论　有关无关

很重要，它们是科学艺术规律的具体体现，对科学艺术的价值起到很大的作用。但这还不足以完全反映事物变化的全部美感。

科学是过程的科学，艺术是过程的艺术，过程同样也是科学和艺术的同格特征。

变化、美、过程，三足鼎立成为科学与艺术的共同基础，让科学与艺术无法再分割开来。任何把科学与艺术粗暴地割裂开来，都是一种短视的行为。尤其在当今高度变化的时代，科学与艺术的界限不断被打破，科学中有艺术，艺术中有科学，科学和艺术在交叉、交集、交汇中互通共进。越科学的就越艺术，越艺术的就越科学。

由此可见，变化是过程的变化，美是过程中的美。变化之美是一种过程之美。

过程之美在于多样之美。事物变化的诸因素及其预设、区分、立场、标签、倾向性、边界等，既呈多样性又具整体性，既有区别又有联系，它们在变化的过程中实现统一，奠定了事物变化的过程美感之基础。这种多样之美，和芭蕾舞剧中一群翩翩起舞的小天鹅带给我们的怡情徜徉，貌似不同，却很相通。

被称为"中华第一图"的太极图图案也是一种典

型的多样之美。它以S型为分界线，把圆分成不对称而均衡的、面积相等的两块，这是其统一性；两块方向颠倒、一块黑一块白、一个黑圆点一个白圆点，这是其多样性。在同一个圆中，造型简练而富于变化，正形与负形在多样中达到了完美的统一。

——简单的才是深刻的

过程之美在于节奏之美。事物变化总是从一个阶段转化到另一个阶段，从一个平衡上升到另一个平

变论 有关无关

衡，从一种秩序过渡到另一种秩序的，跌宕起伏、循序演进。即便是在某个阶段、某种平衡或某种秩序之中，变化也经常或反复或加强或衰减，局部的变动使得阶段性、平衡性和秩序性不断被塑造。这就是节奏感。

这种节奏感，贯穿于事物变化的全过程，反映的是事物变化过程中诸因素力量的相互转换、交替登场，呈现的是事物变化过程的强度、频度和力度的高高低低、起起落落，体现的是一种秩序性的节奏之美。这种节奏之美，好比一曲曲交响乐，犹如小提琴协奏曲《梁祝》，犹如贝多芬的第九交响曲《欢乐颂》……

过程之美在于自然之美。科学有其自身规律，遵循科学规律去认识科学、探究科学、传播科学，科学就会处于一种自然的状态。艺术也有其自身规律，遵循艺术规律去理解艺术、创造艺术、展现艺术，艺术就会处于一种自然的状态。一旦回归到各自的自然状态，科学和艺术都会进入美即真的境界。这是艺术和科学的深层关联。

同样，事物变化也有其自身规律，遵循变化规律去理解变化、感知变化、把握变化，事物变化就会处于一种自然的状态。这是观察变化的必由之路。

这种自然状态的美，是事物变化本来面目的内在显现，它闪耀着自然之美的无穷魅力、无穷引力和无穷魄力。

简单才快乐，自然才轻松。变化之美就当简单，就要自然。

李白的《静夜思》，床前明月光，疑是地上霜；举头望明月，低头思故乡。寥寥二十个字，简单而直白、自然而真切，这种诗韵之美流传经久而不衰。

以审美的态度看待事物的变化，要始终保持蓬勃向上的状态，把变化看成一种进步的过程、提升的力量、成功的台阶，顺境时不骄扬，逆境中不颓宕，从容面对变化。

以审美的态度看待事物的变化，要始终保持积极进取的状态，把变化看成前进的路标、奋斗的航标、胜利的灯塔，逢山开路、遇水搭桥，向着胜利的彼岸一路行进。

以审美的态度看待事物的变化，要始终保持平和乐观的状态，既要享受成功、也当享受失败，既要享受顺利、也当享受挫折，拿出一股精气神来，笑看一切变化，他日我自当回首而无愧。

变化给我们带来一切，美是变化的同义词。

美哉变化，美在变化，美再变化。

变论　有关无关

【朱言】

- 有些变化离我们很遥远，看似无关，其实未必无关，也会深刻影响着我们。

- 有些变化离我们那么近，我们还必须跳出变化，把它看成无关，与它保持一定的距离，为的就是当局者不迷。

- 从无关中找相关，在相关中找关键，有时会成为一种创造性过程。无关者有时是一把打开成功大门的钥匙。

- 科学性与艺术性的巧妙结合，变化给我们带来了无限的美感。

- 从艺术的审美角度去观察事物的变化，也许可以让我们享受到变化之美的另一半——感性之美。

- 变化是过程的变化，美是过程中的美，变化之美是一种过程之美。

- 自然状态的美，是事物变化本来面目的内在显现，它闪耀着自然之美的无穷魅力、无穷引力和无穷魄力。

- 简单才快乐，自然才轻松。变化之美就当简单，就要自然。

- 变化是一种进步的过程、提升的力量、成功的台阶，是前进的路标、奋斗的航标、胜利的灯塔。

- 以审美的态度看待事物的变化，美是变化的同义词，美哉变化、美在变化、美再变化。

2.近哉变化

变化无时无处不在。

人在系统中,变在过程中。

变化并不遥远,变化就在我们身边,不能身在变中不知变。

观察事物的变化,不仅要远看变化、近观变化、内察变化,还要把它放到更大的系统中,超距视地去探究变化,这样才能更有情趣地感受变化。

这种超距视探究,就是把事物变化的无限性和当今信息化智能化带来的深刻变革结合起来,寻找事物变化的极推情况,从无穷推导的角度去观察事物变化,以达到更高、更深、更远的观察效果。

事物变化具有三种极推效应:

一是变化过程的极微性。即把变化的过程无限缩短,任何一个时点的状态都是上一个时点的变化结果,无数个时点的变化构成事物变化的全过程。这样既关注过程也关注细节,在把握细节中把握过程,可

变论 有关无关

以更加深入地观察事物变化的微观状况，探究事物变化的内核情境，还原事物变化的本来面目。

二是变化传递的极短性。即把变化传递的时空距离无限拉近，变化传递的时间更快更短，对变化传递的空间距离感就不再那么强烈，变化传递的时效性大大提升，人们观察世界上任何时候、任何地方的变化都不再遥不可及。地球那头一点点的变化，很快就能在地球的这头被察觉。

三是变化受众的极广性。即变化的受众人群可以无限扩大，变化能在不同地域、不同族群、不同领域中迅速传播开来，变化的涟变效应同步放大，变化给人们带来了不同寻常的感受，变化的影响力和传播效果得到大大提升。有时一件本不起眼的生活琐碎，却能很快在千万大众中传播开来。

这种极推效应往往能给人们带来颠覆性的变化，它启示我们应当树立极变意识：微变意识、即变意识、近变意识。

你会细心地发现，任何事物的变化都是由一点一点地改变积累起来的。改变一点也是创造，提高一点也是进步。这种微变意识才是创造性最崇高的品格。

当你回首迈步之间，无数个变化已经完成。这时和那时比较，我已非我，物已非物。现实情况就是"物非人非"，而绝非"物是人非"那样的了。这种即变意识应该成为观察事物变化的主导。

——进步一点成功一点

地球乃至太空的距离也已经算不得什么了，世界上任何角落的变化，人们都可以很快知晓。变化虽

变论 有关无关

远亦近，就像在你眼前一样。世界那么小，远方并不远。这种近变意识应该印刻在人们的内心深处。

由此而见，变化就是离你那么近，你的周围包括你自己都在变。各种各样的变化都在你的近处，都在向你逼近，都在和你亲近。变化有时让你藏无可藏、躲无可躲。

通信方式的变化是这个时代最具特色的变化之一。

改革开放40年来，人们的通信工具从信件、固定电话、BP机、小灵通、大哥大、功能手机到智能机，通信技术从1G、2G、3G、4G到5G，通信软件从QQ、微博、微信到铺天盖地的APP，通信内容从文字、语音、视频到网络支付，通信功能从通话、娱乐、购物到办公……变化一个接着一个，都与我们即时关联、深刻相关。

如今，一部手机走遍天下已经成为主流，即使两人远隔千里，只需指尖轻点就可以实现实时通话、视频交流；人们足不出户就可以知晓天下趣闻逸事；宅在家里就可以购到世界各地的商品……通信方式的变化，不仅深刻影响着人们的生活方式，也折射出当今经济社会的跨越式发展。

有关无关　变论

　　面对变化，反应既没必要过度但也不该迟滞，应当理性地去展分选择，从中确定那些基于重要性的变化以有效应对。因为人总是有局限，面对无限性时必须要做出选择。

　　这种展分选择有因景性的、因需性的和因势性的。因景性的，即根据情境变化做出即时性的选择。因需性的，即根据系统需要做出阶段性的选择。因势性的，即根据变化大势判断做出预见性的选择。它们让变化分类展现在你的面前，变化也就不那么神奇了。

　　广而展分、精而选择，面对变化时自然就能应对自如、得心应手，往往还能在众多变化中取得近水楼台先得月的效果。

　　面对变化，既没必要过于敏感但也不该麻木不仁，应当保持自然的心态，有取有舍、能取能舍、善取善舍。正所谓顺其自然，更要努力，方得正果。

　　这种自然的心态，关键要懂得如何了之。对有些变化要一笑了之，对有些变化要一走了之，对有些变化要一拍了之，对有些变化要一搁了之，对有些变化要不了了之。但对有些变化不能不了了之，而必须了之。

变论　有关无关

　　对于重要的、关键的、大局的、原则的、大是大非的变化，无论如何都不能随便了之，而必须了之，还得认真地去了之。

　　面对变化，既要知更要行。知和行是两个截然不同的概念。知道的大有人在，能行的却未必都是。有的人看起来懂得一大把、知道一大堆，俨然一副专家学者的样子，好当"裁判"、喜当"法官"，评头论足、指指点点，真要实干的话就露馅、露怯了。不能仅仅停留在知的层面上，只有在行的方面更加突出，知才是真知。

　　知是前提，行是基础。素质是学的结果，更是实践的必然。要经常锻炼训练自己，经常学习充实自己，知就能转化为行。知行合一不仅仅是一种口号式的理念，而是一种过程中实实在在的行动。

　　变化如此之多、如此之快、如此之大，而且还与我们如此之近，最为重要的是要抓住变化，不能习见而不见、习惯而不惯。

　　你不理变化，变化不理你。你不追变化，变化不等你。而有些变化往往是转折性的、突破性的、决定性的，只有抓住变化并赢得变化，一切才会变得更加主动。

成功属于那些有准备的人。

成为局中人、不当旁观者,变化就会与你如期相约。

近哉变化,近在变化,近再变化。

变论　有关无关

【朱言】

- 变化并不遥远，变化就在我们身边，不能身在变中不知变。
- 变化过程具有极微性，任何一个时点的状态都是上一个时点的变化结果，无数个时点的变化构成事物变化的全过程。
- 变化传递具有极短性，地球那头一点点的变化，很快就都能在地球的这头被觉察。
- 变化受众具有极广性，有时一件本不起眼的生活琐碎，却能很快在千万大众中传播开来。
- 树立微变意识，改变一点也是创造，提高一点也是进步。
- 树立即变意识，当你回首迈步之间，无数个变化已经完成，我已非我，物已非物。
- 树立近变意识，变化虽远亦近，就像在你眼前一样，世界那么小，远方并不远。
- 顺其自然，更要努力，方得正果。
- 对于变化，有些要一笑了之，有些要一走了之，有些要一拍了之，有些要一搁了之，有些要不了了之，但有些必须了之。
- 面对变化，最重要的是要抓住变化，不能习见而不见、习惯而不惯。
- 成为局中人、不当旁观者，变化就会与你如期相约，近哉变化、近在变化、近再变化。

3.我哉变化

变化是对这个时代最浓情重墨的注解。

身处瞬息万变的世界，我们必须有所改变。

变化的过程不会停下脚步，我们得在变化中改变自己。

当今时下的变化，与历史上任何时期的变化都大为不同。变化不仅如此之多、如此之快、如此之大、如此之近，而且变化还更为广泛、更为深刻、更为复杂、更加分化。人作为系统或组织中最活跃的因素，如何响应这些变化，对事物发展具有决定性且不可替代的作用。

响应便是行动。而境界决定行动的高低、深浅和远近。面对变化，我变是前提、超变是关键、无我是核心。

我变是前提，面对变化要以我为本、以变为先、以变应变。只有我变，而且还要我变在先、我

变论　有关无关

变为主，才能对各种变化做出及时的响应，有效把握变化的脉络、节奏和趋势，取得主动、成为主导。

超变是关键，面对变化要敢为敢先、无惧无畏、举变若轻。以超然的心态看待变化，以超凡的定力应对变化，以超强的毅力战胜变化，在不断强我中升华，让自己卓越，让组织超越。

无我是核心，面对变化的无我境界，就是要放下自我、融入众我、成就大我，以非我的胸襟作为，以忘我的精神有为，以舍我的品格久为，知行如一、表里如一、始终如一。

但凡有大爱、大智、大仁的人，都具有这样的无我境界。

王阳明弟子陆澄曾向他请教"知识不长进，如何？"王阳明这样答道："立志用功，如种树然""初种根时，只管栽培灌溉，勿作枝想，勿作叶想，勿作花想，勿作实想。悬想何益？但不忘栽培之功，怕没有枝叶花实？"可见，立志用功、心无旁骛，埋头在过程之中，自然就会有枝叶花实。我变、超变、无我也是同样一个道理。

有关无关　**变论**

应变之功不在一时、不在一地，一定先在自己。把自己找回来，重新定义自己，从自然处出发，把过程看成生命，储备潜在力量，抑制名利之心，是自己面对变化的手中利器。

——明变当先明我

变论 有关无关

把自己找回来。在变化的云山雾野中迷失，是很平常的一件事情。迷失不是因为没有方向感，也不是因为没有目标，路还在、目标就在前方，而自己却迷在了过程之中。跳出过程、扔掉细节，不要陷入琐碎之中。关注大势、关注大局、关注大面，站得更高一点，看得更远一点，往往就会豁然开朗，俯瞰到云海雾凇的美景。

面对复杂多变的环境，一定要保持清醒的头脑，保持定力和判断力，不要迷失方向、站错位置、走错道路。

重新定义自己。人们往往会因为角色定位的偏差而产生倾向性误差，因而对于系统变化的贡献就会发生错乱。而且，随着变化过程的不断递进，这种偏差误差往往会对系统持续稳定产生影响而被重新定格定调。这种偏差是客观和主观的多向作用引起的，但应该随时进行纠偏导正，回归正常状态，否则就会被重新定义区分。

在变化过程中，一定要保持合理的角色定位，适时重新定义自己，及时调整自己，保持与系统主流匹配的状态。

有关无关　变论

从自然处出发。过程的每个阶段都有自己的使命、目标、责任和内在的规律，既有区别也有联系，是一个自然递进的过程。过程转化到一个新的阶段，就必须站在新的起点上、翻开新的一页。如果还在纠结过去、停留在过去、沿用着过去，舍不得、放不下，就不仅仅是落伍、落后那么简单了，有时还会走到事物发展的对立面去。

对于变化的转折转型，一定要保持自然的状态，顺潮流而动，遵规律而变，学会腾空清零，顺势而为。

把过程看成生命。变化离开了过程就如同生命没有了时空。过程由细节构成，细节决定成败本质上是过程决定成败。过程是事物变化的核心因素。要把时间放在过程上，把精力花在过程上，因为你的心在哪里，你的时间就在哪里，你的精力就在哪里。否则，过程就会枯萎枯竭，变化的全部意义和价值就荡然无存。

一定要谨记，过程就是生命，无视过程就是无视生命。要像呵护生命一样呵护过程，有了过程你才有价值。

变论　有关无关

　　储备潜在力量。未来制胜的一定属于抢先变化一步的，但还得靠实力。潜在力量是一种背后的力量，而它往往是影响平衡稳定的重要砝码。不低估对手的潜在力量，更要储备自己的潜在力量，在关键时刻才会出手不凡，占得先机、取得胜利。不然，明明占据了优势却突然形势逆转，最终输在何处还稀里糊涂。这种教训不可谓不多。

　　无论如何，不要忘记积累自己，而潜在力量就是积累的主要方面。从某种意义上讲，潜在力才是真正的实力。

　　抑制名利之心。"破山中贼易，破心中贼难。"名利之心过重，往往会执于一己之见、门户之见，执于功名之利、实用之利。名利驱使，公心安在？

　　看轻点名利，专注于目标、专注于价值、专注于过程，名利自然就会伴生而来。这样往往会心中释然、心里坦然、脸上自然。看轻点名利，就不会牵绊于内外部的压力和干扰，"不以物喜，不以己悲""先天下之忧而忧，后天下之乐而乐"。

　　面对变化，淡泊名利，虽不一定能成为圣人达人，但至少能洁身自好、安得始终。

有关无关　变论

这是一个变化、变化、再变化的时代。
我在变化、我要变化、我去变化。

变论　有关无关

【朱言】

- 变化的过程不会停下脚步，我们得在变化中改变自己。
- 面对变化，我变是前提、超变是关键、无我是核心。
- 无我境界：放下自我、融入众我、成就大我，以非我的胸襟作为、忘我的精神有为、舍我的品格久为，知行如一、表里如一、始终如一。
- 应变之功不在一时、不在一地，一定先在自己。把自己找回来、重新定义自己、从自然处出发、把过程看成生命、储备潜在力量、抑制名利之心，是自己面对变化的手中利器。
- 面对变化，一定要保持清醒的头脑，保持定力和判断力，不要迷失方向、站错位置、走错道路。
- 要像呵护生命一样呵护过程，有了过程你才有价值。
- 不低估对手的潜在力量，更要储备自己的潜在力量。
- 看轻点名利，往往会心中释然、心里坦然、脸上自然。
- 看轻点名利，专注于目标、专注于价值、专注于过程，名利自然就会伴生而来。
- 在这个变化、变化、再变化的时代，最重要的是，我在变化、我要变化、我去变化。

结语 变论

结 语

　　人的一生所度过的每一寸光阴,都有变化相伴。
　　人的一生所经历的每一件事情,都有变化的影子。
　　所有的结局都不是想出来的,但一定是从过程中来的。
　　不管怎么样,昨天的已经过去,今天我还存在,明天又是新的开始。变化创造了我们,我们创造了变化,变化创造了一切。
　　变化无止境。未来怎么样谁也无法预知,但我们可以预设、预测和预谋。循着变化的足迹去探究变化，一样没有止境。哲学的、科学的或者艺术的，都不会一直停驻在某一时、某一处，它们与变化虽然不能完全同频同步，但一定不会相距太远。

变化波折无常，变化的过程一段接着一段，如同时间日复一日、年复一年一样。每一段都是更高，每一日都是更新，因而必学新知，但得让自己摆脱其束缚。然而，我们永远不能完全充分理解变化，在你的理解之外，一定还有……

创造无止境。创造是一个永远流行的词语。历史是创造出来的，未来是创造的未来。在这个高度变化的时代，创造比任何一个时代都疯狂热情，而且还更加伟大。一些领域一年、半年甚至几个月就会出现一次重大的创造，创造的进程大大缩短。更为刺激的是，由此而产生了许多"真空地带"和新领域、新方向，创造机会比比皆是。

创造应当成为一种习性。创造必须有意而为、刻意为之。应当学会"有目的的废弃""有组织的摒弃""有计划的毁弃"，不要舍不得，不必怕什么。然而，我们永远也不能做到完美完满，在你的创造之外，一定还有……

变化没有相同只有类同。人们在观察变化时总会被局限在有限的范围之内，还难免事实缺位、经验上位，使得无限性常常受到摧残，变化思辨也难免会失真、失实、失全，创造因而失去动力基础，活力因此而消退，把握变化也就成了没把握的变化。

保持活力很重要，但这绝不是一句口号。面对变化关键是要保持激情、保持童心，如此才能朝气蓬勃、刚劲有力。

变化没有过错只有过程。对过程形式和过程感的领悟就是对变化的深刻理解。但人们往往容易过程缺失、过程丢失、过程迷失，因为过程的细节和细节的过程是两个完全不同的概念。过程的细节可以跳出来，细节的过程只会越陷越深。

保持过程很重要，但这绝不是一种姿态。站在变化大势的高度关注过程，在过程中注意细节，过程就是你脚下的路。

应当经常回头看看。目标的偏差往往是由过程引起的，适当地回到从前，才能不忘起点初心，明白问题出在何处、错误又在哪里，以不断修正自己、完善自我。

观察变化是一项复杂的系统过程。哲学的求辩、科学的求真、艺术的求美，它们会给你带来不同场景

变论 结语

的变化表达，一样精彩、纷呈各异。这是最自然的变化景象。

哲学因科学艺术而光耀，科学因哲学艺术而光彩，艺术因哲学科学而光华，它们联袂登场，会给你带来无限想象的空间，一定还有……

变化，犹如披着面纱的绰约少女，没有人能把你说得清楚，没有人能把你讲得明白，但我们一定能感受得到那种韵味：

《幻化无边》

雾里水缠绵
溪边鸟并肩
轻风一阵阵
小草在流连

参考文献

[1] 恩格斯．自认辩证法．北京：人民出版社，1971．

[2] 《马克思主义基本原理概论》编写组．马克思主义基本原理概论．北京：高等教育出版社，2015．

[3] 中共中央宣传部．习近平新时代中国特色社会主义思想学习纲要．北京：学习出版社、人民出版社，2019．

[4] 《自然辩证法讲义》编写组．自然辩证法讲义．北京：高等教育出版社，1979．

[5] 朱训．找矿哲学概论．北京：地质出版社，1992．

[6] [英]阿尔弗雷德·诺思·怀特海．思维方式．赵红，译．北京：新华出版社，2018．

[7] [美]德姆·巴雷特．逆向思维：释放你潜在的创造力．刘永涛，译．上海：上海人民出版社，1998．

[8] [美]彼得·德鲁克．管理前言．闾佳，译．北京：机械工业出版社，2006．

[9] [美]彼得·德鲁克．管理未来．闾佳，译．北京：机械工业出版社，2006．

[10] [美]彼得·德鲁克．管理的实践．齐若兰．译．北京：机械工业出版社，2006．

[11] 张建华．向解放军学习．北京：北京出版社，2006．

[12] [美]杰里米·里夫金. 第三次工业革命. 孙豫宁, 译. 北京: 中信出版社, 2015.

[13] 傅德诚, 等. 科学方法论及典型应用案例. 北京: 石油工业出版社, 2017.

[14] 顾培亮. 系统分析与协调. 天津: 天津大学出版社, 1998.

[15] 《运筹学》试用教材编写组. 运筹学. 北京: 清华大学出版社, 1985.

[16] 冯必扬. 现代竞争. 北京: 中国发展出版社, 1996.

[17] 杨林, 刘娟, 陈吉玲. 企业跨界成长的概念解析、脉络梳理与模型构建. 南京财经大学学报, 2017, 4: 97-105.

[18] [以色列]尤瓦尔·赫拉利. 人类简史. 林俊宏, 译. 北京: 中信出版社, 2017.

[19] 朱光潜. 悲剧心理学. 张隆溪, 译. 北京:人民出版社, 1985.

[20] 朱光潜. 谈美. 北京: 中国青年出版社, 2014.

[21] 华东师范大学心理学系公共必修心理学教研室. 心理学. 上海: 华东师范大学出版社, 1982.

[22] 王宇. 读史有心法. 北京: 中国电影出版社, 2005.

[23] 李远山. 诗道无界. 北京: 作家出版社, 2010.

[24] 林语堂. 品味人生. 西安: 陕西师范大学出版社, 2005.

[25] 陈英. 中国玉文化. 北京: 时事出版社, 2013.

[26] 弘古. 古玉刀工鉴别. 长沙: 湖南美术出版社, 2008.

[27] 陈咸益. 玉雕制作技法. 南京: 江苏美术出版社, 2010.

[28] 李登科. 北京导游基础. 北京: 社会科学文献出版社, 1992.

新标杆学习

全球视野下的企业标杆学习与创新实践

张军　董其贵　何伟 ◎ 著

中国商业出版社

图书在版编目（CIP）数据

新标杆学习：全球视野下的企业标杆学习与创新实践 / 张军，董其贵，何伟著. -- 北京：中国商业出版社，2019.3

ISBN 978-7-5208-0692-3

Ⅰ．①新… Ⅱ．①张… ②董… ③何… Ⅲ．①企业管理 Ⅳ．① F272

中国版本图书馆 CIP 数据核字（2019）第 031988 号

责任编辑：黄世嘉

中国商业出版社出版发行
010-63180647　www.c-cbook.com
（100053　北京广安门内报国寺 1 号）
新华书店经销
三河市天润建兴印务有限公司印刷

*

710 毫米 ×1000 毫米　1/16 开　15 印张　220 千字
2019 年 3 月第 1 版　2019 年 3 月第 1 次印刷
定价：58.00 元

* * * *

（如有印装质量问题可更换）

序

秉承标杆学习、实现永续经营

在全球激烈的经济科技竞争中,必须不断地提高组织的能力,实现更优的组织绩效。中国企业要努力向世界级企业和"隐形冠军"迈进。2019年年初,国资委选定航天科技、中国石油、国家电网、中国三峡集团、国家能源集团、中国移动、中航集团、中国建筑、中国中车集团、中广核等10家企业作为创建世界一流示范企业。著名管理大师赫尔曼·西蒙在《隐形冠军:谁是最优秀的公司》一书中明确指出,隐形冠军企业是指在国内或国际市场上占据绝大部分份额,但社会知名度很低的中小企业。

无论是成为世界级大公司和在细分市场有卓越竞争能力的中小企业,都必须借助先进的管理工具实现组织愿景、组织流程、组织文化等的系统改善。标杆学习,作为持续改善实现高品质管理的有效工具,长期以来一直为各类组织所采用。标杆学习,就是以最强的竞争企业或那些在行业中领先的、最有名望的企业作为基准,将本企业的产品、服务和管理措施等方面的实际状况与这些基准进行定量化评价和比较,分析这些基准企业的绩效达到优秀水平的原因,在此基础上选取改进的最优策略。标杆学习的实质就是通过学习和借鉴他人先进的管理最佳实践经验,根据自身的战略和条件,确定合适的跟踪、模仿、赶超策略,从而提高竞争能力,其核心作用有三:其一,能够让企业在市场、竞争对手、产品或服务的最新技术等领域收集到相关信息,从而更务实地制定经营策略,评估市场和技术的现状和趋势;其二，企业收集有关竞争对手或卓越企业的产品或流程信息，作为标准来与自己的类似产品或服务进行比较，这样参照卓越公司所定的目标，能够激励组织不断努力改善，以加速提高绩效；其三，标杆学习是经营创意的绝佳来源，持续的标杆学习让组织成员有机会接触到新产品、新工作流程以及管理公司资源的新方式，尽管标杆学习过程中发现的观念或作用方式不见得全部对组织有用，但标杆学习使企业有机会思考企业经营的可能方式。

然而，传统的标杆学习存在着理论与实践脱节、过程改善与组织绩效不一致的困境。也有研究表明，僵化的标杆学习，导致对对标企业的盲目崇拜，反而限制了企业的发展视野和格局。

博石教育集团经过多年探索，在全国范围内首先提出新标杆学习的理念。这一理念认为：新标杆学习是在专业教练引导下具有行动导向的标杆学习，实现知行合一。新标杆学习强调带着真实问题学标杆，强调运用团队智慧学标杆，强调标杆成功经验的示范性和针对性。新标杆学习强调跨界学习，进一步提高标杆学习的新视野。

本书是对新标杆学习的系统阐述，在介绍新标杆学习的体系和方法论的基础上，科学地论述了新标杆学习在企业经营战略、运营模式、企业文化、研发创新、人力资源管理、企业激励体系和企业家自身改善等七大模块的应用，最后介绍了国际知名企业在科技创新、品质提升和先进制造方面的积极探索。

本书对我国各类组织，特别是各类企业的持续发展具有重要的借鉴意义，可以预见，在未来的全球商业竞争中，中国企业积极运用以"创新与赋能"为特征的新标杆学习，将继续涌现出后互联网时代的世界级企业和一大批隐形冠军，以更卓越的管理模式，实现永续发展，在世界经济舞台上创造了更多的商业奇迹。

2018年度中国管理价值人物、《清华管理评论》主编、
清华大学技术创新研究中心主任　陈劲教授

前言

新标杆学习是企业学习领航者与创新发展的加速器

乘着十九大的东风,在"一带一路"倡议的助力下,中国企业在全球视野下不断追寻"中国梦"。在国家政策的引领和扶持下,中国经济的崛起与企业的高速成长令世界瞩目。中国企业的胸怀与使命不仅是企业的发展与价值,更肩负共铸全球化商业新规则与新格局的使命。

在新时代背景下,我们只有不断地提升自己,不断地加强学习,保持足够开阔的视野,比别人早一点看到未来,早一点抓住机遇,方能赶上时代的潮流。

工业4.0时代已正式开启,在"中国制造2025"的行动纲领指导下,创新、协调、绿色、开放、共享的全新理念引领中国企业深刻变革。未来企业最重要的职能不再是管理或激励,而是能够持续激发精英员工的内在动力并在工作中持续为他们赋能。面对多元的竞争环境,传统学习方式已经很难满足这一需求,而突破组织和专业界限的跨界学习,则成为最好的选择。通过跨行业、跨领域、跨文化、跨时空的多元素交叉学习,广泛吸能,广域赋能,引领创新,推动融合,加快发展,让企业拥有更高远的行业视野,让员工激发出更强烈的创新意识与创业热情,从而推动互联网、大数据、人工智能和实体经济的深度融合,进一步促进企业解放生产力,

新标杆学习
—— 全球视野下的企业标杆学习与创新实践

形成新动能，锁定新方向，迈向新征程。

新标杆学习，正是通过跨界学习，实现企业赋能，激发企业创新动力。

这些年以来，我一直致力于中国新标杆学习的推广，在不断带领中国企业进行海内外的标杆学习的同时，我所在的中国标杆学习俱乐部每年还会组织一场高规格的跨时代、跨行业和跨国界的峰会。

在这里，我想感谢这么多年一个又一个耳熟能详的标杆企业：华为、阿里、腾讯、万科、京东、百度、小米、联想、美的、三一重工、吉利、丰田、奔驰、宝马、宝钢、大疆、招商、平安……。这一个个闪光的名字，为我们标杆学习落地指明了方向，提供了基础。是他们无私地接纳，才让我们有了组织标杆学习的动力；是他们和他们成功的最佳管理实践，才让我们找到了企业成长的营养，所以我们要感谢。

感谢这一个又一个的标杆企业，这些企业拥有先进的文化、伟大的战略、高效的执行力和独特的人才法宝，同时还拥有创新的管理思维和管理实践。

是他们的成功，才让我们有了成功的冲动；是他们管理实践的榜样，才让我们找到了通往最佳管理实践的金光大道。当华为"以客户为中心，以奋斗者为本和长期艰苦奋斗"的理念和价值观在全国许许多多的企业生根发芽的时候，标杆的力量发挥出其巨大的影响力。

所有这么多年来和我们一起参加标杆考察学习的广大企业家朋友和他们的企业，他们持之以恒的学习热情，孜孜不倦的探索精神，勇于赋能、敢于跨界，不断创新的企业家风范一直在鼓舞和支持着我。

他山之石可以攻玉，让我们共同携手，学习一流企业，磨砺全球眼光，"洽博德闻，知行合一"，使标杆学习成为最佳管理实践的落地法宝。

创新已经成为当今世界经济与社会发展的一个重要主题。在宏观层面，各个发达经济体都意识到，只有创新才能不断刺激新的经济增长点；而发展中国家也都在通过创新推动产业结构的不断升级，提高国家竞争力。

"读万卷书，行万里路"，是中国古代圣贤的求知之景。到各行各业的标杆企业学习最佳管理实践，到国内国际企业创新、时代变革的风口发源地去看、去听、去思、去悟，已经成为当代各行各业企业家、企业高层管理者和创业者所期待的一种崭新的学习模式。

2018年，博石教育集团在全国范围内首先提出新标杆学习的理念，并在这一理念的指导下，带领近8000人，走进全球48个标杆企业，完成400多场标杆学习培训活动，受到广大企业和企业高管的一致好评。这一理念认为，新标杆学习是在专业教练引导下具有行动导向的标杆学习，是朝着改变管理者态度、行为和惯性模式来达成既定目标方向努力的标杆学习；新标杆学习既不是坐而论道，也不是游而不学，而是知行合一的标杆学习；新标杆学习强调带着真实问题学标杆，强调运用团队智慧学标杆，强调标杆成功经验的示范性。

通过这些年的奋斗和学习，我深刻地意识到商业的最高哲学是心灵边界和想象力，见识比知识更重要。希望这本书能够扩大标杆学习的影响力，扩大广大企业家的心灵边界，通过跨界学习，传递各行各业的共同心声，让企业家们在时代变革的大环境和社会发展的大趋势中为自己和自己的企业赋能，让我们的企业家和创业者队伍真正成为一支具有企业家精神、赋有创新使命，不断推动中国经济发展的生力军。

当前，各行各业标杆企业不断涌现，标杆学习蔚然成风，我们有信心将标杆学习做得更有特色，将跨界学习做得更加广泛。我们有理由相信，在党中央、国务院的正确领导下，我们企业的发展前景会更加广阔，我们企业的未来将更加美好！

Part1
新标杆学习：企业管理实践的落地法宝

第1章　为什么说新标杆学习是企业培训的最佳模式 ... 3
　　管理者痛点：如何解决经营和管理中的重重问题？ ... 4
　　培训痛点：如何找到最有效而落地的培训方式？ ... 6
　　新标杆学习：在考察与碰撞中发现企业自身的答案 ... 10
　　实践中改进：新标杆学习是标杆学习与教练技术的结合 ... 12
　　附录：新标杆学习案例分享 ... 16

第2章　"小"企业也可以学"大"标杆：为什么说所有企业都适合标杆学习 ... 23
　　赋能＋创新：所有企业都能从新标杆学习中获得经验和灵感 ... 24
　　从学习标杆到成为标杆：万科的标杆学习之路 ... 27
　　附录：雷军关于小米标杆学习的演讲（摘录）... 32

第3章　新标杆学习的方法论基础 ... 39
　　标杆学习的基本方法——对标管理 ... 40
　　标杆学习的实用方法——行动学习 ... 43
　　标杆学习的创新方法——跨界学习 ... 51

Part2
全面进化：新标杆学习的七大模块

第4章 企业战略布局标杆 61
阿里巴巴新零售战略布局与生态圈 63
你的对手是整个时代：百度的移动化转型与大数据应用 67
九次蝉联全球第一的秘诀：海尔金字塔战略层级 72

第5章 运营模式标杆 79
科大讯飞：十九年造就"全球最聪明的"科技公司 81
双边市场的极致化运营：美团的成功模式 92
市场再造与病毒式传播：解密拼多多模式的形成 95

第6章 企业文化标杆 101
以客户为中心、以奋斗者为本、永远坚持艰苦奋斗：华为的企业文化 102
"六脉神剑"+"政委文化"：阿里巴巴价值观打造和企业文化建设 111
让年轻一代融入企业文化：腾讯的包容、有趣与"快" 116

第7章 企业创新标杆 123
以创新为血液：小米如何用创新驱动成长 125
基于小组制和大数据的重塑创新：韩都衣舍的1+5运营支持系统 130
对普通网友创造力的挖掘：抖音如何达成IOS全球下载量第一 135

第8章 人力资源管理标杆 141
酬勤的不仅是天道：华为绩效管理的三个核心 142
流程是为作战服务：华为的"由繁入简"流程管理 150
为什么海底捞无法阻止：海底捞管理模式的借鉴 157

第9章 股权设计与股权激励标杆 167
目标建立企业内在动力机制：阿里合伙人制度 168
股权设计是战胜"大公司病"的法宝：腾讯股权激励制度 173

第10章 卓越企业家标杆 177
任正非：从未被超越的超级企业家偶像 178
董明珠：如何在新媒体时代打造企业家网红IP 182
褚时健：企业家精神的代言人 185

Part3
国际大视野：海外名企标杆

第11章 他山之石：当创新灵感在硅谷闪现 191
用创新给世界留下印记：微软的创新信念 192
拥抱科技：人工智能使亚马逊帝国无限接近万亿美元市值 195

第12章 永续经营：日本百年企业的经营哲学 203
牢不可破的工匠精神：探索丰田精益生产 204
利他之心与阿米巴经营：日本京瓷的活法 210

第13章 探求本质 考虑长远：深入德国工业4.0体系 219
西门子智能制造与数字化转型 221
工业化4.0与智能化实践：奔驰 225

参考文献 228

PART 1

新标杆学习：
企业管理实践的落地法宝

第 1 章

为什么说新标杆学习是企业培训的最佳模式

管理者痛点：如何解决经营和管理中的重重问题？

从人口红利和恩格尔系数说起

要谈到企业经营和管理中的重重问题，我想先谈两个概念：人口红利和恩格尔系数。

人口红利为中国经济的发展提供了广阔的发展空间。在互联网真正普及之前，老龄化一直是中国面临的一个重要问题，随着老龄化的日趋严重，过去经济发展所依靠的"人口红利"正在慢慢消失。不过，随着互联网以及移动互联网在中国的迅速发展和普及，中国的网民数量在最近几年正以惊人的速度上升，网民带来的"人口红利"逐渐明显起来，这对经济的成长发展起到了非常重要的作用。

人口红利，是支撑中国经济发展的重要力量。而中国经济发展的第二个决定性力量，则和世界经济的发展息息相关。

如果研究世界经济发展史，我们就会发现，虽然经济总是出现周期性震荡的情况，但是整体形式是呈现不断上升的态势。尤其是在近 200 年时间里，世界经济正在以一个前所有未有的速度高速向前发展，虽然其中也有震荡，比如 20 世纪 30 年代的世界经济大萧条，比如"二战"的爆发，比如 2008 年金融危机等，这些都重创了当时世界经济的发展。但是在这些危机过后，世界经济又在短时间内就得到了恢复，重新上路。此时我们发现，世界经济的生命力是如此顽强，又是如此旺盛。

世界经济的发展不仅提高大众的收入水平，同时还丰富了物资供应，降低了大众的消费成本。以中国为例，随着整体水平的提高，中国大众的消费观念也发生了变化，最为直观反映出这一点的就是恩格尔系数。恩格尔系数是食品支出总额占个人消费支出总额的比重，这一数值能够很直观地反映出大众生活水平的变化。

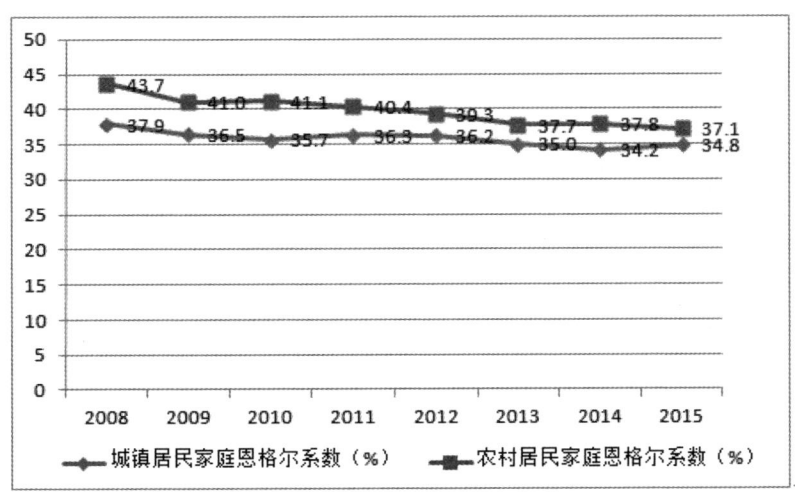

图1-1 恩格尔系数

中国近十年的恩格尔系数一直都在30%～40%这个区间范围内,属于是富裕范围,并且这个数据一直是逐年降低的,在2015年,城镇居民家庭的恩格尔系数更是降到了34.2%,农民居民家庭降低到了37.1%,已经接近最为富裕标准线,这些都充分表明了中国经济的发展和进步。

过去诸如电脑、手机、汽车等普通大众无法想象的产品,如今早已走进了普通家庭之中,几乎成为了家庭必需品,越来越多的人开始愿意为追求更舒适、更美好的生活而消费投入,不再是为了温饱去消费。

但是,和这一切做对比的,却是中国企业产能过剩的现实和传统企业竞争激烈、经营困难的现状。

互联网在为消费者和商家提供了诸多便利的同时,也让市场竞争日益激烈,如今的市场可以说是瞬息万变,产品同质化问题严重,企业如果稍有不慎就会将多年积累的客户资源丢失,只有能够把握市场变化及了解消费需求的企业才能在激烈的竞争中生存下来。

比如最近几年随着网约车的兴起,越来越多的消费者不再独自打车或者乘坐公共交通工具,而是选择同他人拼车;又比如随着房屋短租的兴起让更多外出旅行的人不再选择住酒店,而是选择入住具有人性化的家庭闲置房间等。这些变化都让我们意识到无论对于哪个行业,都急需作出改变以适应时代,只有提前做好准备才能够在改变真的到来时从容应对。

遗憾的是，目前中国企业的整体现状依旧并不乐观，中国的企业，尤其是广大民营企业的生命非常短暂。有研究称，中国民营企业的平均生命仅仅 3～5 年，大量民营企业在短暂的辉煌之后就走向没落，更多的则连创业期都没有熬过，中途夭折。生命如此之短，与民营企业管理落后有直接的重要的关系。

企业急需一种新的力量，来帮助企业赋能，激发企业的创新力量，使企业能够重新梳理经营和管理中的重重问题。而我们发现，最好的方法就是通过标杆学习的方式，使企业通过学习一流企业，效仿一流企业的管理经验和经营实践，来提升自己的企业，理清经营思路，找到问题的解决办法。

标杆学习的真谛绝不是从此改头换面，把企业彻底变成别的企业的样子——无论如何学习，我们都不可能成为别人，就好像无论万科如何学习帕尔迪，也不会成为帕尔迪，而小米学习同仁堂、Costco 和海底捞，也并没有把自己变成这些企业。新标杆学习的真谛，是立足于自己的企业、立足于自己的行业，根据企业的实际情况和未来愿景，有针对地学习、改造、提升自己，一步步地超越自己，成为更优秀、更有竞争力的企业。

培训痛点：如何找到最有效的培训方式？

博石教育董事长张军对培训有自己独到的见解，他说：之前我也做了很多年的传统培训，在线下做过上千场的企业培训，把内训的老师下派到企业内部中去，为企业领导和员工讲课，主要培训方向包括企业管理人才培养，等等。这样的培训模式持续了好多年以后，我开始发现现有的培训模式中存在几个问题。

1. 培训师素质参差不齐

在我们刚刚开始做培训时，培训仍然是有进入门槛的一个工作，培训老师都是稀缺资源。而现如今，随着门槛的降低、培训大门的敞开，越来越多的培训师开始涌现，这里会有非常专业的培训老师，也有很多滥竽充数的培训师。培训师满大街都是，很多时候企业花重金请了一位培训师来讲课，才发现这个培训师的课程和他包装的根本不是一回事情，难免感到失望。而企业负责人本身，很难对市面上的培训师进行分辨。

2. 培训课程没有新意

我遇见很多企业的培训负责人很发愁地说，企业每年都搞培训，这些培训师天天讲班组建设，讲 5S 管理、绩效管理，每年的培训课程都是换汤不换药。怎么老是这些课题？有没有真正先进、创新的管理课程？

那培训师接到这个问题，他没办法创新课程，就只能包装课程，比如说把绩效管理换成能效管理，但是你再看提纲内容，和之前的绩效管理毫无差别。

3. 培训讲课本身是单方面输出

同时，传统的培训本身有着和企业自身情况结合难的弊端。

这些原因综合起来，就造成了培训本身难以落地。在培训行业不景气的时候，很多人意识到，企业内训已经没有效果，于是开始有人把目光投向咨询。咨询业也曾经红火过一时，最火时一个咨询单子 100 万元是常事，时间跨度可能也很长，花个一两年咨询一个企业，但是结果呢？没有效果，还花了这么多钱。

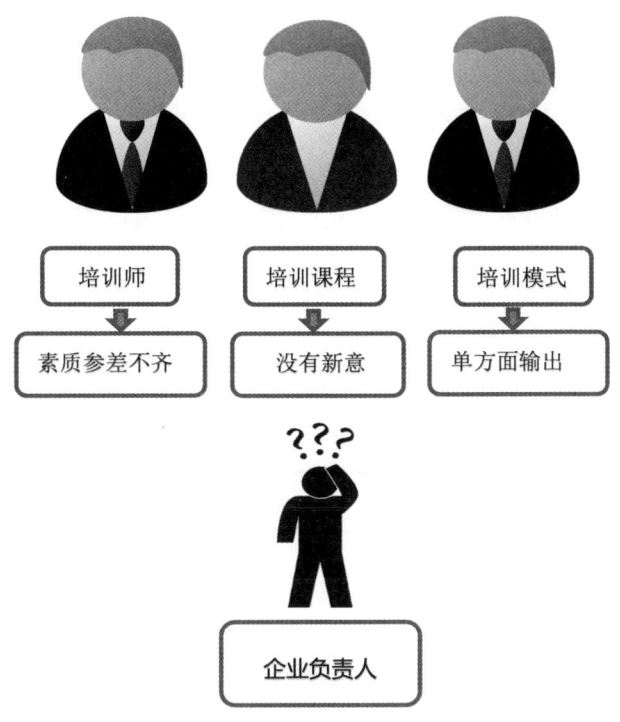

图 1-2　培训模式的三大问题

以至于有的企业家在骂：这些所谓的管理大师都是骗子。

回归本源：什么才是真正有帮助的培训模式？

咨询走不通，最后还是要回归培训本身。

我在培训行业做了这么多年，在见证了培训行业本身的起起伏伏的同时，我自己也在不断地摸索和学习。我一直在思索：是否有一种更接地气的、能真正给企业带来帮助的、对企业家有指导意义的方式？

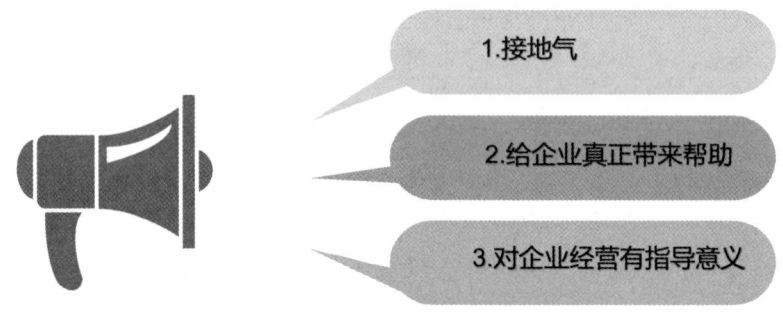

图 1-3　更好的培训模式

我开始回想起，1999—2000 年，我作为企业联合会的成员带着很多企业家深入优秀企业学习的经历。当时我们去了青岛学习五朵金花：海尔、海信、澳柯玛、双星等企业。又带着这些企业家去上海学习宝钢，宝钢的 TBM 引起很多企业家的兴趣。不仅是这些大企业，包括温州的一些优秀民营企业，我也带着去走访和学习。

其实现在往回看，那时所谓的学习还做得很浅，主要就是带着企业家高管到这些标杆企业里去看一看，然后再请标杆企业的高管给讲讲经验，简单地做一个分享，远不是我们现在所做的系统化的标杆培训的事业。

但就是这种很浅很简单的学习形式，带来了很大的反响和效果。突然我就发现：这种"走进优秀标杆企业"的学习方式，是否可以发扬光大呢？

新标杆学习是最先进也是最科学的培训方式

于是，我开始研究标杆学习，带领企业家去标杆企业的内部参观考察，由标杆企业的优秀管理者来为我们进行座谈分享,并在 2018 年,我们提出了"新标杆学习"的理念。

我开始逐渐确定:新标杆学习,不仅是企业培训的发展趋势,更是企业培训最先进、最科学的形势。

我们是国内最早开始标杆学习推广的企业,刚开始的时候国内企业根本没有标杆这个概念,我们联系业务的时候常常会被问"什么是标杆学习",大家都不懂,我们光是持之以恒地推广标杆这个概念就推广了两年。

现在标杆这个概念已经被人所熟知,政府也倡导标杆,企业也倡导标杆,什么标杆学习、对标学习、标杆的力量,包括很多论坛都开始以标杆为主题。

标杆这个概念已经深入人心,说明我们这么多年的努力是有效果的,标杆学习本身,也是有生命力的。

找到培训的真正目的

我们常常听到一个词"不忘初心",对于我们经营企业是如此,对于企业培训来说也是如此。培训,不是说我们请了多么厉害的大师,我们花了多少别人花不起的钱,让员工上了多少天的课、课上激动地流了多少眼泪……

我们培训的目的,始终是提升,始终是效果,这就是我们的初心。

这里我想给大家分享一个小故事。

曾经有这样一个实验:有一群修女准备到几英里以外的地方进行"乐于帮助"的布道,结果在距离预定时间还很长的时候,修女们突然接到临时通知,布道时间更改了,就在半小时之后。修女们听了马上开始朝着几英里外的会场赶去。

在她们前往布道会场必须经过的一条街上,一个表情痛苦,看上去像是突发疾病的中年人坐在地上,还不时地发出痛苦的呻吟。当这群修女经过这条街道时,大部分人都急匆匆地前往会场,没有注意到这个人,少数几个注意到这个人的人也只是稍微放缓了脚步,不过在看到其他人都在急匆匆地赶路时,也重新加快了脚步。最后只有一个修女停下了脚步,帮助了街边的这个人。

这些修女原本的目标是为了去另一个地方宣传"乐于帮助",为什么自己走到

新标杆学习
——全球视野下的企业标杆学习与创新实践

半路碰到需要帮助的人时,却只有一个人愿意伸出援助之手呢?因为活动时间更改让她们措手不及,导致她们只关注眼前及时赶到会场的目标,而忽略自己去会场的真正目的是什么。

对于领导者也是如此,当我们在去往目标的路上时,一定要时刻记着自己真正的目的是什么。

而新标杆学习,无疑是帮助我们实现目标的最好方式。

我们给客户注入的理念是:企业无论学了多少管理书籍,研究了多少大师的管理理念,其实真正如何运用到企业中,仍然是模糊的。读万卷书,不如行万里路,我们不如到最优秀的企业中去,去走一走,看一看,聊一聊,去碰撞。这些龙头企业之所以能够做到行业的第一,能做到世界五百强,一定有它几十年上百年的经验的积累和摸索。

这些是我们可以借鉴的,不管是它成功的经验还是失败的经验,我们都能从中获得实战的经验。这种实战的经验,要远远强于企业家坐在办公室看管理书籍闭门造车,也要强于企业盲目请一些所谓的专家来讲并不适合企业实际情况的课程。

新标杆学习:在考察与碰撞中发现企业自身的答案

目前来说,在这剧烈变化的环境中,我认为最好的学习方式就是标杆学习。当我们的企业家进入到最优秀的企业中去,可以看到这些优秀的企业的方方面面:我们可以看到这些龙头企业的文化是什么样的,很多企业有自己的文化展厅;我们也能看到这些企业的工厂是如何运转的;还有这些企业的科技发展,去考察他们的科技展厅实验室,等等。

在外部观看龙头企业,我们得到的是模糊的印象,只有走进去,我们才会有实际的感受和直观的印象。而参观完毕之后,请标杆企业的高管来分享,我们自己的企业家可以提出问题,比如说我对标杆企业的战略非常感兴趣,而标杆企业的高管就可以把自己企业的三四年的战略制定和调整分享出来。比如说,我对这个企业的人才培养策略感兴趣，对如何提升员工幸福指数、如何激发员工的创新精神感兴趣，就可以请标杆企业分享这方面的内容。

这些分享，是一手的、面对面的、互动的、发展的，即使我们看到了关于某家成功企业再多的书，书里的内容也是死的，在书出版时内容就结束了，而现实中这家企业的经营是动态的，我们一定可以获得不一样的、更有深度和价值的东西。

把优秀企业包装成"标杆企业"

这些年我们一直在研究和走访各个行业的龙头企业，把他们作为新标杆来探究。

我们所做的另外一项工作是：帮助一些企业挖掘他们的经验，总结他们成功的原因，把他们"包装成"标杆企业。这些企业本身成绩已经成为了标杆，有自己非常先进的经营理念和优秀的管理经验，也想成为标杆企业，但是不知道从何入手，从哪个层面塑造自己的标杆形象。

前段时间深圳有一个很成功的餐饮连锁企业找到我，他们在快餐行业已经做到了行业领先，他们也很想成为餐饮行业的标杆企业，一方面对外输出他们独到的管理理念和方法，另一方面可以和其他企业家进行交流和分享。但是他们毕竟不是专业做这个的，就请我来帮忙策划分析，提炼出他们的独到之处，然后帮助他们进行推广。这其中的工作还涉及到标杆企业的交流的主题、参观的路线，还有一些管理经验和理念的总结提炼。

比如说，北京奔驰和我们建立了合作，在给北京奔驰设置标杆企业的方方面面时，我们首先做的一个工作就是调研：我们调研了很多企业家，询问他们对北京奔驰这家企业最感兴趣的地方是哪里。

我发现其实大多数人对北京奔驰感兴趣的点都是一致的，比如说北京奔驰的管理，比如说他们的工厂，这些汇总起来，就是我们需要做的分享设计。同时，我们还要帮助企业内部的培训师、高管，帮助他们成为标杆企业的对外讲师。

在进行参观之后，还会互相交流，进行管理上的碰撞。只有现场真正地走一走、看一看，在交流思想时我们才会意识到，原来别的企业是那么做的，对自己的企业管理是个很好的启发。具体到自己的企业，还需要调整和落地。

这些年我们自己的国有企业、民营企业都有了长足的发展，在发展中又拥有了我们独到的管理经验，过去说起标杆可能是国内企业去国外大企业500强去参观学习。而这两年形势有了变化，很多国外的企业开始到我们的国内企业来参观。我接待了很多韩国企业、德国企业和日本企业，他们对中国现在的企业家都非常佩服，对中国的企业发展和管理都极其感兴趣。

这是一个非常好的趋势，而我们中国的企业家，实际上是很需要进行管理思想的输出的。

传统的企业培训方式已经不再适应现在企业发展的需要了，而标杆学习正是企业所需要的培训模式。

与时俱进，我们也在不断地开发新的标杆企业，设置新的标杆课程，去满足培训市场和客户需求。这些年，在现场的经验和体会中，我们发现客户对标杆学习这种方式是非常认可的。实际走进标杆企业去看看，对自己的经验的累计和触动是非常大的。

实践中改进：新标杆学习是标杆学习与教练技术的结合

新标杆学习与教练技术

教练技术是一种来自西方国家的管理技术，它起源于20世纪90年代的美国。自从教练技术应用在企业管理上之后，立刻就得到欧美企业的青睐。经过二十多年的发展，如今教练技术在西方管理界已经形成了一套完整体系和框架，越来越多的企业引入教练技术，美孚石油、IBM、BPAMOCP石油、泛美航空、波音等多家世界级强企都将教练技术引入到企业管理当中，去管理和影响员工。

很多企业领导者都开始使用教练技巧去管理企业。在传统管理模式中，企业领导者在大多时候都扮演"顾问"的角色，当员工工作出现问题时，领导者就负责去帮助员工解决问题。这就导致领导者过多地将注意力集中在工作上，而不是员工身上。教练技术则强调注重人，而非注重事。

教练技术要求领导者将注意力集中在员工身上，帮助员工找到解决问题的方法，而不是替员工解决问题，充分发挥主观能动性。同时，领导者要帮助员工发现自身的优点，让员工找到自己的价值，发挥自己的潜能，提高工作效能。

和传统标杆学习相比，新标杆学习更强调以企业自身为主导去学习，让企业管理者自己在标杆学习和考察的过程中去发现问题，由带领标杆学习的教练来帮助引导和解决问题，在学习之后最终评估效果，在实践和行动中完成学习过程。

实际上，新标杆学习正是标杆学习和教练技术的结合，因此，新标杆的学习中也包含了教练技术内容。

培训的四个时期

培训在我国已经发展了多年，经历了四个阶段：

第一个阶段是计划经济时期的培训。如企业内部的上岗培训、职业技能培训、上级部门组织的方针政策培训等。

第二个阶段是大学主导时期的培训。这个时期的企业培训是企业高管走进大学或者高校教授走进企业，是西方管理理论的普及教育及管理模式的培训。

第三个阶段是产业化时期的管理培训。1997年以后，企业培训发展到了管理培训的产业化时期，这个时期涌现出一大批专业化的培训公司，各种短期公开课持续升温，各种培训班和培训课程爆炸式增长，企业内训方兴未艾。

第四个阶段是以企业自主教育为主的自主培训。到2000年前后，企业培训又开始转向企业自主式教育为主的培训，这个阶段许多企业纷纷成立自己的企业大学。

这四个阶段的培训本质上并没有优劣之分，在这些培训方式所处的时代，它就是适应时代的最好的培训方式。而现如今，最适合我们经济发展阶段的培训，就是和新标杆学习相结合的自主培训。

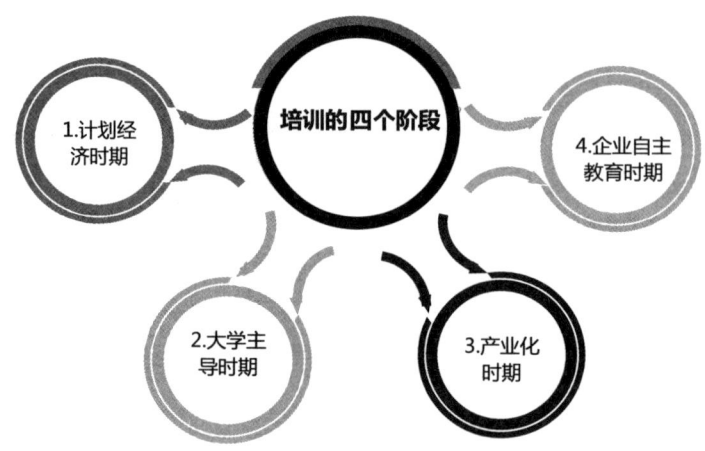

图 1-4　培训历经的四个时期

新标杆学习与组织学习的关系

在《长大的鞋子——转型时期的中国企业标杆选择》一书中，把标杆管理和组织学习之间关系阐述得非常清楚。

标杆管理与组织学习有如下关系：

☐ 经验：标杆学习的关键要素。

☐ 变化性：事物的变化能够鼓舞人们学习和了解的欲望，从而激发创造力，而这正是标杆学习的特色。

☐ 解决问题：标杆学习的起点。

☐ 了解：标杆学习的效果。

☐ 经济价值的优势：标杆学习的目标。

☐ 他人的经验：他山之石可以攻玉，在标杆学习中，他人的宝贵经验可作为自己经营业务的借鉴。

☐ 创新理论：通过标杆学习所获得的新知有助于创新能力的培养。

☐ 隐性知识：标杆学习是一种知识转移的概念，这里所说的不只是关键指标或尚未经过记录分析的数据而已，一般而言，比较难以用言语传授的隐性知识也能够通过标杆学习进行转移。

第1章 为什么说新标杆学习是企业培训的最佳模式

□ 隐性知识转换为显性知识：在标杆学习营造的学习环境里，知识的传授者与接收者必须将彼此的看法具体呈现出来，并且通过互动来强化对于知识的认知。

□ 模型与图表：标杆学习让我们了解他人的模式，并从而对自己的商业模式或逻辑概念进行修正。

□ 权力：虽然组织里有些不胜任的人极力耍花招维持现状，以免自己的饭碗可能不保，但是标杆学习是对抗这种状况的最佳利器。

□ 客观化：标杆学习能够加速这样的过程。

□ 模型：通过标杆学习，我们能够重新检视错误或过时的模型，而我们对于现实世界的认知也能够维持在最新的状态。

□ 集体学习：标杆学习让企业有机会从不同的角度来看事情，并且加强组织内的凝聚力。

□ 接收能力：组织对于问题的分析与典范的抉择，都是其接收能力的稳固基础。

□ 现实世界的动荡：标杆学习让我们为世界上的各种变化都做好了万全的准备。

□ 复杂度：标杆学习就好比撑竿跳的人手中所持的杆，没有它的帮助，撑竿跳的人就无法跳到足够的高度。

□ 加速进程：标杆学习能够加速学习的进程。

□ 策略：标杆学习能够磨炼策略思考的能力，对于公司里最需要这些能力的阶层提供相关的训练。

□ 社会能力：通过团体内部以及和所仿效的典范之间的互动，标杆学习能够开发出社会能力。

□ 创新：标杆学习是一种以行动为导向的教育方式，参与者能够对自己的创新自由地放手一搏。①

同时书中也写到："无论是波特教授还是盖瑞·汉默尔大师两人之间的观点如何差异，他们之间有一点是共同的，即都认为学习是标杆的核心要素；同时，他们

---

① 孙黎，曹声容. 长大的鞋子：转型时期的中国企业标杆选择. 中国社会科学出版社，2005.

还共同强调了学习他人的经验必须从自己的现实基础出发，根据自身的资源和能力灵活吸取他人的经验与教训。否则，企业就会犯下邯郸学步的错误。面对瞬息万变的需求、科技、市场以及竞争环境，我们往往已经无法凭一己之力解决面临的所有问题，如果我们不寻求外力的协助，自己忙着找问题的答案，或许能够暂时解决所面临的问题。不过问题是这样的答案不但可能是错的，而且就算是我们找到了正确答案，它或许只能够解决昨日的问题，但不见得还适合现在的状况。学习自身也是一门科学，组织的学习比个人的学习更为复杂。学习的对象、学习的方法和学习的内容都决定学习的效率和效益，所以企业首先要面对的是学习的方法和技巧。如果我们以登山与罗盘和地图的关系为例，我们可以看到，如果我们要登的只是一座小山，而且视野可及，我们自然不需要罗盘或地图，更不需要花时间和精力来学习如何使用罗盘和地图。不过如果自己对于所在地区并不熟悉，而且该地道路崎岖，那么我们就需要罗盘和地图的协助才能够找到方向，我们花在学习使用罗盘和地图的时间完全可以从正确的登山路径中得到回报。"

附录：新标杆学习案例分享

案例1：澳优乳业（中国）走进阿里巴巴

澳优乳业（中国）有限公司成立于2003年9月，注册于湖南；澳优乳业作为一家全球销售的国际化乳品公司，100%拥有荷兰自有牧场和自家工厂，目前已成为荷兰第二大奶粉生产加工商和最大的有机奶粉生产商。澳优秉承以母爱精神守护每一滴奶，只为给生命更好开始的品牌理念，致力于为母婴提供高品质的乳品营养。

澳优乳业每年举办一期"澳优之星"和"年度优秀员工"的评选活动，"澳优之星"是澳优集团设置的年度个人最高奖项，属于至高无上的荣誉。该奖项旨在奖励忠于澳优事业和使命，年度工作取得突破性成果或实现挑战性的业绩目标，或工作方法具有典型意义，发挥模范和表率作用影响他人，获得同事和客户高度赞誉的澳优家人，获得"澳优之星"荣誉的人员将由集团组织一次海外游学活动，以示鼓励。

获得"年度优秀员工"的人员,澳优集团将为他们组织 2～3 天的国内标杆学习的活动,以示鼓励。这次杭州阿里为期两天的参访活动正是澳优"2017 年度优秀员工"获得者参与的"标杆企业学习之旅"活动。

在澳优乳业,公司把学习当作奖励和鼓励,让优秀者更加优秀,每年都会开展《我是"澳优之星"》活动,并组织获奖者到标杆企业考察学习,提倡学习别人的,建立自己的;并把标杆之旅变成文化之旅。2017 年 3 月,澳优乳业就参加了我们为他们组织的在阿里巴巴两天的参访考察活动,在整个标杆学习期间,他们除了参访阿里西溪园区、太极禅院,还认真聆听了阿里管理人员对阿里的文化、阿里的管理、阿里的销售等的精彩分享。更重要的是在标杆学习之后,学员们在行动教练的指导下,现场立即开展了小组反思活动,不仅总结了两天的学习收获和感悟,更重要的是,结合自身的岗位职责,找到了今后努力的方向和可以落地的行动计划。

案例 2:中信建投证券股份有限公司走进京东

中信建投证券股份有限公司成立于 2005 年 11 月 2 日,是经中国证监会批准设立的全国性大型综合证券公司,是一家连续八年被中国证监会评为目前行业最高级别的 A 类 AA 级证券公司。此次公司组织参访京东,其一是希望了解京东初期的市场定位及战略方向,当前的管理模式,绩效考核与大数据应用等;其二是由于京东的线上金融发展迅猛,十分希望通过走进京东深入了解京东金融的运营模式;第三,作为一家金融行业的传统企业,十分好奇作为非传统金融行业的京东人是如何看待金融的,并通过交流分享进一步把控未来互联网金融的发展方向。

根据我们对客户需求的调研、了解和学员学习问题的收集,作为标杆学习的组办者,我们基本可以掌握本次客户走进标杆企业的真正目的和意图。比如这次中信建投,其主要学习目的就集中在如下五个方面:

1. 初步了解京东金融的运营。
2. 了解非传统金融行业的京东人是如何看待金融的。
3. 互联网金融发展方向。
4. 了解京东的市场定位及战略方向、当前的管理模式、绩效考核、大数据应用等。

5. 互联网金融中为客户实现大类资产配置的主要产品类型、投资方向和服务模式。

接下来我们就可以根据客户的具体需求，对本次的培训内容进行有针对性的设计。比如我们安排了京东集团总部的参访考察，并要求京东内部讲解人员对每一个参访点给予详细讲解，以便大家全面了解京东；同时，我们有针对性地安排如下内容的分享：京东在互联网的战略布局、京东的"倒三角"管理创新模式、未来京东如何玩转"互联网思维"、京东在金融领域的布局等。这些培训内容深受客户好评。

参观考察之后，他们趁热打铁，开展小组总结与反思活动：一是每个人都会认真总结和归纳参观考察京东的深刻印象和切身感受；二是结合自身工作，每个人还要进一步提出通过参访（京东）有哪些地方是可以借鉴的，发现了京东哪些不足的地方等，让学习更加有的放矢。最后各小组通过集体反思拿出下一步各自工作的行动计划。比如第一小组就拿出了如下行动计划：一是看评论，重体验，更好地服务客户；二是推动科技与工作服务；三是回去后组织观看刘强东《创京东》，各位高管也将亲自带管培生；四是召开战略研讨会，深刻理解认知自己的使命责任，做详细战略规划，明确目标，分类实施计划，加强团队管理，借鉴京东的许多经验。这就是新标杆学习的最大收获。

案例3：万孚生物走进日本参访日本丰田、京瓷等标杆企业

广州万孚生物技术有限公司自1992年成立以来，致力于从事医学检验诊断产品的研发、生产和经营，是一个集开发、生产、经营为一体的专业生产体外诊断试剂的实体性高新技术企业。2017年7月2日至8日，该公司董事长亲自带队，赴日本进行了一场为期7天的标杆最佳实践考察活动。应该说这是一次具有典型代表意义的新标杆学习活动，本次活动具有如下五大特点：

1. 领导重视，董事长亲自带队。

2. 理论联系实际，活动前充分加强相关理论知识的学习和理解，并请专家进行辅导补课，各业务部门深挖日常工作中的问题和短板，带着问题学标杆。

3. 听得真、看得细，到任何一家标杆企业都能与专家进行深入细致的交流

沟通。

4. 抓紧点滴时间进行集体反思，谈体会、谈感受、谈落地，不让灵感随意跑掉。

5. 返回企业后，结合岗位情况，各自进行二次梳理，并把感悟和体会形成能够指导今后工作实践的理论文章，并制定出万孚生物精益运营体系中长期建设规划。

标杆学习之前的读书会

2017年5月，万孚生物就确定了组织高管团队走进日本学习精益生产的考察计划，他们不想搞那种游而不学的形式主义，要学就要下苦功夫，就要见真招。于是当月就开始组织管理团队开展针对日本精益生产考察的读书会，安排高管团队人员学习一系列相关书籍和文章，如《下一个倒下的会不会是华为》《李老师（公司董事长）学习华为的笔记和批注》《丰田精益生产方式》《丰田精益生产方式》读书感悟、《汽车产业三巨头发展史背后的制胜之道》等，为接下来的日本考察奠定了牢固的理论基础。

走进标杆企业之后的三大动作

1. 看外行看热闹，内行看门道，有机会走进精益生产的源头——丰田汽车，万孚人抓住这难得的机会，一个比一个看得细，从整体布局到产线安排，从员工作业到员工状态，从流程管理到技术创新，无不成为万孚人观察的对象。

2. 这次万孚人在日本的这场新标杆学习，共安排日方标杆企业管理层人员和专家进行了四场交流分享会，邀请日本京瓷公司参访及前执行董事宫田秀典主讲《阿米巴经营》，邀请丰田前车体设计生产部部长中村公一分享《丰田精益生产方式》，邀请日本丰田工程技术株式会社社长分享《丰田的生产设计研发》。分享期间，每一个万孚高管都是仔细听、认真记，不懂的地方还随时提问。

3. 万孚人给人留下的最深印象就是喜欢提问，从董事长、总裁到每一个部门高管，在日本学习期间几乎到哪里都能提出很有水准的问题，而且有一种打破砂锅问到底的作风，这是我们新标杆学习特别提倡的学习作风。

在日期间的一系列考察参访

在日期间，万孚董事长与高管团队一起在日本丰田聆听丰田前车体生产部部长分享《丰田的精益生产》，与日本丰田工程技术株式会社社长进行技术交流，参观日本欧姆龙电器工厂，以残疾人为主的企业5S做得绝对一流，与日本专家宫田秀典进行现场互动等。除此之外，他们还利用大巴车转场赶路的时间进行巴士课堂活动。在巴士课堂上，学员们结合参观感悟和自身工作实际，碰撞出许多管理思想的火花。

1. **面对问题，迎难而上，共创万孚精益制造**：罗马不是一天造成的，德国制造、日本制造也不是一开始就是高品质的代名词，我们一定要像丰田那样讲求三现：现实现地现物，只有走到现场，我们才能找到解决问题的方案。

2. **勇于创新，不畏失败**：创新从带来价值、解决实际问题出发，乐观向上不畏失败，尊重人性，持续改善。每一道工序、每一个动作、每一个流程和庞大的机器工厂，让我们感受到了十分的极致和合作的震撼。

3. **螺旋上升的学习和思考**：为求发展，不断反思与自身，为了实现可持续发展，企业必须不断挑战新领域和多元化。

4. **脚踏实地，知行合一**："造车先造人"，这个理念同样对我们是个很好的借鉴，人才是企业的关键，需要持续改进不断循环，我们要在造人方面下更多的工夫。

立竿见影——万孚学习丰田公司以后的落地计划

万孚管理团队赴日本丰田公司等标杆企业考察学习回国后，立即制定落地计划，并在全公司提出六大举措：

1. 在公司内开始推行提案制，每周周会分享及颁奖。
2. 改进PMC，将成品库划到营销部门。
3. 改进组织，采购中心独立部门运作。
4. 改进包装工序，允许外协厂承接。
5. 要求公司管理干部形成精益思想，每天进步一点点。

6. 引进精益方面的高层次人才，引进总工、顾问等。

针对这些新举措，还推出了公司的精益生产四阶段，从而推进整体落地规划。

第一阶段：细听诊断理念导入。2017年8月15日至2017年9月30日，系统全面地进行精益运营管理现状诊断。

第二阶段：系统设计打造标杆。2017年9月30日至2017年12月30日，精益运营体系系统搭建与设计；打造万孚生物实施精益运营的标杆；精益理念方法、工具全员导入。

第三阶段：全面推广形成体系。2017年12月30日至2018年12月30日，构建精益运营体系。

第四阶段：总结提炼持续提升。2018年12月30日至2020年，总结提炼万孚生物的精益运营管理模式；形成万孚生物以人为本、不断追求完美的精益思维方式和文化；建立医药医疗行业国际化精益运营标杆，打造世界级精益企业。

"小"企业也可以学"大"标杆:
为什么说所有企业都适合标杆学习

赋能＋创新：所有企业都能从新标杆学习中获得经验和灵感

什么是赋能？

赋能是近年来比较火热的词汇之一，被称为"现象级热词"。

几乎所有企业都在强调赋能，阿里不断强调要为商家和中小企业赋能；腾讯也曾提出"连接一切、赋能于人"；而京东旗下的京东到家则提出了"零售赋能"战略；在银行业，中国建设银行则提出了"科技赋能金融"。

那么赋能到底是什么？

赋能，顾名思义，赋予＋能量，赋能一词最早出现于心理学，指的是通过言语、态度、行动等赋予一个人积极的正能量，后来这个词被引入到管理学之中，在组织内部应用。大多数赋能出现的方式是：由组织的管理者为员工赋能，使其提升能量。

1975年，一位美国心理学家发现：当一个人在做某件事情时候投入了足够的注意力，就会自动过滤掉其他不相关的知觉，此时这个人就会进入一种"沉浸"的状态，而处于这种状态的人做事情更容易取得更好的结果，在事情完成之后，他也会产生远比平时更好的体验。

同时，当人进入这种"沉浸"状态之后，他做事就不再需要外界的激励，因为此时对他来说，完成这件事情本身就是一种最好的激励，后来心理学家就将这个发现称作为"沉浸理论"。

在了解什么是"沉浸理论"之后，我们就会发现它将有可能成为企业领导者最为出色的管理工具之一，如果领导者能够掌握让员工在工作时进入"沉浸"状态的方法，那员工的工作效率将会大幅提高。

员工的"沉浸状态"，从管理学角度来说其实是一种"高效能状态"。

效能一词虽然已经被提出很多年，但是根据我和众多领导者交流的情况来看，大多数领导者并不知道效率和效能的区别，也更谈不上管理员工效能。

第2章 "小"企业也可以学"大"标杆：为什么说所有企业都适合标杆学习

用德鲁克的话来简单概括效率和效能的区别就是：效率是以正确的方式做事，而效能则是做正确的事情。虽然效率和效能对企业员工来说都非常重要，但是当二者不能兼得时，领导者则需要优先选择效能。

通常一个企业员工的效率高就代表着他工作速度快，因此在大多数员工都从事纯体力劳动的物本管理时代，企业领导者非常注重员工的工作效率。

然而随着时代的发展，越来越多的企业员工开始从事一些非体力工作，工作效率已经无法衡量员工工作成绩的标准，此时效能开始逐渐被领导者所提及。

在效能一词中，"效"指的是功效，而"能"则指的是能量。

在企业中，功效指的是员工的工作成绩，而能量则和员工的工作状态有密切关系，从某种角度来看，我们可以将能量看作是员工多种状态的一种体现。一个员工所拥有的能量越高，他的状态就越好；员工拥有的能量越低，他的状态就越差。

所以，现代管理学中最为管理者所关注的命题，就是如何为员工赋能。

而现如今，赋能一词有了更广泛的应用和含义，不变的是赋能能量的本质。

一直以来我都强调，新标杆学习的本质在于赋能+创新，二者一定是相辅相成的。同时，新标杆学习也是帮助企业打破壁垒的最佳方法。

为什么说新标杆学习可以为企业赋能，也可以激发创新？

当企业一直停留在某一特定领域时，其思维意识也将被局限在限定范围内，企业发展也只能沿着特定方向发展，这其实就是企业固有的心智模式。企业的心智模式其实和人的心智模式道理相同，当一个人心智模式从未改变过时，他在生活、工作当中，只要听到一个词或者看到一个东西，就会带动思维联想，得出固有结论。

企业只有跳出固有领域，将多领域概念连接，才能形成跳跃发散式思维。新标杆学习就是为了打破这些领域之间的壁垒。

人类的商业活动有上千年的历史，但财富积累的模式都是以生产产品→消费产品→再生产产品这个循环进行的，也只有这种循环才能够让财富持续积累下去，不同时期财富积累的具体模式会有所差异，但是无论怎样，都离不开"生产"和"消费"这两个核心因素。

图 1-5　生产和消费是两个要素

不过，过去的财富积累模式都面临一个问题，财富无法持续并且良性地进行积累，比如早期的资本家。早期的英国资本家将武力作为财富积累的保障，四处抢占市场，进行资本输出，后世的经济学家将这种财富积累的方式称为"血腥的原始积累"。当然，这种财富积累的方式随着时代的发展和进步是无法长期持续下去的。

而现代的财富积累方式和早期英国资本家们相比要文明、科学了很多，但是财富不能做到持续的良性积累。原因则在于模式的动力随着时间的变化不断减弱，经济增长速度越来越慢，随之产生的就是产能过剩等一系列的经济发展问题。

之前我们提到过，现今消费者刚需市场基本已经饱和，企业想要从中再分一杯羹非常艰难。因此，想要创造刺激市场、激发消费者的需求，那就必须进行创新。消费者只有对企业的产品、服务或者是营销模式非常感兴趣，企业才能挖掘出市场的新需求。

有教无类：如何在不同发展阶段学习不同的内容

这些年我们接待了很多企业，这些企业都有学习的需求和愿望，但是很多企业，尤其是中小企业会提出一个疑问：我们企业这么小，像华为、阿里这些大企业的经验不适合我们吧？

事实上，有教无类正是标杆学习的特征。小企业也可以学习大的标杆，关键是如何在不同的阶段学习不同的内容，在不同的阶段选择适合自己的标杆。

标杆不是一成不变的，首先一定要学习本行业的标杆。跨界学习是未来学习的主流，在发展中选择标杆，在壮大后更换更高、更远的标杆，是新标杆学习的特殊智慧。这方面我们可以借鉴很多企业的经验。

第 2 章 "小"企业也可以学"大"标杆：为什么说所有企业都适合标杆学习

从学习标杆到成为标杆：万科的标杆学习之路

万科成立于 1984 年，1988 年正式进入房地产，在此之后，就一路扶摇直上，并且在 2016 年跻身《财富》世界五百强名单，名列 356 位，2017 年又再度上榜，位列 307 位。

万科在 30 多年的发展历程中，学习一直都贯穿其中，可以说万科是一家非常善于学习的企业。

在创业的初期，万科向索尼学习售后服务，如今万科的物业管理就是源于早期向索尼学习的成果。

1990 年，万科开始从多元化转向专业化转型，方向的转型意味着经营和管理模式都要相应地改变，新鸿基地产就成为了万科的学习对象。1996 年，时任万科董事长的王石提出"质量是万科的生命线"的口号，目的就是向新鸿基地产学习，学习他们的品质管理，在市场上树立专业化的形象。

2001 年开始，美国大型房地产公司帕尔迪公司又成为万科新的学习对象。当时的帕尔迪是世界上最大的房地产公司，有着 50 多年历史，经历了 6 个完整的房地产市场周期。在美国，房地产行业集中度高、市场波动非常大，并且竞争激烈，而帕尔迪却始终能够在市场中保持较高的份额。

实际上，帕尔迪和万科之间原本就有很多相似之处。

都曾在早年多元化发展，之后都做了减法，选择了聚焦房地产。

都非常重视能力，帕尔迪认为"能力第一，机会第二"，机会留给有准备的人；而万科专注提升能力，打出"先做强再做大的口号"。

都非常重视客户体验，帕尔迪早在 1993 年就建立了客户满意度检测系统，来和每个客户沟通而后持续改进；万科则对标索尼公司的售后服务，将人性化服务带进物业管理，使万科因优秀的物业而脱颖而出。

尽管万科和帕尔迪有如此多的共同点，但是万科落后于帕尔迪公司却是不争的事实。

2004年,万科制定了一个为期十年的战略规划,当时的帕尔迪年销售额是万科的6倍,利润是万科的9倍之多;帕尔迪在美国的市场占有率是4.5%,万科的市场占有率是1%。美国房地产行业平均收益率是11%,帕尔迪的内部收益率高于平均值7个百分点,为18%,而万科的内部收益率在此之前一直都比中国行业平均水平要低;万科虽然已经保持了20年的持续盈利,但是帕尔迪却已经保持了53年持续盈利;万科与帕尔迪公司主要做住宅开发,帕尔迪在美国27个州、44个城市都有业务,万科只在中国10个省、19个城市有业务。所以,万科和帕尔迪的差距还是非常明显的。

所以万科非常聪明地选择了帕尔迪公司,作为自己迈入新世纪以后的新标杆。

细分锁定终身客户

在确定将帕尔迪作为学习标杆之后,万科学习到了很多,其中学得最成功的,就是客户的细分。

和美国房地产行业相比,中国房地产行业一直以来都是比较粗放,房地产企业对客户的研究也非常少,而万科在这方面和多数房地产企业有所不同,它是早期为数不多的愿意去研究客户的房地产企业。

帕尔迪在研究客户方面可以说已经到了炉火纯青的地步,在客户细分方面,更是做到了行业少有人能相比的地步。帕尔迪根据客户情况不同,将客户分为首次购房、首次换房、二次换房和"活跃长者"[①]置房四类,在这四大类的基础上,又扩展出了11小类。这些分类基本涵盖了绝大多数美国人一生对房屋的需求。而对客户如此精细划分的结果就是帕尔迪在客户中的影响力非常大,多数美国人在想要买房时立刻就会想到帕尔迪。

对客户进行精细划分并不是短时间内就可以做到的,这其实是一项管理能力,是公司通过长期发展、积累而形成的,这项能力可以帮助企业可以更好地应对市场

---

① 美国将20世纪五六十年代出生的年龄比较大的这个群体称为"活跃长者",如今他们接近退休或者已经退休,但仍然充满活力,积极追求生活品质,显现出强大的市场购买力。从1999年开始美国房地产行业开始关注活跃长者市场,提供多元化的产品线。

变化、抓住未来的市场机会。

万科在初期对客户和产品进行研究时，国内没有任何可参考学习的对象，所以一直都是自己摸索。1993年，万科开始尝试跨区域发展，产品以大众住宅为主，位置主要位于城乡结合部。2000年，王石发现商品住宅已经开始由过去面向少数群体的奢侈消费转变成为普通大众消费，所以，此时的万科开始关注普通大众的需求。在2004年时，当时中国房地产商们开始集体"转向"，将目光集中在了高端需求上，全都建豪宅，万科却依然保持方向不变，只做普通住宅。

2005年，万科正式向帕尔迪学习，此时万科开始将注意力由产品转向客户，从收入、周期、价值取向等多个方面对客户进行细分，根据不同类别再开发相对应的产品。

万科具体将客户划分为了五类：

1．经济务实家庭

这类家庭收入不是很高，还处于失业奋斗期，大多从事基层工作，对价格比较敏感。

这类家庭对买房持非常谨慎的态度，对于他们来说，房屋需要投入大量的资金，同时房屋在他们的心中还有投资意义或者留给后代的财产。

2．职业新锐家庭

这类家庭已经工作几年时间，年轻、高学历，有一定的经济实力。没有孩子的比例要高于其他类型家庭。

在这类家庭，房屋具有非常深的社会标签价值，他们购买房屋更看重标签价值给自己带来的心理上的享受。

3．望子成龙家庭

此类家庭收入水平一般，最大的特点是以孩子为生活的核心，孩子成为他们的精神寄托。

这类家庭一切以孩子为主，他们对房屋的需求就是给孩子提供一个健康成长的地方，同时也是家庭稳定和归属感的来源。

4．彰显成功家庭

这类家庭通常处于社会中高端阶层，高学历、高收入、高社会地位是他们的特点，但是整体占比较小。

对于这类家庭，他们已经不再关注房屋本身使用价值，房屋更多地成为事业成功的标志，希望通过房屋来和周围同阶层的人建立联系，拓展自己的人际关系网络。

5. 关注晚年家庭

这类家庭是由有经济实力的退休老人组成，同时这些老人又比较注意自己的生活。

这类家庭要么是老年人为养老买房，要么是子女为父母买房。所以健康是这类家庭最关注的，娱乐休闲也是老年人所关注的。

通过向帕尔迪学习，万科对自己的客户群体进行了精细划分，这五类划分联系在一起，就称为一个终身购房计划。这个计划的出现大大延伸了万科的产品线。在此之前，万科主要产品是位于城乡结合部的中端住宅。现在，无论是城市中心地段、城乡结合部还是偏远郊区，这些地方都在万科的业务范围之内，与之对应的是不同档次的住宅小区。

在当时的中国市场，多数房地产企业对客户的划分，都是按照物理属性进行的，比如通过年龄、收入、家庭情况几个维度给客户贴上标签，进行分类。这种划分方式最大的缺点就是忽略了客户的感受和体验，对客户真正的需求并没有触及。万科对客户的划分也要参考年龄、收入、家庭情况等属性，但不同的是，万科划分的出发点是房屋对客户的价值，而非简单的物理属性区分，这就是万科从帕尔迪那里学习到的。

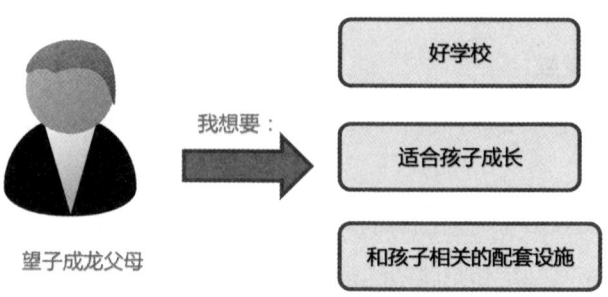

图 1-6　望子成龙家庭的需求

第 2 章 "小"企业也可以学"大"标杆：为什么说所有企业都适合标杆学习

比如对于那些"望子成龙家庭"，孩子是他们的核心所在，因此，无论房屋本身有多好，如果周围没有好的学校，没有和孩子相关的配套设施，他们的购买意愿就会下降很多。又比如"关注晚年家庭"，对于他们，无论房屋地理位置有多好，如果周围没有可以供老人休闲娱乐的场所，客户购买意愿也会降低不少。

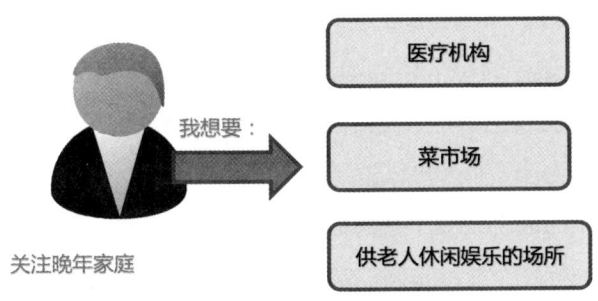

图 1-7 关注晚年家庭的需求

如今，万科已经成为了全国著名的房地产企业，并且跻身世界 500 强，帕尔迪则屹立美国房地产市场几十年不倒，这充分体现了细分客户市场对企业起到的重要作用。

新标杆学习的特点是"与时俱进"，在不同的时期，根据不同的发展情况，对标学习不同类型的企业。

2012 年以后，互联网企业在中国飞速崛起，成为众多企业目光的焦点。而万科也很快调整自己的思路，把互联网企业作为自己对标学习的新标杆。

从 2013 开始，万科就将学习的目光集中在了互联网企业身上，多次组织去互联网企业学习。通过学习，万科了解到对于互联网企业，最重要的就是思维和生态系统；互联网可能快速对环境作出反应，而传统企业是无法做到的。经过学习之后，万科开始思考如何用移动互联网思维去建设万科。按照万科现任董事长郁亮的说法就是："房地产行业真的需要改变了。与其被别人革命，不如革自己的命，这样的话至少可以选择死的方式会好看一点。"

附录：雷军关于小米标杆学习的演讲（摘录）

2018年4月6日，小米迎来了它的8周岁生日。在这8年的时间里，小米获得了巨大的成长，现如今的小米核心销售额已经破千亿元，小米之家在2018年的2月份仅用了28天就创造了10亿元销售额。小米发展之快、创造的奇迹之多，令人敬佩也令人好奇：为什么小米可以做到？

事实上，小米的成功，和小米的标杆学习是分不开的。在雷军刚刚开始做小米的时候，所学习的标杆企业就是同仁堂、沃尔玛、Costco和海底捞。

小米通过标杆学习，一步步发展壮大，从学习标杆到成为标杆。雷军在一次演讲中动情地回顾了小米的成长和学习之路，揭示了小米的成功秘诀。

向同仁堂学习：做产品要真材实料，还要有信仰

柳传志当年推荐过一本书，叫《基业长青》，是关于如何创办百年企业的。于是我就问自己，怎么办一个百年企业呢？我首先想的是，在中国，谁做到了百年。

我第一个想到的是同仁堂。

在研究同仁堂的时候，我发现同仁堂最重要的是其司训："品味虽贵必不敢减物力，炮制虽繁必不敢省人工。"意即做产品，材料即便贵也要用最好的，过程虽繁琐也不能偷懒。

换句话说，要真材实料。设想一下，假如大家都这么做，那我们的社会还会有毒大米、三聚氰胺、雾霾吗？

但这个事说起来简单，做起来是很难的。所以同仁堂的老祖宗又讲了第二句话："修合无人见，存心有天知。"

你做的一切，只有你自己的良心和老天知道。这一句话，是关于怎么保证第一句话被执行的。

这让我很受震动。我就在想，为什么我们改革开放40年来，中国在全球的观念里，就是生产劣质产品的地方呢？

第2章 "小"企业也可以学"大"标杆：为什么说所有企业都适合标杆学习

有时候大家开玩笑说，我们中国人太聪明。其实就是喜欢走捷径、喜欢偷工减料，才让大家有这样的印象。如果我们想基业长青，那就得真材实料，而要想坚持下去，就要把真材实料变成信仰。

我认为要基业长青，就要做到两条：第一真材实料，第二对得起良心。

……

所以说不管是多少年，想办成一个持续永恒的事业，就得有理念，并且要把这种理念变成信仰。

思考过这个以后，我干小米时就想走一条不同的路：我们做产品的材料，要全部用全球最好的。夸张地说，我们"只买贵的，不买对的"，贵的肯定是有道理的。

对于一个从零创办的公司而言，这是非常不容易的，因为这意味着我们的成本比别人高了一大截。但我们还是这样做了，处理器用高通，屏幕是夏普，最后组装也找全球最大的平台——富士康。

我发现我们中国人需要的，首先是好东西，而不仅仅是便宜的东西。

……

我做了25年技术，如果这个东西我自己都没用过，我自己都不觉得好，我能够站在这里给大家推销吗？

小米，是我40岁在财务自由以后创办的公司。这点最大的优势就是，我不会为了钱去做什么事情，这个事情是我喜欢的，我满意的。所以小米要做的第一件事就是货真价实。

可能很多人，包括这里的绝大部分人，以前都是用苹果三星，但现在我相信，在座的已经有很多人用的是国产手机了。三年前，几乎没有用国产手机的，今天，在小米的带动下，越来越多的国产手机越做越好。

这就是我跟大家分享的第一个故事，同仁堂的故事。

向海底捞学习：口碑源于超预期

我想分享的第二个故事是海底捞。

七八年前，我在机场的书店买了一本书，《海底捞你学不会》，可是看了三四个小时之后，我发现我学会了。我发现海底捞的秘诀其实只有两个字：口碑。

怎么能把口碑做好呢？很多人很快就想到了口碑营销，可是你一旦想到营销，这件事情就死了，你首先要想，什么样的东西才有口碑。

我看完这本书就去了海底捞。跟其他火锅店一样，海底捞的环境很嘈杂。但让我惊讶的是，海底捞的服务员有着发自内心的笑容。

其他的服务型行业，比如民航业，空姐们虽然比海底捞的服务员更漂亮，制服也更好，但是，她们常常是一种皮笑肉不笑的状态。相比之下，海底捞服务员的笑容真的能够打动人。

我就问海底捞的服务员："你当个服务员有啥好笑的呢？"她跟我说："我是个40多岁的下岗女工，一直找不到工作，结果海底捞录用了我，七八年前就给我每月4000元的工资，我睡觉做梦都会笑醒。"

我对此很受触动，海底捞连员工都感动了。所以我决定，小米的客服，在北京首先能比同行平均工资高30%，4000块钱起，不惜代价，最高能到12000。如果我不能对员工好，员工会怎么对我们的客户呢？

几年前，微博上有个段子讲得特别好。有个客人在海底捞吃完饭后，想将餐后没吃完的西瓜打包带走，海底捞说不行。可是他结完账时，服务员拎了一个没有切开的西瓜对他说："您想打包，我们准备了一个完整的西瓜给您带走，切开的西瓜带回去不卫生。"

哇，那一瞬间就把客户打动了。所以讲到这里，大家知道什么叫口碑了吧？

……

所以我想跟大家谈的第二个就是，口碑的核心是超预期，当你去经营口碑时，我相信你的口碑就一定会有提高。

口碑不是新媒体营销，其本质是认真琢磨产品和服务怎么能够打动消费者，我觉得这是关键。

这是我参考的第二家公司。

向沃尔玛、Costco学习：低毛利、高效率是王道

谈完同仁堂和海底捞，我要说的第三间公司是沃尔玛。

52年前，老山姆在家乡创办了一个杂货店。他发现那时美国流通行业的平均

第 2 章 "小"企业也可以学"大"标杆:为什么说所有企业都适合标杆学习

毛利率是45%,这其实是很黑的。老山姆就想,我能不能只赚别人一半的钱,只做22%的毛利率呢?天天平价,销量可以是别人的好几倍,肯定能挣钱。

所以他就把"天天平价"做成了沃尔玛创办的slogan。

但是仔细想想,当别的连锁店赚45%的时候,只做22%,理论上肯定是不赚钱的,而且亏得很厉害,这是市场竞争的原则。

老山姆琢磨了很久,心想只要便宜100美元,美国人就会愿意开车到十英里以外。所以他就不在市中心办,而是找了一个旧仓库,把所有的成本降到最低,就算毛利率只有22%,他也还有几个点的净利润。

结果,沃尔玛用了30年就成为世界第一,这就是高效率。

我们的商学院教了一堆错误的观念,包括我们这些投资者们,永远在问"可不可以有更高的毛利率"。当然可以,骗用户呗!要么偷工减料,要么就涨价,还有别的方式能提高毛利率吗?

……

小米刚开始是零毛利的,依靠大规模的生产,大概能有百分之十几的毛利率。我们的关键在于,把小米的整体运作成本控制在5%以内。前年是4.1%,去年是4.3%,不谦虚地讲,我们是全球运作效率最高的公司。

所以我们一定不能雇很多人,一定不能做很多事。我们的哲学是:少就是多,一定要专注。我们的模式太复杂了,简单就是我们的核心竞争力。

我们首先是复杂,然后再把复杂的事情做简单。

沃尔玛跟Costco这些零售业给我的经验就是,低毛利是王道。只有低毛利,才能逼着你提高运作效率。而小米要接近成本来定价,高效率就是王道,没有高效率,这个公司会赔得一塌糊涂。

我一直在想,做电子商务为什么损失那么大,要烧那么多钱呢?小米也是电子商务,我们还赚钱。我不记得在哪里看过一句话,说企业不赚钱就是犯罪,企业的社会使命就是要赚钱提高效率。

但是类似于亚马逊的神话,只有贝佐斯做到了,一般人是做不到的。而我们既然不想坑用户,又要赚钱,就只能用所有的聪明才智来提高效率。

提高效率不等于克扣员工。小米有7500人,5000人是服务部门,研发运作部门只有2500人,以我们今年预计750亿～800亿元的营业额来说,我觉得已经是天下无敌了,这需要什么样的运作效率呢?

所以,我们雇每一个人的时候,都需要精挑细选。

……

我们在不惜代价地吸引各方顶级的人才。人,对于我们这样一个高效率的公司来说,是我们最重要的资产。我们尽量少雇人,对这些人却有一个要求:前两三百人,全部十年以上经验。因为只有这样的经验,才能使一个公司高速发展而不翻车。

最后整体总结,在创办小米之前,联想的东西就已经在我的DNA里了。做小米的时候,我真正学习的是这几家公司:同仁堂、海底捞、沃尔玛和Costco。

第一点,我们像同仁堂一样做产品,货真价实,有信仰。每个东西都是我自己用过的好东西,如果做得不好,请大家原谅,因为我们也只干了三年,还需要时间。

这里爆个料,我们下一代产品还会进一大步。智能手机的竞争,是全球最激烈的竞争,这个难度是蛮高的。我们这个公司总被拿来跟苹果比,要我每一年都比苹果好。苹果6000亿美元的市值,假如我比苹果好,我应该值8000亿美元吧,所以我肯定不如苹果,就不要比了。

我们五年之内,不谈超过苹果。当你了解得越多,你敬畏得就越多,但这不意味着我们的市场份额不可能比苹果大。

第二点,向海底捞学用户服务,做超预期的口碑。今天的时间很短,就不展开讲了。

第三点,向沃尔玛、Costco这样的公司学运作效率。我们是电商,是实业的,涉及到实业,我觉得还是效率制胜。

当然,提高效率有两种方式,一种是柳传志先生讲的拧毛巾,我也很认同,不过我用的是另外一种,模式优化——把中间渠道、零售店全部干掉,少做事,用最聪明的人简化流程。

比如做手机,其实建立全国销售渠道、旗舰店这些都不需要,把产品做好,开个网站,等用户上门买,就是最好的模式。小米网,原来叫小米.com,后来国际化，又花了 2000 多万元建了 MI.com，我觉得值。

小米用了大量的模式创新来提高效率，只有这样，才能使成本大幅度降低。在消费电子行业，从制造成本到零售成本，定倍率基本上是两到三倍，再加上渠道、零售店利润，客户买到东西的价格是制造成本的两到三倍。

为什么传统手机那么贵？或者说，为什么传统的所有服务都那么贵？效率不够。中国的电商之所以有这么快的增长率，主要是我们的传统商业落后。

Costco 也全是实体连锁店，但是高效率。京东的财报显示，京东自己就花了营业额的 10%，如果 Costco 只要 7%，你觉得 Costco 会受京东影响吗？我觉得有影响问题也不大。

所以关键是怎么提高效率，电商的核心是效率。这个模式有先进性、优越性，但如果不管理好成本，就很难挣到钱。

这就是我参考过的几家公司。

新标杆学习的方法论基础

标杆学习的基本方法——对标管理

对标管理是新标杆学习的基本方法。

"对标"管理最早出现于20世纪70年代的美国,希望有所提高的企业通过"对标"的方式和其他企业进行比较,寻找自己和目标企业的差异,这也是企业和企业之间调查对比的一种基本方式。

"对标"管理最初只作为学习管理案例和运营方式的一种方法,但是经过几十年的发展,如今已经成为深受企业欢迎的战略管理方式。"对标"就是寻找标杆企业,和标杆企业进行对比,寻找差距所在。

企业使用"对标"管理,就是要求企业全体员工都时刻紧盯那些世界最好的标杆企业,明确自身的不足,从而找到企业未来改变的总体方向。"对标"的标杆既可以是外界优秀的标杆企业,也可以是企业内部最高水平。内部对标可以提升企业自信,实现自我超越,继而推动企业向外界优秀的标杆企业水平靠拢。

对标管理通常分为四种类型:

1. 内部对标

内部对标就是在企业内部寻找标杆。在很多大型企业中,不同部门的一些标准有相似的地方,通过对这些部门进行横向比较,可以帮助企业找到内部运营标准,这就是最简单的内部对标管理。

这种管理方式的优点在于信息分享沟通较为便捷,内部学习成果即学即用。缺点则在于容易导致企业忽略外部信息,造成企业信息封闭。

2. 竞争性对标

对于企业来说,竞争对手可以说是最容易被发现的对标对象,因为两者之间从产品到市场都有高度的重合。和竞争对手对标很容易找到企业自身不足所在,但不利的是获得信息难度较大,竞争对手通常都会向同行封锁消息。

3. 行业对标

行业对标指的是企业寻找和自己属于同行业,但是面对市场不相同的企业进行对标。和这种同行企业对标,好处在于容易获得相关信息,因为二者不是竞争对手,又身处相同的行业,标准对比性更强;缺点在于只与同行业对标很容易限制企业思维,让企业陷入固定的思维模式,不利于企业创新。

4．跨行对标

和不同行业的企业就某些方面标准进行对标。这种对标方式的优势在于易于企业发散思维,进行创新;缺点则是实施较为困难,一般企业只在行业内拥有学习资源,行业外难以找到适合资源。

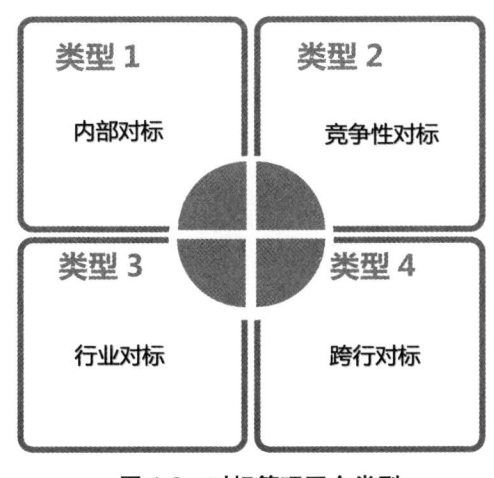

图 1-8　对标管理四个类型

实施"对标"管理的五个步骤

企业执行"对标"管理一共可以分为五个步骤:

步骤1:制定对标计划,注意对标计划必须要同公司战略发展方向一致。

步骤2:组建对标团队。对标管理需要专业团队管理,团队的大小取决于对标内容、公司规模等因素,对标团队可以由公司内部成员组成,也可以是第三方专业机构。

步骤3:收集数据。首先企业要找到自身需要对标的地方,然后收集相关数据,进行自我分析,之后寻找对标的对象,可以寻找3～5个对标对象,从中选择出最适合自己对标的企业,收集该企业相关信息。

步骤 4：分析对标数据。通过数据客观分析自己与对标企业之间存在的差距。

步骤 5：坚持对标管理。企业在找到自己与对标对象之间的差异后，应采取改革措施，减少差距。在改变的过程中，一方面，需要坚持进行对标管理，掌握差距的变化情况，监测改革措施的有效性。另一方面，企业永远都存在进步的空间，所以对标管理是一旦开始就不会结束的过程。

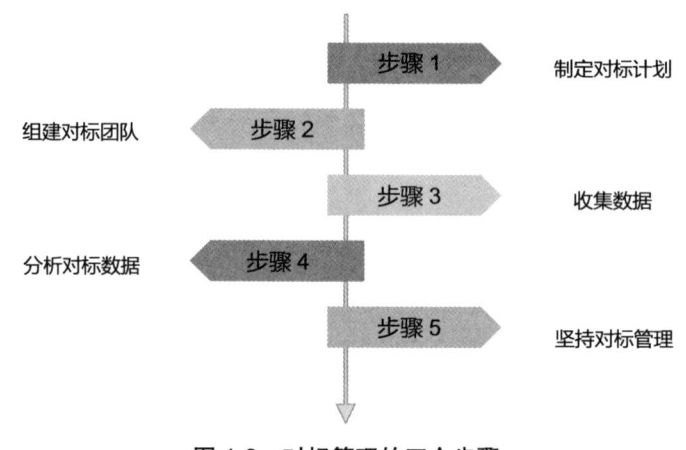

图 1-9　对标管理的五个步骤

在对标管理中，对标学习对象的选择是非常重要的，如果学习对象选择错误，那自然不会得到好的结果。所以企业在选择学习对象时，必须慎重选择，要求学习对象在各方面都要达到最优模式或者标准，必须处于世界先进水平。也只有将世界先进水平作为企业的对标标准，才能让企业每一位员工感受到发展的动力和压力，从而让企业整体得到提高。

对于企业来说，通过对标管理，企业可以从上至下地对企业现行标准和制度进行规范和梳理，建立一个完善的指标体系，用科学的方式进行考核，客观评价企业现状以及员工工作状态，找到合理有效的方式控制管理企业。同时，对标管理还可以让企业学习精细化管理，改善企业经营模式，让企业在市场竞争中更具有竞争力。

对标管理能够给企业带来诸多好处，但是并不是企业所有方面都要进行对标，对标管理要学会区分主次。对于企业文化、经营模式等对企业发展有重要影响的部分，这需要设定对标对象，重点去关注。一些次要内容可以先放下，集中精力放在重要对标内容上，只有这样，对标工作才更有效率，也才能让企业快速提高。

企业还必须明白，对标管理包括企业战略对标、企业文化对标等内容，这些内容的改变和提高都不是短时间内可以做到的。因此，对标管理是一个长期的系统性工程。

目前在企业管理水平方面，中国企业和西方发达国家企业相比还有不小的差距，尤其是在对标管理方面，中国还处于初级阶段。想要缩小这些差距，不是几次参观学习和培训就能够改变。对标管理是学习世界级强企的模式和理念，引导自己的企业不断改变创新，但是最终企业想要成就卓越，还需要自己在实践中去学习、去领悟。

标杆学习的实用方法——行动学习

大多数企业培训工作都会遇到这样的问题：培训开展后，却无法真正改变员工的思想状态、行为习惯，培训内容无法在实际工作中得到有效执行，继而带来效率或业绩的增长。

作为新标杆学习的实用方法，行动学习就是推动培训落地执行的强有力武器。

行动学习是将行动和学习相结合，在行动中学习，同时在学习中行动。和传统学习不同，行动学习将实践和学习合二为一，是一种更适合企业学习与培训的方法和理论。

如今多数企业都希望通过内训提高企业，但是进行之后大都感觉效果并没有达到预期，认为这些培训更偏重形式主义，完全是浪费时间与费用。出现这种情况实际上是企业没有找到正确的的方法以及真正懂得内训的培训师。行动学习就是一种非常适合企业开展内训学习的方法和模式。

行动学习现在在我国已经有了众多应用案例，其中最具代表性的应该就是"甘肃行动学习项目"。这个项目可以称为是我国最早、最大规模的行动学习项目，很可能也是目前为止影响力最大的项目。随着行动学习在国内正在被越来越多的企业引入，相信不久之后，行动学习将成为中国企业进行内训的主要模式。

"行动学习"的公认创始人是来自英国的瑞文斯（Reg Revans）教授。瑞文斯教授最早是一名物理研究员，后来去了柏林，成为爱因斯坦的学生。之后，瑞文斯曾担任了8年国家煤炭理事会教育与培训的董事长，在这期间，他第一次提出了行动学习的概念，将其应用在了英国医院通讯工程项目中。1938年，瑞文斯曾在一篇文章中提到了行动学习，不过并没有引起重视。

1965年，瑞文斯放弃了英国曼彻斯特大学的工作，去比利时主导一个大学与企业合作项目：为企业管理人员提供发展管理培训课程。借助这次机会，瑞文斯第一次完整地将行动学习理论应用在实际课程中。在这次学习过程中，所有参加者都带着自己所在机构面临的各种各样难以解决的问题，每个小组探讨解决的问题和他们的工作或者专业都不相同。这些来自不同行业、有不同专长的人组成一个团队，大家相互学习和讨论，分享自己的经验，反思质疑原有做法，找到新的问题解决方案。这次活动取得了巨大的成功，也坚定了瑞文斯对行动学习的信心。

1971年，瑞文斯出版了《发展高效管理者》一书，在这本书中，行动学习的理论与方法被正式提出，开始受到管理学界的关注。1975年，瑞文斯从比利时回到了英国，将行动学习应用在对英国电力公司的管理课程上，这次应用再次证明了行动学习对企业内训的神奇效果。自此以后，一些企业开始尝试引入行动学习模式。大多数使用过的企业管理者都认为他们的企业因为行动学习而发生了重大改变，行动学习是提高组织效率、解决企业现有问题的强有力手段。

在企业引入行动学习的同时，行动学习也开始被管理学家、教育学家们重视。特别是在英国，多所大学与同国际管理中心进行合作，组织了一个名为"世界行动学习"的研究室活动，并且此项活动影响了世界多个国家。

行动学习是通过团队学习的形式来实现的

1. 行动学习是以小组为单位进行，以团队方式共同思考和讨论组织目前存在问题，寻找解决方案的过程和方法。行动学习不但关注小组对问题的解决，同时也关注小组成员以及整个组织在行动学习过程中所取得的进步。

2. 行动学习可以看作是一个从自己行动中进行学习的过程，因为行动学习理论认为每一个人都有巨大的潜能，而只有在真正行动的过程中，潜能才能最大限度地被发掘出来。

3. 通过几十年的发展，行动学习已经形成了一套完善的体系。这套体系保证了行动学习参与者在快速解决实际存在的问题时，可以实现自身以及组织整体的学习和发展。行动学习的关键在于小组成员对已有知识和经验提出质疑，并在行动的同时进行深刻反思。所以，行动学习可以总结为一个公式：AL=P+Q+R+I，即：行动学习＝结构化的知识＋质疑＋反思＋执行

4. 行动学习包含四类重要的学习过程：

（1）学习知识：在已有的知识中进行学习；

（2）体验经验：在个人的经验中进行学习；

（3）团队学习：在小组其他成员的经验中进行学习；

（4）探索性地解决问题：在解决问题的过程中进行学习。

行动学习的理论基础

行动学习现在能够受到广泛认可并且拥有巨大影响力，因为它来源于一个开放的系统，行动学习在不断吸收来自各个领域的最新成果，不断改进和完善自己的体系。对行动学习影响最大，可以看作行动学习理论基础的是库博经验学习圈。

人在实践行动中，会产生体验，当人对这些行动体验进行反思时，可以获得抽象的概念和原理，在体验的基础上形成理论认识，学习就此产生了。在这个理论认识上，再次进行实践行动，去验证理论认识的正确性，实践者行动的能力也因此得到了提高。

所以行动学习以小组为单位，在解决问题的过程中，小组成员分享各自的体验，在催化师的领导下对成员的体验进行集体质疑和反思，然后形成对问题的共同认识，最终在实践解决方案的过程中去验证和提升。

在企业实际工作中，行动学习的模式更符合解决问题的步骤和原理。行动学习是基于企业实际存在的问题，在催化师的领导下，小组成员进行质疑和反思，找到解决问题的方案。确定解决方案后小组成员通过实施方案，去验证方案的有效性，并且在实践方案的过程中，对问题产生更深层次的认识。在这个基础上，小组成员

开展下一步的行动，提出新的问题，形成一个学习和解决问题的循环。

新标杆学习，就是将行动学习的这些理念、方法和体系有效地融入标杆学习的过程之中，强调经验的借鉴，强调结合实际学习，强调带着问题学习，强调小组反思，更强调学习中的行动。新标杆学习一定是行动和效果相结合的学习。在新标杆学习过程中，我们学习了标杆之后，除了行动的落实，还要不断跟踪、跟进我们的学习成果。看看标杆学习究竟给我们带来了什么的经验和成果，给企业带来了哪方面的改善。

行动学习和知行合一思想

知行合一是中国历史上著名思想家王守仁提出来的心学思想，也是心学的核心所在。

知指的就是科学知识，行则指的是实践行为。人们认识事物的道理和在现实中实践、使用此道理，两者虽然关系密切，但并不是同一件事，多数人都无法做到。所以，王守仁提出了对事物的道理不仅要认识，还必须要进行实践。只有将"知"和"行"二者统一起来，才能称得上"善"。

新标杆的行动学习就是一套以"知行合一"为核心的培训方法体系，所有参与学习的人，都会以小组为单位展开行动学习，并在行动学习中解决问题。行动学习强调要始终把问题作为目标，解决问题的过程作为学习过程，在行动中学习，在学习中行动。

在行动中学习，在学习中行动，就是王守仁知行合一的思想体现，知是行的基础，行是知的实现。没有知的基础，就不可能有行的实现，而没有行的实现，知也就没有了实际意义。

多数企业培训都是停留在知的环节，所以得到结果就是只有知的基础，没有行的实现。所以，行动学习越来越受到众多企业青睐，包括波音、通用这样的世界级强企都开始了这方面的学习，对员工进行培训，取得了非常好的效果。

波音的行动学习

波音是全球最大的民用及军用飞机制造商之一，也是全球航空航天业的领袖公司，其客户分布在全球150个国家和地区。波音公司早在1999年时，就建立了培训企业高级经理的项目，培训的目的是为了让这些分布于全球各地的高级经理们可以用全球视角来思考和处理问题，这个培训计划和高级领导接班人计划相联系。而波音公司这项培训计划正是采用行动学习的模式。

波音的学习计划分为三个阶段，分别是：导入学习、深入学习和报告学习。在导入学习阶段，波音会将所有学习人员聚集在美国本土，了解、掌握波音以及波音产品的资料，同时理解国家文化和企业愿景。

导入学习阶段时间为三天，当三天学习结束后，就进入了第二学习阶段——深入学习。深入学习地点选择在一些具有重要战略价值的国家进行，学员会和该国波音企业领导者见面，了解波音在该国的发展情况，然后了解当地生产现场情况，结束后还会和更多当地波音领导者进行交流和会谈，认识和了解该国文化和习惯，对于企业目前在该国的发展现状、存在的问题、竞争情况进行评估和讨论，探寻未来的发展计划。这些学习大概需要花费十天时间，波音会从对当地波音发展非常重要的议题中挑出一项，由学员提供建议和方案，然后提交给波音决策者。

在此之后，就进入了第三学习阶段——报告学习。学员在此阶段将返回美国，向公司执行委员会对此次学习情况进行汇报，对提供的建议和方案进行评估。

波音开展此类学习的目的是为了培训全球各地的高级管理人员。学员通过了解企业在实际工作中所遇到的真实问题，以团队为单位提出建议和方案，最终返回美国总部后综合评估提出的建议和方案，对学习的成果作出评价。这种学习模式就是行动学习，它不仅让波音高级管理人员的能力得到提升，还提高了波音的绩效。

什么是行动学习

现在我们就可以给行动学习下一个准确的定义：行动学习实际上就是结构化知识+洞见性问题+深刻反思+执行应用。

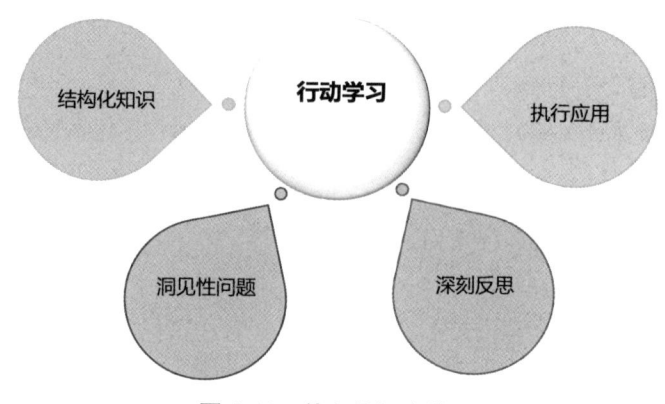

图 1-10　什么是行动学习

结构化知识

结构化知识指的是一个人对外界事物固有的思维方式,也就是人的固有心智模式。一个人的心智模式决定了他看待事物、处理问题的方式和方法。心智模式会对人的思维模式产生重大影响,而人的思维模式决定了他的行为模式。因此,如果希望彻底改变一个人的行为,就必须先改变他原有的心智模式。行动学习模式是围绕实际解决问题而开展的,在实际解决问题的过程中,通过对原有心智模式进行反思和质疑,最终打破原有的心智模式,形成新的心智模式,实现个人能力的提高。

洞见性问题

想要解决一个问题,首先需要找提出一个洞见性问题。洞见性问题的提出并不简单,很多领导者解决问题之前,还没有明确问题到底是什么,就开始去解决问题。最终得到的结果就是原有问题没有得到解决,反而还引发了新的问题。那些一眼就能够看到的都是表象,真正需要解决的是隐藏在表象背后的问题。这些问题通常难以被发现,需要多次思考、洞察、讨论,才能找到这些问题。

深刻反思

只有学会反思,才能促进改变,这是一个常识性道理。在学习的过程中,学员需要对自己或者其他人过去的经验提出质疑，思考问题本质，对过去进行反思，才能最终提出正确并且具有创造性的解决方案。

执行应用

在经过打破、探寻和反思之后，形成新的思维模式。新的思维模式本身改变不了任何事，所以，学习者必须要用新的思维模式改变自己的行为模式，在实际中实施应用，这样学习的效果才能得到验证，也只有行动才能对企业产生影响。同时在行动的过程中，学习者将会加深对问题的理解和认识。执行应用也是行动学习最重要的步骤，没有这一步，其他的工作也就没有了实际意义。

行动学习的关键步骤

行动学习是围绕解决实际问题展开的，因此，面对不同问题，行动学习的步骤会适当作出调整。不过，无论是什么样的问题，行动学习的基本步骤是不会变的，其基本步骤包括：聚焦问题、建立小组、思考问题、解决方案、执行应用、评估推广。无论是哪个步骤，质疑和反思始终都贯穿始终。

（1）聚焦问题：反思企业现状，找到存在问题。

（2）建立小组：反思企业对目标学习的重视程度。

（3）思考问题：反思问题背后隐藏的根本原因是什么。

（4）解决方案：反思计划的可行性，思考计划背后企业需要承担的风险和计划为企业带来的收益。

（5）执行应用：反思方案实施的过程中存在的问题，为下一阶段工作开展提供经验。

（6）评估推广：在向员工展示此次学习行动取得成绩的同时，反思此次学习过程中的失误教训。

行动学习的基本步骤如图 1-11 所示。

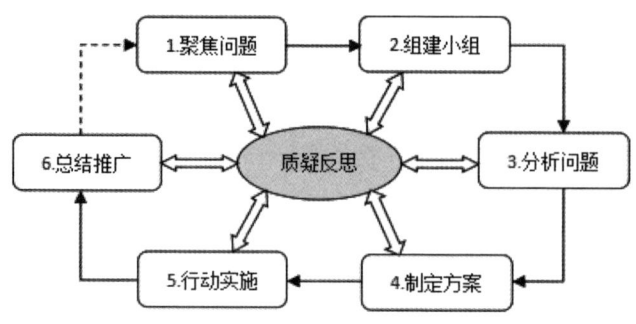

图 1-11 行动学习的六大步骤

成功的行动学习应该包括六大要素（见图 1-12）。

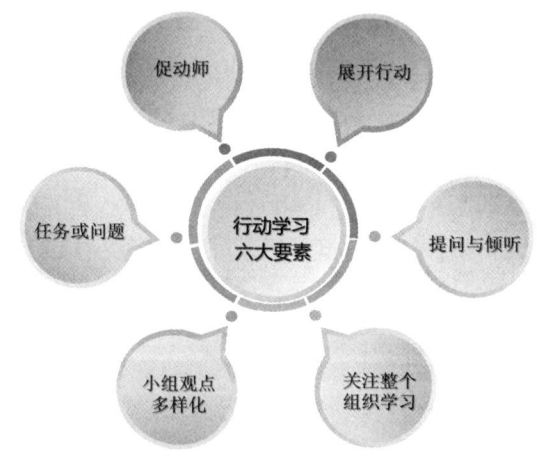

图 1-12 行动学习的六大要素

要素 1：促动师

促动师在行动学习中起到教练和专家的作用，是行动学习中非常有特色同时又非常重要的一个角色。行动学习只有经过精心设计和控制，才能取得最好的效果。促动师的职责之一就是设计整个过程，同时还要控制过程，包括引导、激发、反思和质疑。

要素 2：任务或问题

行动学习是以解决组织中实际存在的任务或问题为目的学习模式，并且要求在行动学习中所得到的成果可以给企业带来收益，给学习者带来学习机会。所以，行动学习对项目、挑战、任务或问题的挑选有一定的要求。

选择的任务或问题存在需要对企业有重大影响，具有一定的挑战性，需要学习团队小组作业才可以解决，并且要在学习团队权利和责任范围内，否则就不具备可行性。

要素3：小组观点多样化

行动学习都以小组为单位，一个小组可以由4～8位持有不同观点的成员组成，以便更彻底地去质疑和反思。但所有成员的目标必须是解决问题，并且尊重他人，愿意相互沟通听取他人具有建设性的意见，能够以小组为核心，而不是将个人当成是核心。

要素4：关注整个组织学习

行动学习首先要学习，在通过学习之后改变固有心智模式，然后才能行动。所以在整个过程中，领导者都应关注整个组织的学习情况。

要素5：提问与倾听

在行动学习过程中，反思贯穿全程，反思通常是以提问的形式出现，是带动小组成员学习的重要方法。反思提问后就需要倾听其他成员的意见和建议，然后进行讨论，寻找到最优解决方案。在行动学习中提问和倾听都是很常用的两种技能。

要素6：展开行动

和传统学习模式相比，行动学习更强调行动，因为行动学习的效果需要通过行动去验证。学习小组经过讨论制定出相应方案之后，需要在行动中验证方案是否有效。只学习和提出方案，但不开展行动，这样反而会降低学习者的创造力和责任心，而且行动的过程本身也是一种深度学习。

标杆学习的创新方法——跨界学习

跨界学习，是组织学习过程中不可缺少的一环，同时也是新标杆学习的创新方法。

跨界学习是不受任何边界限制，向外界进行学习的一种学习方法。跨界学习能够帮助企业拓展视野、激发灵感、提升能力、挖掘潜力，因此，创新和跨界学习有着非常密切的直接关系。

跨界学习作为一种全新的学习模式，已经得到了广大企业的认可。简单来说，跨界学习就是跨越边界进行学习，从而获得多元素的交叉，通过这种交叉得到创新点子。跨界在这里的定义是非常广泛的，其中包括行业跨界、领域跨界、文化跨界、时空跨界等。比如制造业向互联网行业学习，企业向部队学习，中国企业向海外企业学习等，这些都属于是跨界学习。

跨界学习拥有一套科学的程序，通过这套程序，企业可以实现从获得新思想、新创意到完成企业创新的改变。因此，可以将跨界学习看作是企业和创新之间的一座桥梁。

企业创新需要获得"新点子"，然后将这个"新点子"实际应用到企业中。在这个过程中"新点子"就是关键，如何找到符合企业需要的"新点子"就成为众多企业感到困惑的问题。

为了获得"新点子"，无数企业领导者都在苦思冥想，希望找到一个与众不同的点子，给企业带来革命性的创新，但如果局限在本行业内的思考往往难以有成效。在杰克·福斯特所著的《大创意》一书中，他提到"好点子不过是既有要素和材料的新组合"。这个定义可以说简单易懂，同时非常准确地诠释了能够为企业带来创新的"新点子"形成原理。

很多时候，企业需要的不是坐在原地凭空去想如何获得点子，而是需要去其他行业、其他领域的企业去考察、学习，然后就可以轻松获得好点子。也许这个点子只有一点点创新性，但就这一点创新性就可以为企业带来颠覆性的改变。

对于企业来说，跨界学习的最大价值在于能够参与一系列跨越边界限制的学习活动，拓宽企业的视野，激发企业的创造性和创新性，最后结合自身实际情况，为企业创新找到系统解决方案。

打败我们的不是同行，而是跨行业的企业

这些年，我们做了上千场的对标学习。其中包括同行业的学习，也包括跨行业、现在我们把它叫作"跨界学习"。这种对标学习对企业的触动还是很大的，尤其前两年，互联网企业的涌现，互联网＋模式的出现使得大家更为焦虑。

我们发现，这两年大家开始不那么恐惧了，虽然市场仍然瞬息万变，新概念仍

然不断涌现，但是人们不再像前两年那样担心自己突然被颠覆，突然被新兴事物搞垮。因为我们可以转变，可以去学习，可以去适应。

同时，一个理念也逐渐被大家接受：打败我的一定不是同行，一定是跨行业的新秀。就像一个段子里说的：打败方便面的不是另外一种方便面，而是饿了么、美团。中国方便面销量，近三年锐减80亿包，这80亿包方便面，变成了美团骑手、饿了么骑手所送的餐。这对我们来说是个很好的启示。

互联网让行业之间边界逐渐模糊，很多时候企业的竞争压力不再仅仅是来自于同行业的企业，更多的则是那些实力雄厚的跨界巨头。

一个企业即使现在是行业龙头企业，但这并不代表企业未来永远能坐稳龙头位置。在互联网时代，行业巨头短时间内迅速衰落的例子已经是屡见不鲜。

如今可以说是一个全行业跨界的时代，无论从事什么行业，你的竞争对手或者合作伙伴都可能是跨界公司。所以，当今时代对企业领导者有着更高的要求，不但要求有长远的目光，还要求有丰厚的知识储备，不但要熟悉本行业的发展变化，还要对整体市场动态变化有所了解。

马化腾曾经在接受采访时这样阐述创新和跨界的关系：

"第二，创新从解决用户痛点开始。为创新而创新，容易让工作变形。有时小步快跑，从专注解决一个用户痛点开始，往往更有效果。很多创新往往是自下而上的，总是在不经意的边缘地方出现。公司内部往往需要一些冗余度，容忍失败，允许适度浪费，鼓励内部竞争和试错。创新往往意味着巨大的不确定性，不创造各种可能性就难以获得真正的创新。

第三，留意跨界。要想进入一个成熟产业里挑战原来的企业是很难的，因为这个产业重兵把守，完全是一片红海，但是两片红海的交接处和跨界部分，往往可能是一片蓝海，就像我当初选择了在互联网和传统通信的跨界领域做了QQ，当时没有多少人看好，但是现在看其实是一个巨大的蓝海。未来的创新和很多传统行业的转型，往往可能通过跨界进行，很多产业不是一成不变的，这里面如果抓到机会的话，会是创业的好方向。"

为什么我们需要跨界学习

跨界学习可以帮助企业寻找到新点子,如何通过跨界学习找到正确的新点子,如何利用新点子完成企业的创新,这都是企业需要学习的。

企业在明确了创新需求之后,需要有目标、有计划地进行跨界。跨界的范围非常广泛,具体选择哪个领域跨界,这需要根据企业需求进行选择。比如,企业想要改变固有决策方式,作出决策创新,就可以向医学领域跨界,学习医生如何在短时间内作出决策,并且能够保证决策的正确率。如果企业想要在团队管理上作出创新,可以跨界学习交响乐团的指挥,学习他们如何指挥众多优秀演奏家,让他们在演奏时可以保持协调一致。

当企业有了创新需求的方向,就可以有计划地组织开展跨界学习活动。通过体验式学习的方式,将自己所听、所看、所想记录下来,然后进行交流,在跨界领域中寻找到自己所需要的创新思维。

跨界学习中的新点子我们也可以理解成"不同元素之间产生的交叉点"。两个看着非常普通的元素交叉在一起,就有可能成为企业创新的新点子。比如老式MP3和电脑形成交叉,苹果抓住了这个交叉点,推出了IPOD;再如时尚元素和汽车元素相交叉,奔驰抓住了这个交叉点,推出了奔驰Smart。

为了获得更强的组织创新能力,已经有越来越多的企业希望能够招募来自不同领域和专业的员工,让自己的团队更加多元化,通过不同领域、行业之间的交叉,获得创新的"新点子"。实际上如果仔细观察,就会发现那些善于创新的人,通常也都是对多个领域有深入了解的人。因此,对于企业,如何找到对自己有帮助的跨领域元素,让它们相互交叉形成交叉点,这是提高企业创新能力的关键之一。

在企业的新标杆学习过程中,企业的目的正是通过和与自身企业有差异化的一流标杆企业进行对比,找到自己与其战略模式、管理模式、创新理念、企业文化等方面存在的差异,然后优化改进,所以企业在标杆企业的选择上,就不需要将目光局限在同行企业中。实际上,跨界学习正是新标杆学习的重要特征之一。

可以称为标杆的企业在某些方面可能表现出差异性,也可能表现出相同性,但是所有能够称为标杆的企业,在经营和管理上都会有自己独特的模式。这和标杆企业所在的行业无关,只和标杆企业自身的经营方式有关。

企业只有多向不同行业的标杆学习和对比，才能找到优化自己企业的方法，最终形成自己独特的管理模式，并且使其成为自己的优势所在。

在跨界中学习，在学习中创新

通过对标杆企业全方位、深度性的研究，从中获得经验和创新方法，汲取营养，最终在行动上学习，这是帮助企业改变战略管理缺失问题、优化组织、提高效益的重要方法。通过对标杆企业的学习，企业将会找到更明确的目标，拥有更强的目的性，让自己过去的经验变得更有价值，教训变得更加宝贵。

在对标杆企业的学习过程中，需要企业在进行对比后，能够运用集成方法对多个标杆企业的管理模式进行整合，再结合自身实际情况去制定适合自己的管理模式，这就要求在对标杆企业进行学习的同时，能够有独立思考的能力，而非完全的模仿学习。因为前面提到过，所有可以称为标杆的企业都会有自己独特的经营理念和管理方式，这也就意味着，只是单纯的模仿不可能成为标杆企业。我们需要在跨界中学习，在学习中进行创新。

这些年我们带领企业家和高管们进行标杆学习，深感跨界学习的玄妙之处。

苹果创始人乔布斯曾经说："苹果电脑之所以伟大，其中一个原因是，创造它的是一群音乐家、诗人、艺术家、动物学家和历史学家，而他们恰恰还是世界上最好的计算机科学家。"

在跨界学习的基础上，企业还可以完成"跨界创新"。将不同行业、不同文化、不同领域的思维、想法、技术等相互关联，产生全新的技术、想法或者是创意，这就是跨界创新。

有一本书叫《创新者的DNA》，这本书是由三位哈佛商学院的教授合著而成。书中对25名创新型企业家、500多名参与创新型公司或曾经有过新产品发明的人以及3000多名企业职业经理人高管，进行了长时间的追踪研究，最后得出善于创新者拥有的五个共同特征：观察、关联、质疑、试验、交流。

其中的关联能力就是将不同跨界的想法联系在一起的能力，而这项能力也被认为是创新的支点。

曾有人对20世纪重大创新成果进行过统计，其中在三四十年代，创新以突破型为主，跨界组合型创新为辅；到了五六十年代，突破型创新和组合型创新的比例就基本持平；而从八十年代起，组合型创新已经占据了主导地位。

组合型创新实际就是将跨界想法、技术关联在一起，所以，跨界如今已经成为创新的源泉，跨界可以激发我们的创新基因。爱因斯坦曾经说过"组合作用仿佛是创造性思维的本质"，乔布斯认为"创造力就是整合事物的能力"，正是对跨界创新的完美总结。

跨界学习的三个环节

跨界学习不仅仅存在于概念之中，它还有相应的操作方法，只不过现在很多人对跨界学习还仅停留在概念的了解上，所以感觉其操作方法非常复杂。其实跨界学习操作流程并不复杂。如果对跨界学习的流程进行划分，则可以划分为三个环节：设计、执行和转化，见图1-13。

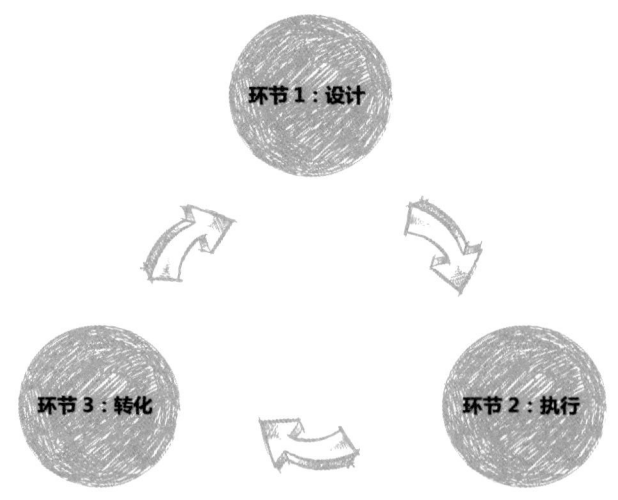

图1-13　跨界学习的三个环节

第一个环节：设计

跨界学习不能盲目跨界，首先，需要设计跨界主题。之所以需要设计，是因为任何学习都必须要有一个明确的目的，这样学习才更有针对性，更有效果。对于企业跨界学习，首先要明确目前企业存在的主要问题是什么，通过跨界学习的方式，这个问题是否可以得到解决。如果学习者没有一个明确的目的，只是盲目地去学习，那最后的结果很可能是企业完全没有任何提高，也没有解决任何一个问题。

其次，分析整合资源。从跨界学习的整个流程上来看，分析整合资源是学习的最关键步骤，也是企业遇到的难点所在。分析整合资源要求企业具备三方面的能力：一是对企业自身存在的问题有准确的判断和理解。二是对跨界的其他企业或者组织有足够的了解，可以去整合这些跨界的学习资源。三是整体学习方案设计的能力，为企业量身定制最适合的跨界学习方案。

对于大多数企业来说，分析整合资源这个步骤是很难自己完成的，所以通常都需要专业的第三方机构去帮助企业完成，因为企业自身没有大量的时间和精力去做这些工作，特别是在跨界企业或组织学习资源整合以及整体学习方案设计上。

最后，准备材料。分析整合资源步骤完成后，接下来就是"预习"工作。如同在上学时，老师会要求学生在学习新课程之前先预习一样，跨界学习也需要预习。学习者需要先了解学习的内容，然后将自己的疑问一一列出来，带着问题去学习。和学校学习不同的是，在学校中有不会的地方可以随时问老师，跨界学习可没有全天候的老师，所以学习者一定要先列出疑问，在学习期间找到所有疑问的答案。

第二个环节：执行

在正式开始学习之前，还需要有预学习。预学习的内容包括：被学习者带领学习者参观企业，并和学习者进行简短交流，了解学习者主要的想关注的问题。然后是双方沟通需要注意的事项，特殊场合的商务礼仪等。

预学习阶段完成，剩下就是正式学习，包括专家交流、标杆考察、内部研讨。这也是跨界学习最主要的三大内容，从最初的理论，到进入企业考察实践，最后进行内部讨论，这三大内容缺一不可。

第三个环节：转化

完整的跨界学习包括了"向外学习"和"向内转化"两部分内容。设计和执行环节都属于向外学习部分，具体包括面授学习、参观标杆、行业交流、实际体验等。这是学习的手段。而学习的目的就是向内转化，学习者需要将学习的内容在内部转化为工作绩效，转化的方式包括内部研讨会、内部课程培训等。

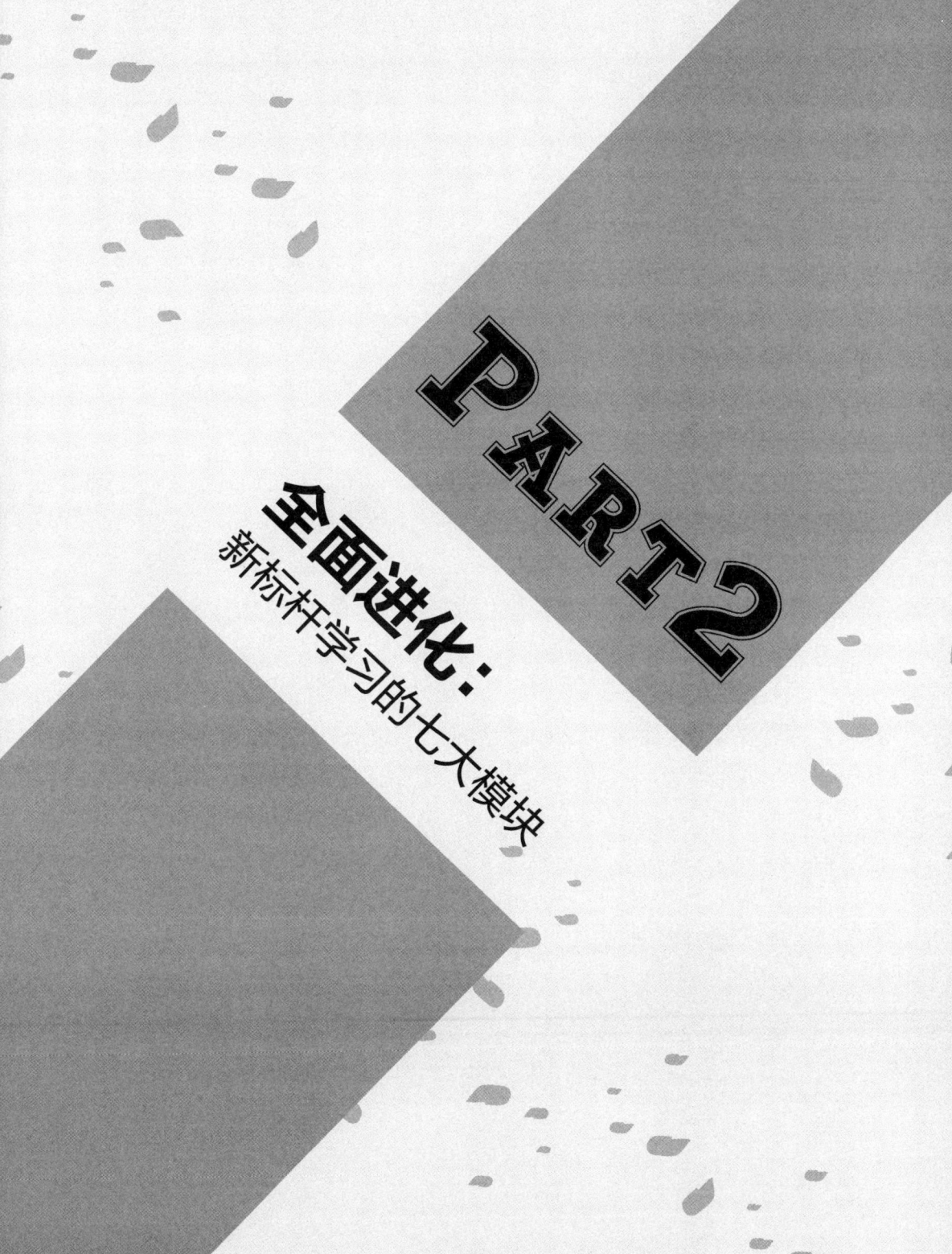

PART 2
全面进化:
新标杆学习的七大模块

企业战略布局标杆

企业战略是对企业各种战略的统称，其中包括：企业竞争战略、企业营销战略、企业发展战略、品牌战略、融资战略、技术开发战略、人才开发与储备战略以及资源开发战略等。客观上看，企业战略是永远在革新的，比如说新零售战略和人工智能战略，都是全新的战略。

企业战略虽然多种多样，但是企业战略的基本属性都是相同的。企业战略是对企业发展的谋略，是基于企业整体性、长期性、基本性问题的计谋。

当一个企业成功地制定和执行价值创造的战略时，企业就被认为获得了战略竞争力（Strategic Competitiveness）。

一个战略（Strategy）的本质是用来开发核心竞争力，并获取竞争优势的一系列综合的、协调的策略和行动。当企业选定一个战略，就相当于从无限而多样的竞争策略中作出选择。

战略管理，最早从20世纪的40年代的美国开始兴起。而几十年来，人们争论最多的仍然是战略的本质问题。

- 战略究竟是什么？
- 我们如何制定战略？
- 战略与环境的关系是什么？
- 如何在动态市场中不断调整战略？

对于现代企业战略管理体系来说，企业战略设计的实质是，围绕三个"元问题"来对企业的战略进行制定、细化和持续进化创新。这三个企业"元问题"就是：企业在哪里？企业去哪里？企业如何行动？（见图2-1）

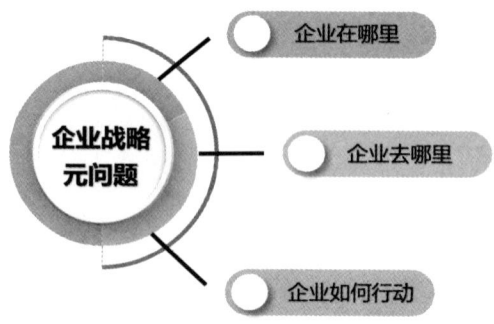

图2-1　企业战略的三个元问题

问题1：企业在哪里

"企业在哪里"能够让企业明确当前所在的位置，找到优势和劣势所在，确定企业的市场定位和客户定位，从而提供可以满足其需求的服务或产品。

问题2：企业去哪里

"企业去哪里"是对企业未来发展方向的思考，找到的正确的方向，企业才能沿着既定路线顺利发展。

问题3：企业如何行动

"企业如何行动"是在确定企业目前状况以及未来发展方向之后，展开实际行动，思考企业如何去做才能立足于市场，才能战胜竞争对手。这需要企业在对前两个问题的答案综合分析、对竞争对手深入研究之后，制定出正确的策略手段。比如企业大力投入研发可以满足未来市场需求的新产品，或者企业开展新的营销方式扩张市场等。

企业的战略设计，正是基于以上三个问题来进行设计，而企业战略管理的新标杆学习，则是不断探索和研究一流标杆企业的战略模式，思考标杆企业是如何寻找三个"元问题"的答案，并以此为标准，同自己企业的战略模式进行对比，思考自身的不足，优化自己的战略。从而使自己企业的战略在标杆学习的过程中，进入一个对比、思考、优化、超越的良性循环之中。

阿里巴巴新零售战略布局与生态圈

一直以来，阿里巴巴的战略布局都为人所称道，而近两年，阿里最为人瞩目的战略布局还是新零售布局。

阿里五新战略：新零售仍然是第一位

2018年9月17日到18日，阿里巴巴2018全球投资者大会在杭州举行。在会上，阿里巴巴展示了旗下多个品牌的最新战略和运营状况，这成为本次大会一个备受关注的看点。

首先是淘宝。根据阿里巴巴在大会上公布的数据显示，淘宝在2018年8月，新增用户同期相比增长了88%，这一数据是自淘宝在2013年开始"All in 无线"的战略以来，新用户同期增长最高点。其中三四线成为新增用户的主要群体，占到总增长的70%。低于18岁的用户高于50岁的用户增长速度有了明显提高，其中低于18岁的用户占比达到了11%，远超过2016年的2%。

天猫方面，天猫在上一财年交易金额增速达到了45%。阿里巴巴CEO对此表示，新零售是未来零售业的发展方向，天猫则是阿里巴巴战略布局中新零售的旗舰。未来天猫既然能够帮助商家建立线上销售阵地，也可以对线下门店的数字化起到促进作用，从而创造价值。它已经不再是简单的一个卖货渠道，而是更深入地影响整个产品的生命周期，最典型的作用就是赋能品牌新品创新。

盒马方面，截至2018年7月31日，盒马门店已经扩展到了全国14个大中城市中，拥有64家门店，为超过1000万消费者提供过服务。成立一年半以上的门店，日均销售额超过了80万元，线上销售占比则超过60%。盒马CEO侯毅表示，目前盒马已经准备好在多个城市再开设多个门店，预计到2018年年底，盒马全国门店数量将会突破100家。

对于阿里巴巴未来的战略布局，阿里巴巴集团CEO张勇指出，在阿里巴巴的未来计划中，无论是核心电商、数字娱乐还是本地生活，它们都将会相互联系起来，而非单打独斗的独立业务。而作为创始人之一、现任董事局主席的马云也对阿里巴巴的图景作出了表示：阿里巴巴的短期愿景是到成立20周年的时候，拥有1万亿美元的成交总额（GMV）。到2036年，阿里巴巴将服务20亿消费者，让1000万家企业盈利，帮助全球的中小企业和消费者实现全球卖、全球买、全球付、全球运、全球游。

阿里巴巴今后的战略计划也是这次大会最为人瞩目的内容，马云在大会上宣布：阿里巴巴今后将全面推进新零售、新制造、新技术、新金融和新能源等五新战略，以迎接未来挑战。"五新"战略实际上并不是个新鲜词，早在2016年底，五新战略就被提出，而接下来，五新战略将继续保证未来十年阿里巴巴蓬勃发展。同时，全球化和农村战略也将是阿里巴巴坚定不移的战略。

阿里巴巴五新战略中，目前来说，获得最大成效，也最令人瞩目的就是阿里新零售布局的发展情况。

阿里巴巴之所以能在2018年开年就取得如此好的成绩,其中最核心的原因,就在于自从2016年新零售概念被提出之后,通过2017年的持续努力,目前阿里巴巴的新零售布局已经基本完成,并且因此获得了爆发式的增长动力。

从线上来看,阿里巴巴月活跃人数最高达到了5.8亿,淘宝店铺数量高达千万家,18万个全球品牌进驻了天猫商城,其构建的零售平台涵盖全球各个地区,来自56个国家或地区的品牌通过天猫平台实现成交,其用户来自全球225个国家和地区。

在线下,天猫智慧门店数量近10万家,超过百万的实体门店线上线下实现了闭环;盒马生鲜作为新零售的标杆,在2018年年底数量突破百家;银泰百货在2017年就开始和阿里合作,在新零售方面作出了尝试,如今已经成功地将大数据和人工智能应用在商场经营的各个环节中;苏宁和天猫达成了战略合作,通过共融体系,超过上百家苏宁门店已经转型新零售。

阿里巴巴:八路新零售全业态布局完成

新闻:阿里向居然之家投资54.53亿双方达成新零售战略合作[①]

2018年2月11日,北京居然之家投资控股集团有限公司(以下简称"居然之家")与阿里巴巴集团共同宣布达成新零售战略合作:阿里巴巴以及关联投资方向居然之家投资54.53亿元人民币,持有其15%的股份。双方将运用各自优势,在家居领域开启新零售的全新时代。

根据协议,阿里巴巴将协助居然之家卖场的全面数字化升级,基于双方会员系统打通和商品数字化,实现消费者选建材、买家具的场景重构和体验升级。同时双方将共同打造云装修平台,从装修设计、材料购买和施工管理全链路重构家装行业模式。这将使正在中国蓬勃推进的新零售浪潮再汇入一股扎实的洪流,数据驱动再添新场景,业态创新再启新局面,家居行业商业基础设施再次全面升级。

居然之家是国内家居行业龙头企业,以家居为主体,以电商、物流为支撑的大型商业连锁集团公司。截至2017年底,已在全国开设223家门店,市场销售额超600亿元。按照规划,居然之家将在2022年之前实现线上线下完全融合,实体店数

[①] 来源:新浪财经。

量超过600家，市场年销售额超过1000亿元，成为中国家居行业第一品牌。

阿里巴巴在2018年年初同居然之家达成合作，这代表自从2016年阿里巴巴开始全面推动新零售发展以来，新零售目前已经覆盖了数码、商超、服装、餐饮、家居等多个领域，完成了全业态布局，实现了跨界融合，到了全产业聚力的新阶段。全业态布局将推动消费和供给双升级，覆盖衣食住行日常生活中的各个方面，阿里巴巴的新零售将成为提高城市商业基础设施和社会服务水平的重要力量。

由点到线，新零售八路纵队分进合击

阿里的新零售布局现在已经非常清晰了，其布局过程也非常明确：从点的开始突破，同时在多种零售业态分头开展，在尝试中对数据驱动进行探索，打通线上线下的通路，最终实现零售业态的创新。

马云在2016年提出"新零售"概念之后，阿里巴巴就开始了多"点"上的突破。在家电数码连锁领域，阿里进入苏宁云商；在百货商超领域，阿里同银泰商业、三江购物、高鑫零售展开合作；在全业态综合体方面，阿里同百联集团展开战略合作。与此同时，阿里以淘宝、天猫两个新零售基座为基础，以及包含蚂蚁金服、菜鸟网络、阿里云等在内的新商业基础设施的夯实，在新零售智慧门店上积极作出创新，打造出了盒马鲜生这样的新零售标杆品牌。

阿里在这些"点"的突破，全面推动了在互联网时代下零售产业的产业升级，并且这些"点"正在连接和贯穿，朝着"线"的态式快速发展，其具体表现形式就是阿里已经形成的，以天猫、淘宝为基础，以菜鸟为夯实，全市场、全渠道的新零售的各路大军：

1. 品牌店大军：包括天猫和线下天猫及线下一体化运营的品牌店。
2. 百货大军：与银泰打造的新购物体验和购物零售业态百货店。
3. 数码电器大军：主要代表是与苏宁合作从城市到农村的数码电器商城。
4. 食品快消大军：以盒马和以大润发为代表的，同时涵盖天猫超市等。
5. 口碑大军：用技术、数据和整个经济体资源来驱动，保证消费者获得独特体验。

6. 村淘：同时打通城市和农村的双向供应链和消费链路。
7. 智慧小店：用互联网技术来赋能所有小店，使其成为智慧小店。
8. 家（居）经济：以居然之家为达标，主打家居生活类场景经济。

你的对手是整个时代：百度的移动化转型与大数据应用

从"青蛙"困局到适应时代发展

19世纪末，美国一位科研人员做过这样一个实验。在实验开始阶段，科研人员先将一只青蛙丢进了高温的水中，青蛙是喜欢阴凉的动物，突如其来的高温让它感到极度不适，青蛙马上奋力从水中逃离了出来。接下来，科研人员换了一个装着冷水的容器，将青蛙放了进去，然后再给容器缓慢地加热，开始水中的青蛙还因为水温过低有些不适应，不过随着容器的加热，水温逐渐升高，青蛙反而开始在水中待得很舒适。

然而容器是在不断被加热的，随着加热的时间越来越长，水温也越来越高，终于水中的青蛙开始想要逃离温度逐渐变高的水里，但此时因为青蛙之前已经在持续高温的水中待了太长时间，现在已经没有力气跳出去了，最后青蛙就被热死在了水中。

为什么会出现这样的情况？因为青蛙身体可以感受到温度，不过它只能感受到突然发生的改变，却不能对缓慢发生的变化及时作出反应。

这个"温水煮青蛙"实验非常有名，在管理学界，人们通常用这个实验来比喻那些不能及时察觉环境变化，最后被环境所淘汰的企业或者领导者。

大量企业失败的案例表明，无法对缓慢发生变化的周围环境作出反应的不仅仅是青蛙，还有企业的领导者。

面对温水，青蛙想要拯救自己其实非常简单，只需要在察觉到水温开始变化后，立刻作出反应，立刻离开温水，就不会有什么问题。企业面对环境的变化其实也是如此。

未来市场环境的变化只会越来越迅速，这是一种趋势，无法改变。面对这种环境，企业领导者需要做的就是及时洞察环境的变化，及时对企业前进方向作出适当调整，就可以避免日后问题的出现。

互联网+出现后，有一句话逐渐流行起来：打败你的不会是友商，你的对手是整个时代。

在剧烈变化的市场环境中存活下来的，一定是能够与时代共舞、一次次及时转型去适应时代的强者。

百度就是一家这样的企业，成立18年以来，百度进行过四次转型，这个频率远远超过传统企业，也超过了普通互联网企业。伴随着这样的理念，百度一次次地调整自己的方向，及时地转型升级。

企业越大，转型就越难。就好像一艘小船掉头总是容易的，但是泰坦尼克号那样体量的超级大船，每一点微小的调整都是困难的。但是百度从未因此犹豫过。百度的嗅觉是最敏锐的，同时行动也是最果断的。

百度的创始人、董事长兼CEO李彦宏曾说过："市场发生了什么变化，企业应该随之发生什么样的变化，这个变化通常是痛苦的，是需要付出巨大代价的。百度曾经为了转型瞬间将所有客户变成了竞争对手；但如果不变，对于你来说可能未来的日子会越来越难受。"

第一次转型：2001年——向搜索服务提供商转型

在2001年9月，百度正式从后台技术服务商，转型成公开对外的搜索服务提供商。谈到这次转型，李彦宏称："百度第一次转型在2001年的9月份，那时候正式对外提供搜索服务，而原来只是对企业提供内部搜索……这次转型也意味着百度跟所有客户瞬间从合作关系变成竞争对手，当时在百度内部有非常大的争议。"

百度把转型过程中的痛苦，看作必须付出的代价，也正是百度果断坚决的第一次转型，带来了接下来十几年的高速成长。

第二次转型：2013年——向移动互联网转型

2013年和2014年，百度的搜索业务如日中天，但是百度却在这高速增长的时期,果断进行了第二次转型,百度在这一时期从基于 PC 端的互联网搜索,向移动互联网转型。

这次转型的代价是,百度在转型后相当长一段时间利润降低了一半还多。李彦宏回顾这次转型时说:"2014 年是百度取得巨大成就的一年,百度成功地从一家以 PC 为中心的互联网公司,转型为移动先行的公司。"

经过两年的努力,2014 年 12 月,百度移动搜索首次超过 PC,而且是移动流量和移动收入的双超越,这些指标表明了百度终于成功地转型为移动互联网公司。

对于这次转型成功的原因,李彦宏给出了三个秘诀(见图 2-2):

第一,对技术的信仰;第二,接地气,第三,在钱上有决心。

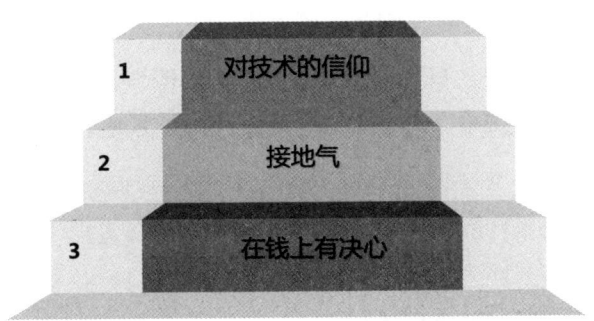

图 2-2　百度转型成功的三个秘诀

李彦宏认为,技术驱动企业的发展,在百度的技术布局中,百度做了两个工作:第一从硅谷挖技术人才,第二把开放云、数据工厂和百度大脑组成了"大数据引擎",而后通过平台化、接口化的方式对外开放。

在接地气方面,百度不遗余力地从用户角度分析痛点。一方面,百度要站在技术的角度了解技术如何实施以及实施的可行性和难度;另一方面,还要站在用户的角度来理解挖掘用户的需求。这非常难,但是百度做到了。

在 2013—2014 年期间,百度累计对研发投入超过 70 亿元,同时承受了转型过程中的利润大幅度下降。而百度投钱的背后,李彦宏认为最重要的是要有决心。

"因为中国互联网时间比较短,大多数的互联网公司的 CEO 仍然是创始人,但是也有一些变成了职业经理人。其实通常你有钱,职业经理人也不敢做这样的决策,他的利润率从53%跌到29%,董事会在中途就会说该换个人来做,所以有钱也没用,根本不敢做这个事情。"

第三次转型:2015年——向互联网+转型

"进入到2015年百度在进行第三次的转型,这次转型也是为了适应移动互联网发展,也包括互联网+的发展而做出的转型,未来在移动互联网时代,百度会变成一个连接人和服务的工具,因为移动互联网的兴起,连接人和服务变成了一种可能。"

在经历一些挫折之后,百度终于想明白了,移动端的商业模式与PC端根本不一样。PC端商业模式的核心是信息,而移动端商业模式的核心是服务。只有从观念上颠覆自己过去的商业逻辑,摈弃路径依赖,百度才能在移动时代仍旧称霸。

这种观念上的转变,在百度内部进行了系统性的普及,包括提倡与鼓励创新,将技术研发置于更高位置等,百度的风格从保守转向进取,主动出击争抢属于自己的市场和份额。在对移动互联网前景的看法上,也从过去的"要不要做"变成"怎么做",不再通过研究寻找移动端商业模式,而是从业务发展中去积极寻找。

百度的第四次转型:向AI进军

2017年5月4日,百度董事长李彦宏通过内网给所有员工发送全员信——《致我们的17岁:用科技让复杂的世界更简单》中,李彦宏宣布接下来百度将全面向人工智能转型。在信中李彦宏首先回顾了这是百度创立的第17年,在过去百度依靠"让人们最平等便捷地获取信息找到所求"的公司使命立足搜索,而接下来,百度将拥抱新的使命:"用科技让复杂的世界更简单"。

在全员信中,李彦宏宣称:

"科技之于百度,从几年前开始到可以预见的相当长一段时间内,重心就在于人工智能。我们布局人工智能,就是希望让机器获得人的部分能力,也让更多的人没有门槛地使用技术、便捷地享受技术成果。

所以在今天,我们要旗帜鲜明地把百度的使命拓展为"用科技让复杂的世界更简单",就是要借助人工智能等创新科技的力量化繁为简,唤醒万物!让我们的事业焕发出全新的生命力,为我们的使命注入全新的时代价值!

……

人工智能最终将使这个世界如何焕然一新,我们现在可以畅想,却必定会超出我们的想象。但有一件事情确信无疑,那就是在这场人工智能所掀起的科技浪潮中,百度一定会骑鲸蹈海、御风而上,从全球最大的中文搜索引擎,彻底转型成为全球领先的人工智能科技公司!"

我们能从百度的四次转型中学到什么

在谈到未来时,李彦宏曾表示这是一个令人兴奋的时代,也是一个历史变革时期:

我觉得这是一个非常令人兴奋的时代,因为各种各样的变化在人们身边发生,每一年都有很不一样的变化。而对于百度来说,就是希望未来能够利用技术,更好地为用户服务。过去十几年我们做的最重要的事情,就是"连接人与信息"。但是我们认为未来有一个更加让人兴奋的可能性,就是我们不仅仅可以"连接人与信息",还可以"连接人与服务"。以前的百度可以告诉你108000日元等于多少美元,明天的天气怎么样。而现在和未来的百度可以满足更多的需求,比如我现在要去哪个机场,下午4点给我定好;晚上8点半我要看《速度与激情7》,要第五排的座位,给我定好;后天要去我出差,要住什么酒店,这些全部都可以做到。它可以理解你的话,它可以把这事办了,它可以无缝地把线上线下各种各样的东西联系起来。这并不是天方夜谭,实际上它正在被实现,我刚才举的电子的例子、外卖的例子、餐饮的例子,都已经实现了。当然,我刚才举的语音的例子,现在用的人还比较少,可是它的准确度已经很高了,事实上人工智能技术的发展,使得机器更能精确地理解人的意图。

大家现在用搜索引擎,用百度用得非常频繁,主要输入方式是文字。其实用手机输入文字是很痛苦的事情,随着技术的成熟,以后用语音、用图片搜索也可以马上满足需求。所以我认为5年以后,会有50%以上的搜索请求是图像、语音形式的，而不是现在常用的文字形式。未来，百度将从人与信息的连接，转向人和服务的连接，当然人和信息的连接仍然存在，而计算机、手机也越来越能清晰地理解人的意图，并且更好地满足用户需求。我们也希望百度能够通过自己的技术，通过努力，在这个伟大的人类历史变革时期，做我们应该做的、能够做的贡献。

企业转型分为两种：一种是主动转型，另一种是被动转型。百度的四次转型，没有一次是在明确的威胁下被动转型，每一次都是在百度业务运营情况良好的情况下，百度主动选择了转型——这种主动转型的背后，是企业领导者的前瞻性思考。

如今我们生活在一个信息爆炸的时代，一个瞬息万变的时代。每天都有无数新的技术产生，每天也都有无数新的信息出现，这些新技术和新信息会对领导者的决策造成什么样的影响，现在无法确定，但是有一点是确定的，就是如果不了解这些新技术和新信息，那么领导者作出的决策必然错误。

原因很简单，领导者对现在都没有充分的了解，又怎可能对未来作出准确预测。所以领导者想要获得或者保持前瞻性，首先要做的就是持续不断的学习，学习这些新知识，让自己在这个日新月异的时代中保持领先的位置，也只有走在时代的前沿，才能看得更远一些。

领导者的前瞻性其实准确来说并不是一种特质或者特点，而是一种理性思维的能力。它指的就是领导者在对当下和未来作出深入的调查研究，摸清了时代发展变化的规律和事物客观发展的规律，然后给予理性的分析，加上超前的谋划和判断，对未来作出科学预测的思维过程。

九次蝉联全球第一的秘诀：海尔金字塔战略层级

2018年1月1日，据世界权威市场调查机构欧睿国际(Euromonitor)发布的2017年全球大型家用电器调查数据报告显示——海尔以10.5%的品牌份额位列榜首，这也是海尔第9次蝉联全球第一。

从1984年到2018年，海尔已经走过了34个年头，并且成为了全球白色家电的第一品牌。然而在1985年海尔刚开始做冰箱时，全国大小冰箱企业有300多家，海尔在其中只算是一个小厂，并且是一个负债 147 万元的小厂。如今，当年和海尔竞争的冰箱企业已经所剩无几，而海尔则发生了翻天覆地的变化，成为了一家在全球拥有 6 万多名员工、旗下两家上市公司、年收入数千亿元的大型跨国企业（见图 2-3）。

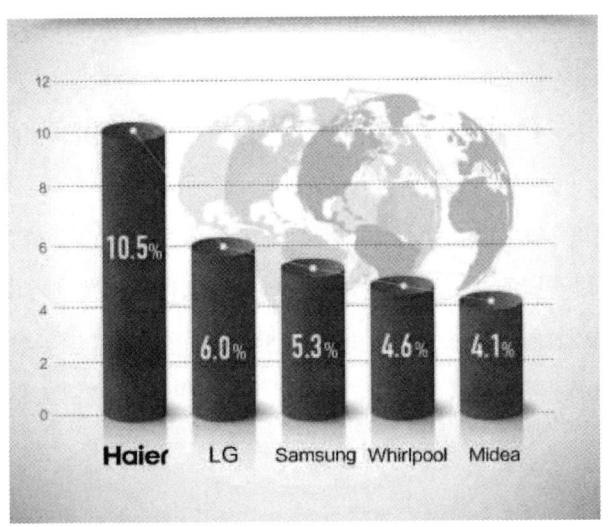

图 2-3　2017 年全球大型家用电器品牌份额调查

从一个资不抵债、濒临倒闭的小家电厂成为世界第一的家电品牌，海尔的辉煌让无数企业惊叹，也让无数企业在思考一个问题：海尔是如何做到的。而这一切和海尔卓越的战略体系有着重大的关系。

海尔的战略体系呈现出一个金字塔形，总共分为四层级，每一个层级的内容都可以看作是对问题的回答。这四个层级分别是：愿景和使命、公司战略、竞争战略和运营战略（见图 2-4）。

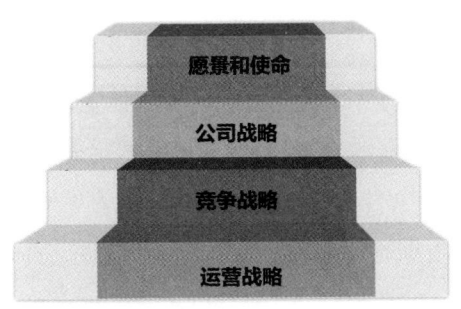

图 2-4　海尔战略的四个层级

第一层：愿景和使命

愿景和使命位于海尔战略金字塔的最顶层，是企业最高领导者对企业的未来发展规划。海尔的愿景和使命是"致力于成为行业主导，用户首选的第一竞争力的美好住居生活解决方案服务商。海尔通过建立人单合一双赢的自主经营体模式，对内，打造节点闭环的动态网状组织，对外，构筑开放的平台，成为全球白电行业领先者和规则制定者，全流程用户体验驱动的虚实网融合领先者，创造互联网时代的世界级品牌。"

上面的愿景和使命可以看作是海尔对"我是谁""我希望未来成为什么样的企业"这两个问题作出回答以及承诺，也正是这个回答和承诺，激励着海尔人不断前行。和其他战略内容相比，愿景和使命是一个企业的最高战略，也是最重要的战略。因此，愿景和使命相对来说是最稳定的，一旦选择不会轻易发生改变。

第二层：公司战略

公司战略位于海尔战略金字塔的第二层，它是对"如何实现愿景和使命"这个问题作出回答。海尔根据时代不同，公司发展战略也一直在发生变化（见图2-5）：

第一阶段：1984—1991年，在"要做就要做最好"的思想下，海尔实施的是"名牌战略"。

第二阶段：1992—1998年，海尔从一个产品向多个产品发展，开始实施"多元化发展"战略。

第三阶段：1998—2005年，海尔开始进入海外市场，实施"国际化发展"战略。

第四阶段：2006年至今，海尔一直在全球范围内运作自己的品牌，实施"全球化品牌发展"战略。

回顾海尔公司发展战略的历史，会发现在不同时期，海尔采用了不同的公司发展战略。虽然公司发展战略在改变，但是其目的都是为了实现海尔的愿景和使命，成为"用户首选的第一竞争力的美好住居生活解决方案服务商"。所以，同愿景和使命相比，公司战略会根据时代环境的变化而发生改变，并非一直不变。

图 2-5 海尔发展战略的四个阶段

第三层：竞争战略

竞争战略位于海尔战略金字塔的第三层，它是对"企业能够给用户带来什么价值"这个问题作出回答。哈佛大学商学院著名教授迈克尔·波特在《竞争战略》一书中，将竞争战略分为三种类型：成本领先战略、差异化战略和全面解决方案战略。一个企业的竞争战略可以是三种类型中的一种，也可以将这三种全部包括在内，因为竞争战略和企业的业务单元息息相关。

海尔在进入多元化发展战略之后，涉及的业务单元就非常多，不同业务单元跨度可能非常大，面对市场也相差甚远，所以每个业务单元其采用的竞争策略是各不相同的。因此，企业竞争战略并不是统一的，并且会经常发生改变。

第四层：运营战略

运营战略位于海尔战略金字塔的最底层，它是对"如何给用户带来价值"这个问题作出的回答。运营战略可以看作是为竞争战略而服务，在确定业务单元为用户带来什么样的价值后，运营战略通过一系列的方法和活动去实现企业价值主张。其中包括营销战略、价格战略等，这也就意味着运营战略是企业战略体系中变化最多的战略。

海尔平台化战略：去掉中层，布局"小微"

2018年9月，众多八零九零后儿时回忆的海尔兄弟再次回归屏幕，在新动画片《海尔兄弟宇宙大冒险》中出现。有趣的是20多年之后的海尔兄弟一改之前只有三角裤的装扮，穿起了衣服。

全新形象的海尔兄弟出现，也反映出海尔集团在进20年时间里的变化。20年前海尔集团还是一家传统型企业，如今已经完成向新商业公司的战略转型。现在的海尔集团，无论是管理模式还是组织架构，都有明显的新时代的特征。

海尔董事局主席兼CEO张瑞敏曾经说，现在很多企业的中层管理者就像是"烤熟的鹅"，对外界已经没有了什么反应，也不会将市场情况及时反馈给公司，所以应该让那些对外界有反应、能够听到外界响声的人来做决策。

张瑞敏说的这种情况并没有夸张，实际上这已经是很多公司的常态。位于企业中层的领导者缺乏足够的视野和远见，对一线业务、用户情况、市场改变也缺乏足够的了解，于是就成为"烤熟的鹅"。

海尔的组织结构曾经也是传统的金字塔结构，不过在经过几次战略调整之后，上万中间管理层职位被去掉，海尔由过去的一个金字塔企业变成了一个扁平的平台企业。

去掉众多中间管理层职位发展成平台化公司，会导致缺少直接对外的职位，导致企业缺少外部资源，无法将外部资源转化成用户解决方案。不过海尔在改革前已经做好了准备，他们的应对措施就是：做小微企业。

简单地说，就是企业对有能力的员工放开权利，提供足够的支持，让他们直接去对接市场和客户，形成一个个小微企业。

小微企业的成员可以和生产、采购等部门直接对接，商讨收入分配的问题。这些掌握有资源的部门就会积极配合小微企业去服务客户，提供解决方案。另外，小微企业的员工会直接和用户对接，这就打通了一条产业链，企业销售模式也由过去的B2C改为了M2C，小微企业员工负责收集用户需求和市场动向，海尔产品部门则负责提供有针对性的解决方案。

这样看来，海尔小微企业涉及了销售、生产、研发等多个环节的工作，海尔应该如何去考核他们呢？用传统的考核方式肯定是不行的，所以海尔想到从两方面对小微企业进行考核：企业价值和用户价值。

企业价值指的是销售额、净利润等考核指标，用户价值是指开发用户数量、用户评价、用户黏性等指标。海尔小微企业只有在企业和客户两方面同时达标，才算合格。

海尔正是通过这种颠覆性的组织结构战略转型，有意识地培养有能力的员工，才使海尔在市场竞争中脱颖而出，成为世界白色家电第一品牌。

运营模式标杆

企业运营模式是商业模式核心层面，运营模式即企业内部人、财、物、信息等各要素的结合方式。当企业缺乏合理有效的运营模式，就会因为缺乏持续而优质的产品服务供应变得空心化，企业运营模式的缺陷是其他层面的优秀模式无法弥补的。

传统运营管理思想中，企业运营管理最基本的也是最主要的五个职能是：财务会计、技术、生产运营、市场营销和人力资源管理。

企业的经营活动正是这五大职能有机联系、循环往复的过程，而企业为了达到自身的经营目的，必须对以上五大职能进行统筹管理，这种管理就是运营。

传统管理思想中，运营管理的对象包括运营过程和运营系统。

运营过程是投入、转换、产出的过程，同时也是一个劳动过程或价值增值的过程。运营过程是运营管理的第一大对象，运营管理，必须考虑如何对投入、转换、产出的生产运营活动进行规划、组织和控制。运营系统指的是以上变换过程得以实现的手段。

现代运营管理的范围已经极大地扩宽，现代运营的范围早已从传统的制造业企业扩大到非制造业。运营的研究内容也早已不再局限于生产过程的计划、组织与控制。我们现在所谈论的运营管理，包括运营战略的制定、运营系统设计以及运营系统运行等多个层次的内容。

现代运营管理理念把运营战略、新产品开发、产品设计、采购供应、生产制造、产品配送乃至售后服务，看作一个完整的"价值链"，运营管理正是整个价值链的管理。我们所熟知的优秀运营模式包括微软的不断迭代更新，麦当劳的房地产＋餐饮零售，安利纽崔莱的开发与生产相结合，科大讯飞的智能语音技术的开发和平台化发展，美团的双边市场运营模式，拼多多社交＋零售模式，樊登读书会的会员制付费阅读等。

走进标杆企业专注标杆企业的运营模式，是企业学习标杆的聪明之举，经常起到立竿见影的奇效，因为许多标杆企业的成功往往也是其运营模式的成功。

科大讯飞：十九年造就"全球最聪明的"科技公司

全球最聪明公司

科大讯飞股份有限公司成立于 1999 年 12 月 30 日，并于 2008 年在深圳中小企业板上市，发行股票 2680 万股，每股发行价为 12.66 元人民币，共募集资金金额达 3.39 亿元人民币。

科大讯飞的主营业务是智能语音及语言技术研究、软件及芯片产品开发、语音信息服务和电子政务系统集成，同时为各个行业提供多种解决方案。科大讯飞所从事的产业方向包括：语音平台产业方向、通信增值产业方向、嵌入式产业方向、教育产业方向、行业软件和系统集成产业方向。

科大讯飞的智能语音技术可以实现了人机之间的语音交互，让人与机器沟通不但成为可能，还会变得非常简单。智能语音技术主要包括两项关键技术：语音合成和语音识别。让机器发音说话需要运用语音合成技术；让机器理解人说的话，这用的则是语音识别技术。除了这两项技术之外，语音技术还包括多项其他技术，比如语音编码、音色转换、口语评测、语音消噪和增强等，智能语音技术拥有着十分广阔的应用空间。

多年来，科大讯飞专业研究智能语音及语音技术研究、软件及芯片产品开发、语音信息服务等科技业务，所获荣誉包括：入选智能语音高新技术产业化基地、语音及语言信息处理国家工程实验室、国家 863 计划成果产业化基地，入选国家规划布局内重点软件企业、国家创新型企业、国家级企业技术中心、国家高技术产业化示范工程、国家火炬计划骨干软件企业、中国中文语音交互技术标准工作组组长单位、国家博士后科研工作站等。

科大讯飞的核心技术包括语音合成技术、语音识别技术、语音评测技术、自然语言、面对面翻译、文字扫描识别和方言识别。其中方言识别是科大讯飞 AI 能力开发领域的独特功能，可以识别 22 种，几种主流方言比如说粤语、四川话、东北话、河南话等方言的识别率超过 90%。

早在 2009 年，科大讯飞就被评为"2009 年最具成长性新上市公司"。

2017 年 6 月，《麻省理工科技评论》发布 2017 年度全球 50 大最聪明公司榜单，进入榜单的中国公司有：科大讯飞、腾讯、旷视科技、大疆、富士康、阿里巴巴、HTC、蚂蚁金服、百度。

最令人瞩目的是，科大讯飞强势打入前十，位列第六，是中国企业的最好排名，同时进入排行榜前十的中国企业还有腾讯，位列第八。

科大讯飞的董事长刘庆峰曾说过："只有核心技术具备了话语权，企业才有话语权；只有国家和行业在核心技术上有影响力，这个国家才可能在全球有影响力。"这也是科大讯飞孜孜不倦地钻研技术的原因。

2017 年 3 月，科大讯飞同长安汽车达成战略合作协议，双方将从智能语音、数据分析和车联网运营平台三个方面进行深度的合作。同月，科大讯飞启动了公益计划："AI 教育"，该计划目的是为留守儿童提供更好的教育。

同年 6 月，科大讯飞发布了五大新品，包括：智慧微课工具 1.0、智慧纸笔课堂 1.0、智慧作业平台 1.0、智慧组卷工具 1.0、智学 2.0。在医疗领域，科大讯飞发布了包括语音电子病历、影像辅助诊断系统，以及"智医助理"三个新品。

同年 11 月，科大讯飞在北京召开了年度发布会。此次发布会涉及教育、医疗等多个领域，一共发布了 10 款以上的人工智能产品。

2018 年 6 月，科大讯飞在北京举办了主题为"AI 输入 更懂你"的媒体见面会，披露了科大讯飞 AI 输入的"面对面翻译"、文字扫描识别、方言识别等特殊功能。同月，科大讯飞与中国外文局签署了战略合作协议，双方将依托人工智能技术共建人工智能翻译平台，帮助中国翻译产业发展以及中华文化对外传播。

2018 年 9 月，科大讯飞同贵州省卫生和计划生育委员会达成合作协议，双方将一起探索人工智能在医疗领域更深入的应用，带动贵州省智慧医疗建设发展。在签约仪式上，科大讯飞与贵州省卫计委共同建立的贵州省人工智能医疗联合实验室正式挂牌。

容纳了86万开发者的讯飞开放平台

2010年,科大讯飞建立了讯飞开放平台,平台以"让世界享受AI的乐趣"为口号,是以语音交互为核心的人工智能开放平台。

在科大讯飞平台,提供的产品服务包括:语音识别、人脸识别、内容审核、语音合成、文字识别、自然语言处理、语音扩展、语音硬件、图像识别、基础服务、医疗产品、消费级产品等内容。

其中基础服务包括:iFLYIoT物联网平台、广告平台、开放统计、即时消息和讯推。

医疗产品也是讯飞平台服务的重要领域,讯飞提供:云医声、医疗麦克风、医疗听写SDK、导诊机器人、口腔语音电子病历等产品和服务。

而消费级产品则包括了讯飞翻译机2.0、讯飞飞鱼助手、阿尔法大蛋、阿尔法小蛋、阿尔法超能蛋、智能语音台灯、儿童智能手表彩屏版、叮咚音箱A1、叮咚音箱2代、咪鼠智能语音鼠标MiMouse M1、咪鼠智能语音鼠标(无线版)、译呗翻译机、iTV语音遥控器。

同时,科大讯飞提供覆盖全行业的AI解决方案,科大讯飞根据场景需求来定制方案,提供一站式接入流程,帮助合作伙伴在各个细分领域获得专业化发展。其中包括:AIUI、机器人、智能客服、游戏、医疗、身份验证、教育、视频直播等领域(见表2-1)。

表2-1 科大讯飞的全行业AI解决方案[①]

AIUI	一站式人机智能交互解决方案,人机之间可以通过语音、图像等自然交互方式,进行持续、双向、自然地无障碍沟通
机器人	为机器人领域量身定做的语音交互解决方案,具备语音交互全链路所需要的全部能力
智能客服	强大的产品、技术、服务优势,由表及里打造AI客服平台服务,助力您的业务高效运转
游戏	全面覆盖游戏场景的语音解决方案,移动游戏时代交互形态,助力您的游戏业务腾飞
医疗	软硬件完美结合,突破传统医疗的局限,形成一站式全新医疗生态系统,助力医疗行业革新

---

① 表格资料来源于讯飞开放平台官方网站。

续表

身份验证	首创多生物特征融合,满足所有应用场景的需求,正在引爆安全认证领域,为安防安检、金融安全和办公考勤等领域保驾护航
教育	基于云计算、大数据、人工智能等技术,集教育资源公共服务与教育管理公共服务于一体,帮助客户快速实现教育的信息化和智能化
视频直播	提供一站式语音合成、语音转写和语音质检等服务,广泛应用于游戏直播、娱乐直播、泛生活直播、教育类、远程医疗、企业远程视频会议等典型场景

科大讯飞开放平台同时使开发者可以借助平台的技术来开发应用。到2018年,科大讯飞上已经拥有了超过86万个开发者,开发了超过54万个应用,娱乐游戏全面开花。

根据财新传媒绘制的平台开发者增长趋势图,图上显示的是每半年平台上开发者的新增量数据,我们可以看出,开发者的数量从2011年到2015年间一直是缓慢增长,随着"互联网+"时代的到来和人工智能进入人们的视野,2016年开发者新增量达到了41211个,而2017年1月开发者的半年新增量飞速发展到了106912个,直到2018年1月,半年新增量达到了惊人的267818个。

详见图2-6。

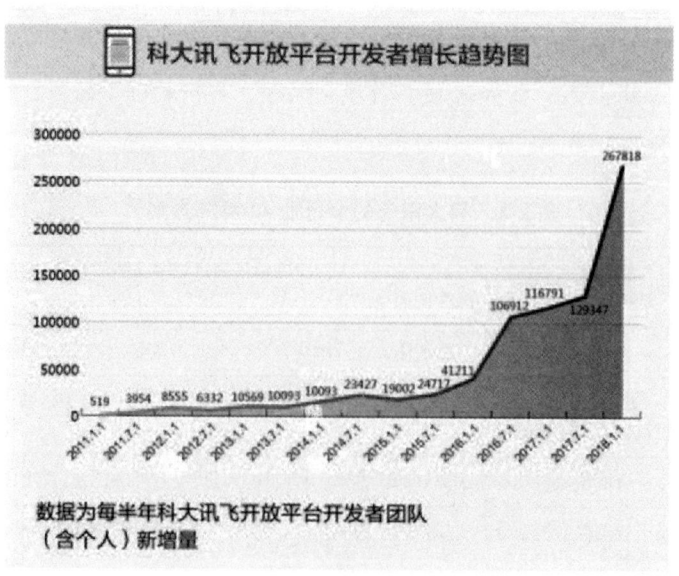

图2-6 平台开发者增长趋势 ①

---

① 图片来自财新传媒。

也就是说，仅2017年下半年，平台上的开发者就新增了26万个，这一切都是时代发展和科技发展所带来的奇迹。

抽取86万个开发者中4万个认证用户作为统计基数，我们可以看出这些开发者中只有36.9%为企业用户，而55.8%都是创业者和个人开发者用户，还有7.3%是在校大学生。这充分说明了科大讯飞平台是一个开放、自由、不设置资本门槛而依靠技术的平台。

详见图2-7。

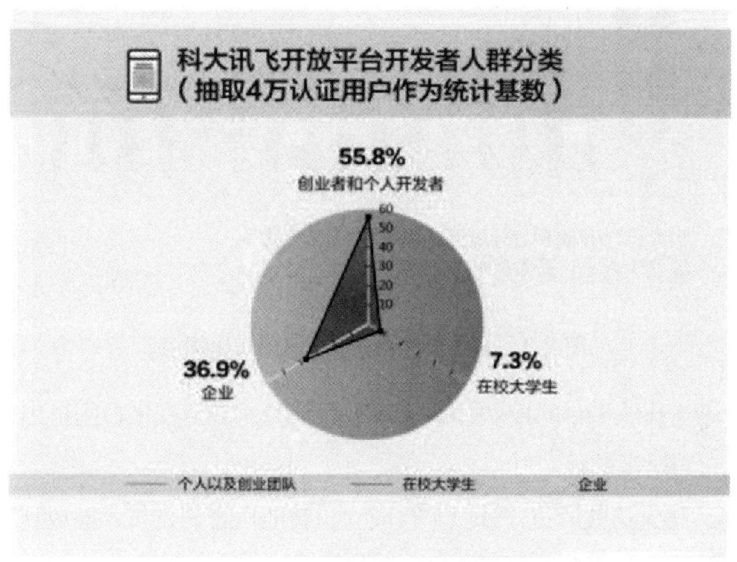

图2-7　平台开发者人群分类[①]

这些开发者在平台上发挥自己的智慧，贡献自己的智力成果，开发的应用遍及各个领域，一共开发出54万个应用。

这些应用领域包括：工具、办公商务、便捷生活、教育学习、智能软件、影音视听、通讯社交、出行导航、新闻阅读、运动健康、金融理财、购物优惠、游戏、主题壁纸、系统安全、儿童亲子、女生频道等行业。还有41.3%的开发者从事以上内容之外的领域，可以说是包罗万象，全面开花。

详见图2-8。

---

① 图片来自财新传媒。

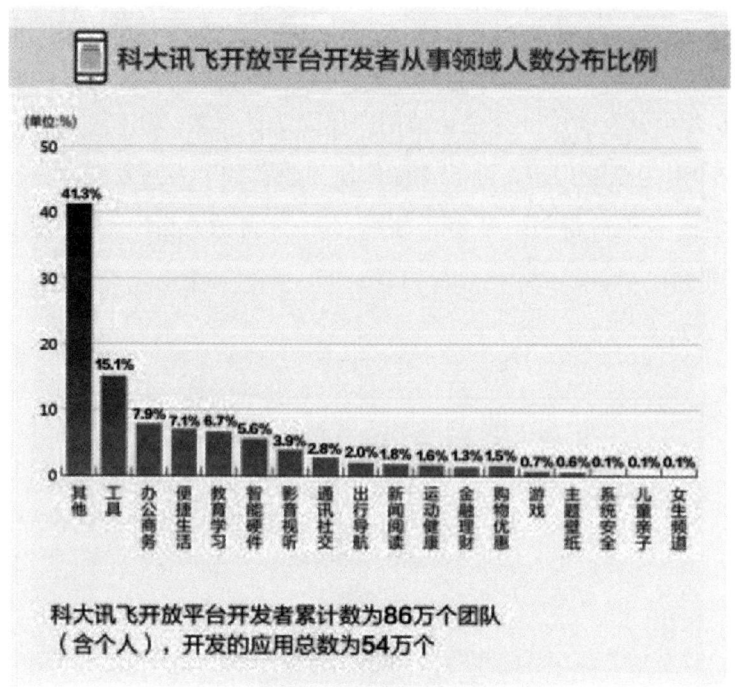

图 2-8　平台开发者从事领域分布比例 ①

其实,讯飞开放平台的成功并不是一蹴而就的,甚至在平台刚推出的好几年时间里,都是在困境中前行。

2010 年,科大讯飞的讯飞开放平台成立,智能语音识别技术被放到了云端,这让开发者可以免费或者用非常低的成本获得语音引擎,去开发更多智能应用。对语音引擎来说,最关键也是最基础的步骤就是语料收集。所以早在 2006 年,科大讯飞的研究院团队就开始在全国各地收集语料,到 2010 年时,研究团队已经收集了将近 100 万条语料。不过对语音引擎而言,100 万条语料显然是远远不够的。

成立之初,讯飞开放平台的智能语音技术识别出结果需要花费 3~4 秒时间,并且非常不稳定,使用 10 次,可能只成功 3~4 次。不过在讯飞平台开放之后,用户数量增加剧增,通过平台收集到 100 万条语料只花费了不到一年时间。

2012 年,语音云平台借力 3G、手机终端,整体使用用户破亿。不过科大讯飞内部还没来得及庆祝,就被一堆蜂拥而至的问题包围:稳定性识别率不高、用户增

---

① 图片来自财新传媒。

多服务器难以负荷、维护成本不断增加。

所以，科大讯飞的团队陷入了马不停蹄的忙碌之中，经常加班到很晚，如果系统崩溃了，还要再返回公司解决系统崩溃问题。

除了技术上的难题，还有财务上的压力。语音云平台刚推出的几年内，给整个公司的利润增长增加了沉重的负担。虽然在 2015 年尝试了广告业务变现，但是开放平台仍然处于亏损状态。

不过科大讯飞顶住了这些压力，并没有后退，终于在 2016 年迎来了曙光。

2016 年，移动互联网广告崛起，讯飞平台的大数据广告业务也迎来井喷式增长。2017 年，基于语音云的广告业务第一次以 5000 多万元的利润实现了盈利。虽然盈利还是未能让语音云收支平衡，但是语音云并不是一无所获，因为它成就了和音书、咪鼠、奇幻科技一样的 86 万个开发者团队，并且利用科大讯飞智能语音识别技术：美团外卖为了提高外卖员出行安全率研发出了语音耳机；VIPKID 为了帮助学生练习发音开发了语音课程；海底捞为提高办公效率开发了机器人客服。

现在的语音识别能力达到如何了呢？

现如今，科大讯飞的语音识别能力已经到了非常逼真和智能的程度——也许有一天你接到一个投资建议的电话，你和对方一来一往地谈论半天，都发现不了电话的那头是科大所推出的智能语音识别终端。

用人工智能建立美好世界

科大讯飞董事长刘庆峰在亲笔撰写的《刘庆峰：创立 19 年 科大讯飞做到了什么》一文中，深情回顾了科大讯飞 19 年的发展史，并谈到了自己对讯飞开放平台的想法：

> 人工智能时代充满机遇与挑战，也容得下千帆竞发，因此想让更多人参与到人工智能竞争中去，感受人工智能的魅力。
>
> 早在 2010 年，我们就在业界率先发布了讯飞开放平台，全面开放业界领先的核心技术能力，为软硬件开发者降低集成门槛，为企业提供行业解决方案，支持开发者创业，共同用人工智能建设美好世界，这也是我们真正意义上的一次"开放、

共享"。

随着核心技术的提升，目前这一平台的能力也在不断提升，我们称之为"能力星云"。

上面提供了声纹识别、语音合成、人脸认证等能力，同时为了让开发者更好地开发使用，我们提供了二十多种解决方案。

今年，讯飞开放平台计划投放新的100项AI能力，打造AI全领域开放平台，不断降低创新门槛，不断提升用户体验，给消费者真正想要的；让开发者可以更好地接入平台，更快地开发智能产品，获得更好的创业平台。

我们要帮助更多的创业者在良好的产业生态中成就自己，我们深知，做帝国终有衰落的一天，只有生态才会生生不息。

我想，我们已无需讨论科大讯飞或者某某企业有多少世界领先，而是我们这个产业集群将如何发展。

人工智能时代的比拼绝不是单个企业的市场，比的是产业链、比的是产业集群，所以我们要把核心技术开放出来，通过人工智能的能力平台来构建整个生态体系。

截至目前（2018年7月），讯飞开放平台上已集聚了超过80万的活跃第三方创业团队，日均交互达到46亿次。

这是什么概念？目前在合肥，我们的人工智能平台一分钟可以为全世界300万人提供在线服务，如果我进行一次20分钟的演讲，也就意味着同时就有6000万人已经在这个过程中得到了我们的服务。

我相信，这是属于科大讯飞的平台，更是属于整个AI产业的生态。

人工智能浪潮是一个伟大的历史进程，绝不可能一蹴而就。而今讯飞置身其中，显然还未到达登顶的状态，只能说是已经开始登山，刚克服了爬坡之后的艰难，开始到慢慢适应的状态，但还要继续坚定目标、一步一个脚印地踏实前行。开放的浪潮扑面而来，永远会有更新的事物、更大的挑战，这也就意味着必须持续攀登才能勇立潮头。我也时常鼓励我的员工们去爬山，就是想传达给他们：每时每刻都有一个新的山峰在前面等你去征服；当你快到一个山顶时，还有另一座更大的山峰在前面，这样才有不竭的动力去前行，才有挑战的精神去创新，才能以创业者、颠覆者的激情一起共创未来。

第 5 章 运营模式标杆

让我们用刘庆峰《刘庆峰：创立 19 年 科大讯飞做到了什么》的结语作为本节的结语：

从科技创新的角度而言，只有开放发展才能实现共赢，这一点，中国 40 年的发展已深刻阐释，科大讯飞于其中是受益者亦是实践者。

中国的改革开放已经引起全世界的瞩目，中国的创新发展也已得到世界的认可。

在人工智能时代，中国正在科技关键领域积极进取，努力取得领先地位，在源头核心技术创新上，很多方面已跟全世界并跑甚至部分领域领跑，下一步的关键是如何强调"应用是硬道理"，在应用驱动中让数据迭代，不断进化并反复研究。

我相信，由于人工智能的数据驱动特点，由于中国的用户基础和政府应用创新方面的能力，中国一定能够赢得人工智能的未来。

心之所向，所以行之所至，我们已走过千山万水，但还需跋山涉水。

国家对科技创新企业的信任与鼓励催人奋进，在可预见的未来，科大讯飞将继续坚持源头核心技术创新，持续迭代核心技术产品，推动更多人工智能技术应用落地，实现在中国用人工智能建设美好世界的愿景。

我们相信，创新的力量只增不减，发展的道路必将永不停息，中国改革开放必将为世界作出大贡献！

综上所述我们可以看到，科大讯飞是一个高新技术型行业，行业内技术特点是：跨多门学科，研究周期长、投入大，行业壁垒高。行业技术包括：语音合成 + 语音识别。该行业技术的核心点在于语音技术核心算法和计算机芯片技术。由于计算机芯片的运行速度不断提高，所以，本行业的技术特点具有更新快速，但同时也受制于核心算法的影响。语音合成：目前该技术的成熟度高，但是应用广泛。该技术起步于 1930 年，在 2005 年，该技术已经达到用户可接受的使用水准。

该技术的未来：从清晰度和自然度的要求上升至对个性化合成的要求，如对语音、语调、情绪的丰富性要求等。语音识别技术：目前该技术难度高，潜在需求较大。语音识别技术主要包括语意识别和声纹识别，对语音识别的研究起步于 20 世纪 50 年代，从 20 世纪末开始进入实际应用。语音识别在技术原理上主要采取匹配识别和检测识别两种识别方式，关键技术包括选择识别单元、特征参数提取、声学模型及语言模型的建立等。语音识别技术目前在桌面系统、移动设备和嵌入式领域均有一定程度的应用，未来的发展方向应是无限词汇量连续语句非特定人语音识别系统。行业前景：极好，是一种战略性技术行业。目前行业所处的阶段属于规模化的导入期以及快速发展的转折期。

科大讯飞的成功可以归纳为如下六个关键要素：

一是持续不断的创新和勇攀高峰的精神。就像从"0"到"1"的创造，每一次获得"第一"，我们都无比高兴，期待讯飞为改变生活带来更多可能；但"第一"并不是结束，而是又一个崭新的"0"——登高的起点永无止境。既然站在了更高的肩膀上，必然还要争取更多的突破，为创造美好未来贡献更多的力量。

二是时时刻刻以"应用"为钥。打开 AI 赋能各行业的大门，构建万物互联时代的 AI 新生态，让世界一起享受 AI 的美好。科大讯飞始终坚持"应用才是硬道理"，多年来一直致力于将源头技术切实落地，并且已经在教育、医疗、城市、交通、车载、家居等多领域广泛展开应用，更好地服务于人们日常工作与生活的方方面面。"要顶天立地，踏踏实实让所有用户有看得见、摸得着的获得感，绝不能有半点忽悠，真正地用 AI 为这个时代赋能。"

三是坚持 AI + 教育。让因材施教的教育梦想照进现实。目前，科大讯飞智慧教育系列产品已经覆盖全国各地及新加坡等海外市场，与13000余所学校建立了合作，服务师生数超过 8000 万人。"人工智能助力教育，因材施教成就梦想"，AI+ 教育，正在迎来更好的未来。

四是努力通过 AI 让每一座城市和谐可持续成长。科大讯飞在互联网 + 政务、社管云、征信等业务领域的解决方案，已经成功运用于智能建筑、平安城市、智能交通、智慧管廊、社会管理服务等多个典型案例中。AI+ 城市，正在创造更便捷的生活。

五是积极开发 AI + 医疗。让优质医疗惠及大众。通过在智慧医院、人工智能辅助诊疗中心、智医助理等领域的布局，科大讯飞智慧医疗产品已经在北京协和医院、解放军总医院、吉林大学白求恩第一医院、中国科学技术大学附属第一医院等全国知名医院落地使用。AI+ 医疗，正在助力更健康的中国。

六是 AI 无处不在。AI + 汽车，让你的汽车听你的。科大讯飞面向未来智能网联汽车打造了新一代汽车智能化整体解决方案。基于智能语音、人工智能核心技术，赋予汽车能听会说、能理解会思考的汽车大脑。AI+ 汽车，正在打造更安全的驾驶。AI + 生活，支持中文与 33 种语言即时互译的讯飞翻译机 2.0，语音识别率高达 98% 的讯飞输入法，教育智能陪护机器人阿尔法蛋，通过语音便捷操控日常家居生活的叮咚音箱……"人工智能可以非常接地气、可以面向消费者"AI+ 生活，正在创造更加多彩的日常生活。

……

随着移动互联网时代的到来，科大讯飞发布国内首个以智能语音和人机交互为核心的人工智能开放平台，并持续升级优化。2015 年，科大讯飞在 "AI 复始 万物更新" 年度发布会上，面向全球正式发布 AIUI 人工智能交互界面，率先共享和开放。今天，讯飞开放平台已经拥有 85 万个创业团队，总应用产品数超过 52.9 万，每日对外提供服务超过 47 亿人次。以科大讯飞为中心的人工智能产业生态持续构建。未来，科大讯飞将向开发伙伴开放更多的技术，为各个细分领域的创业英雄提供前所未有的成功机遇。科大讯飞将与创业者共同成长，共同做强人工智能产业生态。

在 2018 年的科大讯飞年会上，科大讯飞董事长刘庆峰表示，讯飞人是决定讯飞未来的最关键要素之一，他说："必须要让奋斗者在讯飞的平台上更有位置……一定要让年轻人有绽放的舞台。""高端知识分子一定要拥有一颗经得起锤炼的钻石心，才能够成为一个真正的人才。所以我特别想告诉大家，我们是人才，但还要再锤炼，烧不死的鸟才是凤凰！"

对任何一家企业而言，真正能够基业长青的一定是他们的价值观。当前讯飞人的共识就是：我们热爱讯飞，不是因为讯飞完美，而是因为，完美的讯飞将由我们来创造。在讯飞大厦一楼的墙上，有这样一句话："今天的讯飞不完美，完美的讯飞需要你我共同创造。"幸福都是奋斗出来的，但奋斗的路上无法苟且偷生，无法小富即安。讯飞人正是一直带着这样的状态和信念，在技术和产品发展的"爬山"路上认真坚持着。

双边市场的极致化运营：美团的成功模式

为什么美团可以从千团大战中胜出？

在如今竞争异常激烈的商业世界中，比竞争对手更高效地满足消费者需求，这是一条基本竞争准则，同时这条准则也可以帮助参与者在复杂无比的商业竞争中看清楚真相。

基于这条准则，现在再看从当年团购行业的"千团大战"中脱颖而出的美团，就可以发现在当年的竞争中，美团所采用的两个基本运营策略显然更符合当时市场需求，也符合当时团购市场的本质。

团购的兴起是基于互联网的发展，主要由商家、消费者、平台方三者参与，商家提供商品或者服务，平台方为商家引流，消费者通过平台完成消费。从基本运作模式中，可以看到平台最主要的作用就是引流，引流的效率越高，在团购行业内部竞争中就越具有优势。

在当年的"千团大战"中，美团的主要竞争对手是拉手网。拉手网在大战当中采用的策略是先规模，再效率。所以拉手网首先做的是花大量资金扩展市场，同时进军多个城市，在规模上力争第一。而美团采用的策略恰恰相反，是先提高效率，再扩大规模。这个策略让美团避免了盲目在市场扩展上烧钱的恶性循环，在提高效率的同时也提高了消费者和商家的满意度，建立起了品牌形象。那么，美团是如何提高效率的呢？

以系统效率为导向，有针对性地行动

在当年"千团大战"时，大小团购网站层出不穷，市场拼杀非常激烈。而此时，美团首先做的则是优化自身系统，提供各个环节的效率。同时，美团做了一件其他团购网站都没有做的事情，就是收集各个团购网站上的信息，系统分析哪些商品最优，可能提高团购网站效率，然后根据分析结果，有针对地的展开行动。这样一来，美团一方面减少资源浪费，另一方面提高了团购网站对消费者及商家的效率。

美团在这方面的投入很快就见到了效果,在当年的"千团大战"中,美团的客户投诉率要明显低于其他竞争对手,同时美团最先提出过期退费的规则让其市场口碑非常好,这些都是其他团购网站当时没有做到的。

地推铁军的威力

美团能够从千团大战中杀出重围,除了策略选择正确之外,还和他的"地推部队"有着密切的关系。

虽然美团是一家互联网企业,但是它负责线下的团队占整体比例却远高于其他互联网企业。美团能够实现跨界团购,从最早的餐饮到如今涵盖多个行业,美团的业务模式和规模都在不断改变,但是没有变的是美团的"地推铁军"始终在一线冲锋陷阵。

多数人对地推都应该不会陌生,在20世纪90年代,中国还没有兴起互联网,地推就是企业宣传营销最主要的方式之一。但是进入了互联网时代之后,地推的地位就开始逐渐动摇,被互联网所替代。虽然现在很多企业依然会进行地推,但是已不再是主要方式。

美团在很早之前就已经发现,虽然互联网发展速度越来越快,覆盖人群越来越多,但是流量入口和应用入口却都被一些互联网巨头所掌握。所以互联网巨头就有一个很强的定价权,线上获客成本正在不断上涨。美团的一位副总曾经说过:"自己带团队做业务,投入产出比更好。"因此,地推就称为美团的推广核心之一。

当然,在互联网时代,推广不可能离开线上。不过在拉手网花大笔资金投入推广时,美团一方面由"地推部队"在线下推广,一方面在线上占据各个流量入口,有针对性地获取市场。

坚守定位:有所为有所不为

美团的发展方向一直是"以客户为核心",所以从最初餐饮到之后的影院、娱乐等等,都是发现客户有这方面团购的需求,所以美团调整方向,拓展服务范围。但与此同时,美团有所为也有所不为。因为美团坚守自己的定位是:本地生活服务商。所以，美团并不是将所有能放到网上团购的服务都发展，而是只发展符合自身定位的业务。

美团的这种做法其实也非常容易理解，坚守自身定位，将资源用在那些符合自身定位的业务上，才能让有限资源发挥出更多的作用。

双边市场的极致化运营

诺贝尔经济学奖得主 Jean Tirole 曾这么描述平台双边市场：将交易的两端聚集在平台上，两端会分别吸引另一端用户，最终形成良性循环。

美团的策略就非常符合 Jean Tirole 平台双边市场的描述。在初期，美团投入大量资金用于补贴用户，又有强大地推吸引用户，并且美团在时效性上也在不断提高，增加用户体验。在引入足够用户之后，自然就会对商户形成吸引力。

随着用户数量增多，平台的价值就越高，对商户的吸引力也就越高。而商户数量的增多对用户也是一种吸引，这就形成了良性循环，并且这种循环会随着平台价值的提高越来越明显。

平台经济虽然是互联网经济，符合传统经济学的规模效应，但是却没有互联网经济的网络规模效应。

在互联网市场中，我们习惯看到"一家通吃"的局面，平台经济却并非如此，很难出现赢家独大的垄断情况。比如其腾讯依靠微信和 QQ 两款聊天工具可以独占即时聊天工具市场，这并不是因为其他互联网企业没有足够的技术，而是因为当一款聊天工具普及之后，需求端使用的人越多，就会带动他人一起加入，形成良性循环。

而平台经济虽然也可以形成良性循环，但并非单独需求端的良性循环，供给端在其中占据了非常重要的作用。消费者愿意使用一个平台，并不是因为周围人都在用，而是因为平台提供的服务体验更好。

没有网络经济规模效应，所以想要的依靠规模经济来占据市场，成为行业龙头是非常困难的。美团就意识到了这一点，所以它选择了另外一种策略。

美团和亚马逊在某些方面是相似的，因为二者都是电商平台，区别只是亚马逊是实物电商平台，而美团是服务电商平台。因此，美团可以在发展上学习亚马逊的做法，在保证效率和规模的基础上，维持较低的毛利，通过这种方式在市场竞争中占据优势，将对手逐步淘汰出局。而像亚马逊那样能够在维持低毛利情况下还存活下来的行业巨头，其本身就是最好的防御壁垒。

市场再造与病毒式传播：解密拼多多模式的形成

2018年7月26日晚，创办仅三年时间的拼多多在上海和纽约两地同时敲钟，以股票代码"PDD"在纳斯达克上市。

拼多多上市当天，其股价一路上涨，最终的以26.7美元/ADS(+40.53%)收盘，一天时间上涨了40%。盘后交易，拼多多依然保持上涨，最终以351亿美元的市值结束首日，其市值已经达到了京东的2/3。

三年时间打造了一个市值300多亿美元的企业，这不得不让人惊讶网络电商创造财富的速度。虽然伴随拼多多上市的还有很多争议，但只从三年时间就拥有如此高的市值，拼多多的成功是无人能否定的。那么，拼多多是如何实现这一切的呢？

社交电商的极致：病毒式营销

拼多多的商业模式其实没有多复杂，就是一种网络团购的模式，消费者可以通过拼多多平台和其他人一起团购，以较低的团购价购买到商品。

拼多多属于是社交电商的一种，其实在拼多多出现之前，社交电商并不是新鲜事物，已经有很多人作过尝试。比如成立于2013年的小红书平台，这就是社交电商；微信的微店，也是社交电商。但是虽然社交电商已经出现了很长一段时间，但是在拼多多之前，并没有一个非常成功的社交电商模式。拼多多的成功让大众真正看到了社交电商的极致，而在这极致背后，则是拼多多对流量的和用户参与度的深刻思考。

在传统社交电商模式中，意见领袖一直占有非常重要的地位，这种模式严格来说并不算是社交经济，更像是网红经济。意见领袖拥有消费者的信任，所以当意见领袖去推荐或者引导消费者去购买一款产品时，消费者就会购买。这种方式虽然也能够带动产品的销售，但是没有解决对社交电商至关重要的流量问题。

一方面，无论是实体店铺还是网上店铺，流量都和店铺业绩息息相关。过去的社交电商主要依靠意见领袖，这就是因为意见领袖能够带来流量，但是并没有给店铺本身增加流量。

另一方面，在意见领袖为主导的模式中，商家很难提升消费者的参与感。因为意见领袖发表意见，消费者便会基于信任直接购买，行为是围绕意见领袖展开的，而对购买商品这事情上，消费者并没有什么参与感。

而在拼多多的模式当中，每一个消费者都可以在平台上发起团购，然后邀请身边的人参与购买。在这种模式下，消费者的参与感就非常强。在意见领袖为主导的模式下，消费者和意见领袖的地位是不对等的，意见领袖发表意见，消费者听从意见。而在拼多多的模式中，每一个人都是平等的，都可以发起团购，也可以参与别人的团购，这就有利于信息的传播。同时，拼多多团购基于的是熟人社交模式，信任问题也就得到了解决。

拼多多的启示：如何在买方市场时代站稳脚跟

我们正处在一个前所未有的变革时期，我们所经历的，是从卖方市场时代到买方市场时代的剧烈变化。

在工业时代之前，工厂手工业已经逐渐不能满足市场的需求，当时的商业市场整体呈现供小于求的情况，并且还非常严重。随着工业革命的到来，生产效率得到大幅提高，随之改变的是市场需求也急剧攀升，因此，市场的主导权依然是在企业的手中，消费者并没有任何话语权。这是典型的"卖方市场"。

在"卖方市场"的环境下，企业只要能够生产出产品，就不用担心消费者是否愿意购买的问题。对于企业来说，只要产品能够满足大多数消费者的需求就足够了，至于少部分消费者的意见，完全不在他们的考虑范围内。

最典型的例子就是福特汽车。

1908年，福特T型汽车面世，很快，这款汽车便凭借低廉的价格走进了普通百姓的家庭。而当时的美国很少有普通家庭拥有汽车，T型车立刻风靡全美国，出现了供不应求的情况。为了提高改款车型的生产效率，福特决定T型车只生产一种款式，包括颜色都完全一致，只有黑色。福特当时的口号就是"我们只生产一种颜色的汽车——黑色"。这句口号表达出来的意思就是当时的市场营销观念"生产决定消费"。

这种强势的卖方市场时代在20世纪七八十年代的中国依然存在。当时，我国正处于计划经济时代，当时的物资比较匮乏，买所有东西都需要凭票购买，不少人如今对此应该还有印象，即使有钱也不一定能买到东西，只有找关系才能够买到，完全是卖方市场。

然而如今的互联网信息时代，这种老式的营销观念早已没有了市场。如今无论任何行业的市场竞争都异常激烈，产品同质化日益严重，利润率却是逐渐下降。"卖方市场"已经成为了过去，如今的市场早已经是"买方市场"。商家面对这日渐严峻的生存环境，只有从消费者身上寻找突围方法。

而拼多多找到的方法，就是挖掘新的市场。

经济学有一个名词，叫作"长尾理论"，指的是那些一直以来需求不旺或销量不佳的产品所共同构成的市场。

移动互联网是互联网经济中最为重要的一部分，移动互联网在中国刚出现的两年时间里，呈现了井喷式的发展。随着井喷式状态过去，最近两年移动互联网发展速度最快的就是三四线城市。因此，三四线城市成为了互联网经济新的市场，众多互联网产品企业和电商巨头们都开始将注意力转向这些城市，向下渗透渠道，稳固自己的市场地位。

拼多多所发现的，正是一直以来被热门所忽视的长尾理论。

长尾理论除了关注那些非主流市场需求的同时，还强调要刺激这些需求的增长，这才是最关键的。因为假如80%的不受关注市场只能带来和20%受关注市场一样的收益，那很明显，这样做就显得不明智了。所以，长尾理论就提出要通过关注非主流客户的需求，提高那些"非主流产品"的销量，带动市场对这些产品的需求，以此来实现从这些"非主流产品"和"非主流消费者"身上提高收益的目的。详见图2-9。

实际上很多"非主流产品"并不是市场没有需求，只是因为一直以来受到的关注度较低，所以才鲜有人购买。一旦这类产品的关注到达一定的规模，市场对产品的需求就会出现明显的提高，这类产品为企业带来的利润也就会随之提高。

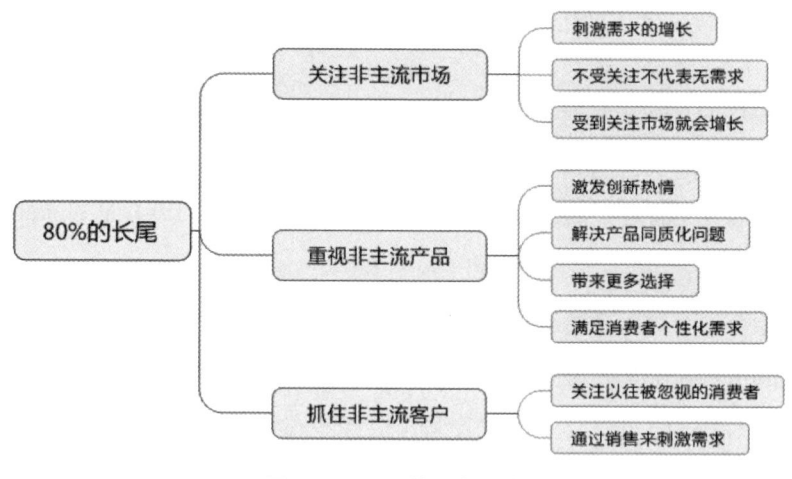

图 2-9　80% 的 "长尾"

长尾理论的推广应用可以让很多企业将目光放在那些曾被忽视的小众产品和小众客户身上，给那些新生企业、小企业带来了发展的机遇，企业的创新热情被激发出来，以解决产品同质化严重这个困扰众多企业的难题。在一个以长尾理论为依据的市场当中，无论是商家还是消费者，都不再受到市场流行的"胁迫"，可以充分按照自己的想法去经营企业、去购买产品。而对于消费者来说，无论他带给商家的利润是多少，无论他是否是传统商家眼中的重点客户，都能够得到商家用心的服务，并且小众产品的推出也给消费者带来更多的选择，让消费者的个性化需求更容易得到满足。

如果对长尾理论做一个概括总结，可以得到两点：一是注重那些在传统模式下被忽略的小众市场和产品，和被忽视的消费者；二是通过销售来刺激消费者的需求，然后再利用这些需求提高产品的销售。

对于商家来说，无论规模的大小，经营产品是否是被大众所认可的产品，都可以被商家重新重视起来，来创造小众产品的销售机会。

大部分中国互联网消费者在购买产品时，首先考虑的是产品的价格，然后才是品质和品牌。拼多多模式的出现正好符合大多数消费者的需求，这些消费者也成为了拼多多的主要用户。

互联网产品和电商企业开始转战三四线城市，这给原来不受互联网关注的三四线消费者带来了信息和渠道,让这些消费者也能够通过网络轻松购买到商品,也能够通过社交娱乐平台满足精神消费的需求,而拼多多的成功,就和这些曾经被忽视的消费群体有密切的关系。

从拼多多身上我们能学到什么

和那些生活在三四线城市的居民相比,一二线城市的居民拥有更强的经济能力,拥有更多的信息获取渠道,也更容易接触到一些新技术、新产品,因此,他们选择产品更注重品牌和品质,对价格并不十分敏感,多数人将他们看作是互联网典型用户。事实却恰恰相反,那些生活在一二线城市的居民才是互联网用户的小众人群。虽然非一二线城市居民经济实力相对较弱,信息获取渠道较少,很难接触到新技术、新产品,但也正因为如此,他们没有赶上互联网发展的第一波浪潮,而现在互联网第二波浪潮已经到来,这些居民对互联网有着非常迫切的需求,同时他们数量也要远高于一二线居民,这些人才是互联网典型用户。

通过对长尾市场的挖掘,拼多多成功地发现了新的市场空间。这对于我们来说是个非常好的启迪。

- 我们如何审视现今的市场格局?
- 我们现有的客户就是我们全部的客户了吗?
- 是否有"被忽视的客户"?
- "被忽视的客户"群体有多大?和我们现有的客户群体相比呢?
- 我们如何去争取这部分客户?通过什么样的行为可以激发这部分客户的需求?

对这些问题的思考,也许可以帮助我们打开新的大门。这也是每一个无论大小的企业的经营者都需要思索的。

拼多多的未来发展:探索性价比和品牌结合的新道路。

互联网改变了我们的市场竞争环境。"生意越来越不好做,竞争越来越激烈",这是如今很多企业的共识。在这种情况下,企业开始重视消费者的意见,为了能够提高自己的竞争力,各种新型商业模式开始出现。一些意识超前的企业纷纷运用品牌战略的利器,取得了竞争优势并逐渐发展壮大,从而确保企业的长远发展。在科技高度发达、信息快速传播的今天,产品、技术及管理诀窍等容易被对手模仿,难以成为核心专长,而品牌一旦树立,则不但有价值并且不可模仿,因为品牌是一种消费者认知,是一种心理感觉,这种认知和感觉不能被轻易模仿。

现在的电商和过去相比,最大的区别就在于市场需求的转变以及消费者力量的增强。如今的消费者借助互联网已经实现了自媒体和自组织,这种实现让他们的力量得到了有效的发挥,市场交易结构也随着这种变化反而发生变革。

我们就以品牌作为例子。从某种角度来看,品牌其实就是工业文明的产物,在过去,消费者和厂商之间的沟通成本较高,厂商则通过各种方式来向消费者传达一个信息,比如性价比高、服务优质等,以此来增加消费者对自己的信任度,让自己的品牌更加深入消费者的内心。

然而过去厂商品牌推广无论采取哪种方式,它都是单向传播,因此,一个品牌塑造和沉淀需要时间的积累,但是互联网的出现彻底改变了这一切。比如随着微博、微信等社会化自媒体工具的流行,与过去品牌单向传播相比,在互联网的背景下,厂商和消费者之间的互动更为重要和有效,同时伴随着厂商和消费者之间沟通成本的大幅降低,沟通变得非常简单,这一系列变化带来的就是消费者对品牌的忠诚度大大减少。

随着"80后""90后"成为消费主力,以及三四线市场的发掘,这种情况更加凸显。某种意义上讲,拼多多的成功是源于"去品牌化"的成功,在拼多多刚开始出现的时候,你很难在拼多多平台上看到我们一般意义上的"名牌",更多是去品牌化的、主打性价比的产品。但是,随着拼多多的发展,现在也在走品牌化道路。

2018年"双11"前夕,拼多多国美商城正式上线就是一个很好的佐证,在拼多多国美上架的120种商品中,包含了定价619元的三洋32寸高清平板电视机,还有标价699元的美的7.2公斤波轮洗衣机。拼多多开始尝试将性价比和品牌结合,满足不同客户的不同层次的需求,以此来扩展出更宽的市场。

第 6 章

企业文化标杆

企业文化，指的是一个组织由其价值观、信念、仪式、符号、处事方式等组成的其特有的文化形象。

要谈论企业文化，我们首先要定义什么是文化：广义上看，文化是人类社会历史实践过程中所创造的物质财富与精神财富的总和；狭义上看，文化是社会的意识形态以及与之相适应的组织机构与制度。

而企业文化，是企业中为全体员工所认同并遵守的、带有本组织特征的文化理念，包括使命、愿景、宗旨、精神、价值观、经营理念和行为准则。这些文化理念全面渗透在生产经营实践、制度管理、员工行为方式和企业对外形象中。企业文化是在生产经营实践中逐步形成并不断完善。

企业文化是企业的灵魂所在，是促进企业发展的不灭火种。企业文化包含着非常丰富的内涵，而企业文化的内核就是企业的精神与价值观。

完整并且能够落地的企业文化包含了三个层面：

第一层面，企业理念：企业文化最核心的部分，包括企业未来发展定位和愿景；

第二层面，企业的核心价值观：企业核心价值观是企业中明确的做事原则，是企业对待员工、客户、工作的准则。企业核心价值观包含企业规定的员工价值趋向和企业成员做事的行为态度等内容。

第三层面，企业的形象与标识：包括企业对外的形象、员工工作时着装、员工工作用语等一系列行为形象的规范。

一个成功的标杆企业，最值得人们学习的就是他们的企业文化，所以很多进行标杆考察的企业和企业家向我们提出的最多的要求就是，让标杆企业的高管们为他们分享标杆企业的企业文化。

以客户为中心、以奋斗者为本、永远坚持艰苦奋斗：华为的企业文化

任正非曾经说过："世界上一切资源都可能枯竭，只有一种资源可以生生不息，那就是文化。"

第 6 章　企业文化标杆

一直以来，华为的企业文化被人们津津乐道、不断模仿，关于华为的书《以奋斗者为本》《以客户为中心》被人们争相阅读，网络上有无数关于华为企业文化的爆款"10万+"文章，人们热衷于讨论华为的"狼性文化"，讨论华为"烧不死的火鸟是凤凰"，讨论华为成功背后的企业文化的巨大作用。

有一篇叫作《关于华为企业文化60句话》的文章，里面列举了60条华为公司广为传播的名言：

"跳芭蕾的女孩都有一双粗腿——华为公司为什么能够超越西方公司，就是不追求完美"；

"人不能两次踏入同一条河流——无论是一个企业，还是一个人，只有不断地跟随迅速变化的世界而变化，才能适应迅速变化的世界"；

"静水潜流——华为管理要静水潜流，沉静领导，灰色低调、踏实做事，不张扬，不激动"；

"力出一孔，利出一孔——如果华为能够坚持'力出一孔，利出一孔'，下一个倒下的就不会是华为"；

"要在盐碱地种出粮食——华为的成功在于在西方大公司看不上的盐碱地上，一点一点地辛勤耕耘"；

"狼狈组织——华为的每个部门都要有狼狈组织计划，既要有进攻性的狼，又要有精于算计的狈"；

"胜则举杯相庆，败则拼死相救——这是华为的市场工作原则，多年来感召了多少英雄儿女一批一批地上前线"；

"蜜蜂精神——不管您如何称赞，蜜蜂仍孜孜不倦地酿蜜，天天埋头苦干，并不因为赞美产蜜少一些。胜不骄，败不馁"；

"闲下来的队伍会生锈——队伍不能闲下来，一闲下来就会生锈，就像不能打仗时才去建设队伍一样。不能因为现在的合同少了，大家就坐在那里等合同，要用创造性的思维方式来加快发展"；

"华为没有成功只是在成长——什么叫成功？是像日本那些企业那样，经九死一生还能好好地活着，这才是真正的成功。华为没有成功，只是在成长"；

"尊重人才但不迁就人才——我们坚持人力资本的增值大于财务资本的增值。我们尊重知识，尊重人才，但不迁就人才。不管你有多大功劳，绝不会迁就。我们构筑的这种企业文化，推动着员工的思想教育"；

"烧不死的鸟就是凤凰——它是华为人面对困难和挫折的价值观，也是华为挑选干部的价值标准"。

我们可以从这些碎片式的话语中窥见华为文化与文化精神的一二，对艰苦奋斗的推崇、对队伍建设的坚持、对沉静领导的体悟、对人才管理的理念……

但是，无论华为有多少名言流传在外，华为的企业文化始终坚持的是三个核心：以客户为中心、以奋斗者为本、坚持长期艰苦奋斗。

华为的历史就是秉持"以客户为中心、以奋斗者为本的"的历史，即使不断有新成员加入，华为依然坚持这个路线。

以客户为中心

以客户为中心，是华为企业文化中的精髓所在。任正非曾说过：没有客户的支持、信任和压力，就没有华为的今天。华为始终坚持，为客户服务是公司存在的唯一理由。

充分理解、认真接受"为客户服务是公司存在的唯一理由"，要以此来确定各级机构和各流程的责任，从内到外，从头到尾，从上到下，都要以这一条标准来进行组织结构的整顿与建设。这是我们一切工作的出发点与归宿，这是华为的魂，客户是永远存在的，华为的魂就永远同在。我们只要能真正认识到这个真理，华为就可以长久生存下去，不随自然规律的变化而波动。

任正非曾经写过《为客户服务是企业生存的唯一理由——谈谈华为公司的企业战略》一文，在文章中，任正非充分阐述了客户对华为意味着什么。

十多年前，华为就提出：华为的追求是实现客户的梦想。今天，华为形成了无线、固定网络、业务软件、传输、数据、终端等完善的产品及解决方案，给客户提供端到端的解决方案及服务。全球有700多个运营商选择华为作为合作伙伴。为客户服务是华为生存的唯一理由；客户需求是华为发展的原动力。这是华为公司一直以来的认识，也是华为企业战略的核心。

任正非提出，为客户服务是华为生存的唯一理由。"决定企业生死存亡的是客户，提供企业生存价值的是客户，企业就必须为客户服务。现代企业竞争已不是单个企业与企业的竞争，而是一条供应链与供应链的竞争。企业的供应链就是一条生态链，客户、合作者、供应商、制造商的命运在一条船上。只有加强合作，关注客户、合作者的利益，追求多赢，企业才能活得长久。因为，只有帮助客户实现他们的利益，华为才能在利益链条上找到自己的位置。只有真正了解客户需求，了解客户的压力与挑战，并为其提升竞争力提供满意的服务，客户才能长期与企业共同成长与合作。

艰苦奋斗是华为的魂

"华为惟一可依存的人——华为惟一可以依存的是人，当然是指奋斗的、无私的、自律的、有技能的人，如何培养和造就这样的人，是十分艰难的事情。但我们要逐步摆脱对技术的信赖，对人才的信赖，对资金的依赖，使企业从必然王国走向自由王国，建立起比较合理的管理机制。"

"艰苦奋斗是华为文化的魂，是华为文化的主旋律，我们任何时候都不能因为外界的误解或质疑动摇我们的奋斗文化，我们任何时候都不能因为华为的发展壮大而丢掉了我们的根本——艰苦奋斗。"

华为认为，一年的企业靠运气，十年的企业生存靠的是产品，而百年的基业长青靠的是企业与精神内核。

在华为这种精神的引领下，华为进一步确定了"华为的干部不搞终身制""绩效考核末尾淘汰必须日常化""制度不迁就任何人"等制度。

华为的文化并不是一下就如此丰满和博大，华为的企业文化是随着发展历程不断明晰和修订中完善。

华为相信，烧不死的火鸟是凤凰，只有艰苦奋斗企业才会成长，只有坚持干部能上能下、末位淘汰、有能力者居之，才能挤压队伍、鞭策组织、激励后进、选拔出真正的领袖。

华为的干部不搞终身制

在华为，干部永远是"有能力者居之"，其他企业常见的"干部提升上去就不会下去"现象在华为是绝不可能。关于华为的干部不是终身制的理念，可以归纳为六条。

第一，华为的干部队伍建设要在战争中调整，不合适的干部就要下去。

"不能坐下来讨论干部队伍建设问题，应在战争中调整，不合适的就要下去，包括对所有的高级干部，都不会姑息养奸，大树底下并不好乘凉。整改干部队伍的目的，是要公司活下去。要想活下去，只有让那些阻碍公司发展的人下去，或者说把那些不利于我们发展的作风彻底消灭，公司才能得以生存。这也是我们整改的宗旨。"

第二，干部不是终身制，没有新陈代谢就没有生命。

"我们的干部不是终身制，高级干部也要能上能下。在任期届满，干部要通过自己的述职报告，以及下一阶段的任职申请，接受组织与群众评议以及重新讨论薪酬。长江一浪推一浪，没有新陈代谢就没有生命。必要的淘汰是需要的，任期制就是一种温和的方式。"

第三，加强新干部的提拔。

"如果我们不能形成一种有利于优秀人才成长的机制，高速前进的列车不能有上、有下，那么列车的运行就不能脱离开生命的束缚，我们必将走在盛极必衰的路上。所以要加强新干部的提拔，特别是艰苦地区，新干部不提拔，我们的商业模式就继续不下去了。"

第四，要坚决消灭"夹心阶层"。

"华为公司坚决要把'夹心阶层'消灭掉，这是我从其他公司惨痛的教训中总结出来的。'夹心阶层'指的是那些既没有实践经验，又不理解华为企业文化，还要把他们安置在较高职位上的人员。'夹心阶层'的存在必然会形成不良文化，这种文化最后将导致公司失败。对他们，要压到基层去锻炼，成为自然领袖，从而确立他们在华为的地位。"

第五，华为要铲除沉淀层、落后层。

"公司一定要铲除沉淀层，铲除落后层，铲除不负责任的人。对于一个不负责任而且在岗位上的人，一定要把他的正职撤掉，等到有新的正职来时，副职也不能让他干。对于长期在岗位上不负责的人，可以立即辞退。若不辞退，这个队伍还有什么希望呢？若你不能认识到这个问题，你就不会有希望。没有一个很好的干部队伍，一个企业肯定会死亡。"

第六，华为坚持"干部能上能下"是永恒的制度。

"华为不可能有永恒的高速度，每个人的素质、个人学习努力的程度、自我改造的能力差异都很大，怎么可能步调一致地推动公司前进。至少，我看不清华为长远未来的前景。所以，我们不能懈怠，干部能上能下一定要成为永恒的制度，成为公司的优良传统。"

将末位淘汰融入日常绩效考核

华为是一家实行"末位淘汰制"的公司，在华为你可以拿到在别的地方拿不到的高工资，但是你也要承受相应的代价。在华为，内部考核十分严格，淘汰的比例也远高于其他企业。

末位淘汰的目的是挤压队伍、激活组织、鞭策后进、选拔领袖。"末位淘汰是从西点军校学来的，它的目的是用来挤压队伍，激活组织，鼓励先进，鞭策后进，形成选拔领袖的一种方式。高端员工要去做领袖，逼着他优秀了，还要更优秀，是痛苦一些。不是天将降大任于斯人吗？必先苦其心志。不能指望基层员工一下子就去做领袖，要让他们在宽松的状态下去工作，创造绩效，多些收益。"

末位淘汰制融入日常绩效考核体系。"将末位淘汰融入日常绩效考核工作体系，实现末位淘汰日常化。已经降职的干部，一年之内不准提拔使用，更不能跨部门地提拔使用，我们要防止'非血缘'的裙带之风。一年以后卓有成绩的要严格考核。对于连续两年绩效不能达到公司要求的部门或团队，不仅仅一把手要降职使用，全体下属干部和员工也要负连带责任。"

每个层级不合格干部的末位淘汰率要达到10%。"不合格干部的末位清理绝不能只停留在基层主管层面，对于不合格的中高层干部同样要动真格的，要实行末位淘汰，每个层级不合格干部的末位淘汰率要达到10%，对于未完成年度任务的部门或团队，干部的末位淘汰比例还可适当进一步提高。"

"不合格干部清理和员工末位淘汰要形成制度和量化的方法，立足于绩效，用数据说话。面向未来，要逐步把不合格干部清理和员工末位淘汰工作融入到日常绩效管理工作体系中，以形成一体化的工作模式，而不是独立开展的工作。"

要去除不能承担责任、不敢承担责任、明哲保身、技能不足的干部，同时也要去除论资排辈。"要严格地确定流程责任制，充分调动中下层必须承担责任、在职权范围内正确及时决策；把不能承担责任、不敢承担责任的干部，调整到操作岗位上去；把明哲保身或技能不足的干部从管理岗位上换下来；要去除论资排辈，把责任心、能力、品德以及人际沟通能力、团队组织协调能力……作为选拔干部的导向。"

公司不会迁就任何人

在华为，任何人都可能被淘汰掉，目的是为了华为的长治久安。因此，华为坚持"不迁就任何人"。

"要保持公司长治久安，就要保持正确的干部淘汰机制。不管你是高级干部还是创始人，都有可能被淘汰掉，不然公司就不会有希望。公司不迁就任何人，高级干部为什么不能做一般员工呢？因此，原来的高级干部干累了，是可以转做机关一般员工，他们也就安居了，不用漂泊了。"

在华为，希望进步的同志，唯有奋斗一条出路。

"我们提倡能上能下，在实践活动的大浪淘沙中，我们要把确有作为的同志放在岗位上来，不管他的资历深浅。我们要把有希望的干部转入培训，以便能担负起更大的重任。我们也坚定不移地淘汰不称职者。为了保证高效益，我们绝不心软、手软。一切希望进步的同志，唯有奋斗一条出路。"

永恒贯彻管理改进

任正非曾说过,管理需要从小改进、持续改进,只有棺材钉上时才能松口气:

"如果管理不从小改进做起,什么事都将做不成。有人问我,我们到底到什么时候才能松口气?我说只有到棺材钉上时才能松口气。世界上唯一不变的就是变化,贯彻永恒的是管理改进。现在华为公司面临一个战略转折点,那就是管理与服务的全面优化建设。因为如果没有良好的管理与服务,就不可能有市场的扩张,就不可能有所前进,所以管理的优化和服务意识的建立是公司的战略转折点。"

企业发展就是要发展一批狼

华为的"狼性"一直以来都为人们所津津乐道。关于狼性,在华为内训书籍《以奋斗者为本》中给出了很好的解释。

企业发展就是要发展一批狼。狼有三大特性:一是敏锐的嗅觉;二是不屈不挠、奋不顾身的进攻精神;三是群体奋斗的意识。企业要扩张,必须有这三要素。(来源:《华为的红旗到底能打多久》,华为公司内部资料,1998)

华为把目标瞄准世界上最强的竞争对手,不断靠拢并超越他,才能生存下去。因此,公司在研发、市场系统必须建立一个适应"狼"生存发展的组织和机制,吸引、培养大量具有强烈求胜欲的进攻型、扩张型干部,激励他们像"狼"一样嗅觉敏锐,团结作战,不顾一切地捕捉机会,扩张产品和市场。同时,培养一批善统筹、会建立综合管理平台的狈,以支持狼的进攻,形成狼狈之势。狈在进攻时与狼是形成一体的。只是这时狈用前腿抱住狼的腰,用后腿蹲地,推狼前进。但这种组织建设模式,不适合其他部门。(来源:《建立一个适应企业生存发展的组织和机制》,华为公司内部资料1997)

华为哲学带来的启迪

现代组织所面临的一大困境:公司刚刚成立时,体量很小,每个员工都可能是独当一面的高手。而随着公司的体量越来越大,团队中的人数也来越多,团队中个体所贡献的力量也越来越小。

这就是著名的"林格曼效应",是现代管理学中难以绕开的一个难题。

林格曼效应与"团队性偷懒"

1882年,一位名叫林格曼的法国工程师进行了一次特殊的拔河实验,拔河绳一头是可以测出力量大小的重物砝码,在拔河绳的另一边则是需要拖拽砝码的人。在实验中林格曼最初让单边人数为1人,然后不断增加参与拔河的人数,并且记录不同人数对应的力量大小。按照一般人的思考,假如一个人的力量是X,那么10个人的力量就是10X。林格曼也是这么认为的,但是当实验结束之后林格曼发现自己的想法完全是错误的,因为集体的力量会小于个体力量的总和。比如当单边人数到3人时,单边的力量总和只为2.5个人的力量总和,当单边人数增加到8人时,力量总和仅为4个人的力量总和。

这个结果似乎和数学基本原则相违背,但其实并没有违背,因为实验和数学其实并没有太大的关系。出现这种结果的原因是因为个体的力量随着数量的增多出现了流失,并且个体数量越多流失的就越多。

虽然从表面上来看,"人多力量大"这个概念在拔河中仍然是适用的,但是其中却存在着巨大的力量浪费。最后林格曼从这个实验中得到了一个结论:当人参加团队性活动时,个人贡献会随着人数的增多而减少。后世的心理学家通过多种实验也验证了这一理论,并且将这个理论命名为"林格曼效应"。而在现在的企业当中这一效应处处可见。

曾经有人认为出现林格曼效应的现象另有原因:因为当参与人数增多时,多个参与者相互之间的配合和协调就会出现问题,最后导致很多人的力量在这种内耗中白白浪费。

事实是,内耗的确会让一部分个体的力量白白损失,但是这并不是主要原因——在几十年之后,一位美国社会心理学家重复了这个实验。

1974年,一位美国社会心理学家重复了林格曼的实验,不过这次实验和林格曼的实验有了一点区别,区别就在于参与测试者在实验时一直都戴着眼罩。实验组织者让他们进行了两次拉绳,第一次组织者会告诉他们这是一次单独拉绳,第二次组织者则告诉他们这一次是集体拉绳。但是,实际上第二次虽然参与测试者前后都有人,但只有他自己发力了,也就是说两次都是单独拉绳。

不过,结果依然和之前林格曼得到的结果一样,当测试者认为自己在集体当中时付出的力量明显变小。这证明了当一个人处于团队中工作时,他们的付出会比单独工作时要少,并不是因为协调或者配合的原因,只是因为个人心态的问题。

而华为的狼性文化,从某种意义上讲,正是林格曼效应的克星。企业要发展壮大,人员越来越多,势必会有浑水摸鱼、"搭便车"的人出现,这些人对组织的发展造成了阻碍,也对其他人起到了坏的效果。

但是,当企业推行狼性文化时,不具备狼性的成员被剔除在外,可以始终保证最优秀的人在企业中,企业中每个成员也都尽力做到最优秀。

华为是我们标杆考察中的重点企业,而华为的狼性哲学也是我们重点学习的项目。这些年我们带领的很多企业学习了狼性精神,在自己企业推行中都取得了很好的效果。

不过我仍然要强调,标杆学习不是照搬,而是择取优秀、适合自己企业情况的内容,贯彻到自己的企业中去,狼性哲学也是如此。

"六脉神剑"+"政委文化":阿里巴巴价值观打造和企业文化建设

企业文化是企业综合实力的体现,是一个企业文明程度的反映,也是知识形态的生产力转化为物质形态生产力的源泉。当公司面临新的形势、新的任务、新的机遇和新的挑战,要想在激烈的市场竞争中取胜,把企业做大做强,实现企业的跨越式发展,就必须树立"用文化管企业""以文化兴企业"的理念。

马云曾经说外界看阿里巴巴集团的核心竞争力,会认为是淘宝,是阿里巴巴网站,但只有阿里巴巴自己人才知道,阿里巴巴集团的核心竞争力是价值观和企业文化。

而阿里企业文化中,最为人称道的,就是阿里"六脉神剑"和"政委文化"了。

阿里巴巴有一种武功绝学"六脉神剑",指的就是阿里巴巴的企业文化和核心价值观。它们分别是:客户第一;团队合作;拥抱变化;诚信;激情;敬业。

阿里的"六脉神剑"的具体内容如下：

1. 客户第一：客户是衣食父母
无论何种状况，微笑面对客户，始终体现尊重和诚意。
在坚持原则的基础上，用客户喜欢的方式对待客户。
站在客户的立场思考问题，最终达到甚至超越客户的期望。
平衡好客户需求和公司利益，寻求双赢。
关注客户需求，提供建议和资讯，帮助客户成长。

2. 团队合作：共享共担，平凡人做非凡事
乐于分享经验和知识，教学相长。
以开放的心态听取他人的意见，表达观点时，直言不讳。
在工作中，群策群力，拾遗补缺，不是自己份内的工作，也不推诿。
决策前充分发表意见，决策后坚决执行。
有主人翁意识，积极参与，促进团对建设。

3. 拥抱变化：迎接变化，勇于创新
对于行业和公司的变化，认真思考并充分理解，积极接受。
对于变化对个人产生的影响，理性对待，充分沟通，诚意配合。
面对变化，积极影响和带动同事。
在工作中具备前瞻意识，不断尝试新方法，新思路。
即使变化后产生了挫折和失败，也能重新调整，以更积极的心态拥抱下一次变化。

4. 诚信：诚实正直，言出必践
胸怀坦荡，对事不对人。
言行一致，不受利益或压力的影响。
勇于承认错误，敢于承担责任。
不传播未经证实的消息，不背后不负责任地议论事和人。
坚持原则，不随意承诺或妥协。

5. 激情：乐观向上，永不言弃

对公司、工作和同事充满了热爱。

以积极的心态面对困难和挫折，不轻易放弃。

不断自我激励，自我完善，寻求突破。

不计得失，全身心投入。

始终以乐观主义的精神影响同事和团队。

6. 敬业：专业执着，精益求精

今天的事情不推到明天，自己的事情不推给别人。

专注工作，做正确的事情。

在工作上以较小的投入获得高效的产出。

以专业的态度，平常的心态对待每件事。

持续学习，不断提升，今天的最好表现是明天的最低要求。

从阿里"六脉神剑"的企业文化，我们不难看出阿里成功的原因。正是阿里出色的企业文化指引了阿里每一个人的行动，是阿里每个人的行动指南。

除了阿里"六脉神剑"，阿里还有一招为人所称道的"杀手锏"，那就是阿里特殊的"政委文化"。

阿里的"定海神针"：政委文化

在阿里巴巴的 B2B 部门中，HR 通常还有另一个称呼"政委"。对"政委"这个词，读者应该都不会陌生，但是它的来源和企业管理并没有什么关系，而是来自于军队管理。阿里巴巴"政委"一词的使用，则是受到两部电视剧的影响《历史的天空》和《亮剑》。在十多年前两部电视剧热播之时，马云也就是这两部电视剧的忠实观众，深受主人公"姜大牙"和"李云龙"的感染。

于是很快两部电视剧的 DVD 阿里巴巴集团总监一级的管理层手上人手一份，马云要求他们好好学习这两部电视剧的主人公。

很快，几十张 DVD 就发送到阿里巴巴集团总监一级的管理层手中，要求仔细学习。在 B2B 部门的一线销售团队中，将派出既懂业务，又代表公司政策和担负价值观宣导责任的人力资源专员。因为有了马云的创意，这套人力资源管理系统索性改名为"政委体系"。

之后，马云曾对阿里巴巴的员工说："前些天，我组织公司的一些高层看《历史的天空》。这是一部很好的电视剧，讲述了一个农民如何逐步成长为将军的故事。主人公姜大牙一开始几乎是个土匪，但是通过不断学习、实践，不仅学会了游击战、大规模作战、机械化作战，而且还融入了自己的创新，最终成为一个百战百胜的将军。与众多的中小企业一样，阿里巴巴也希望员工像姜大牙一样，不断改造，不断学习，还要不断创新，这样企业才能持续成长。"

阿里巴巴的政委就是 HR 的一种，不过并不是所有 HR 都是政委，因为阿里将 HR 分为两种，一种是职能型，一种是业务型。职能型 HR 主要负责人力资源领域的战略制定，业务型主要负责的才是具体集团人事方面的工作。阿里巴巴的政委指的就是业务型 HR。

在 2003 年之后，阿里巴巴就进入了高速发展阶段。一方面，很多企业在进入高速发展时期后都存在一个现象，就是人员低位高用。出现这种情况的原因很简单：工作多但人员却不够用。另一方面，成为一家持续发展 102 年的企业一直是马云的目标，为了实现这个目标，同时为了避免在阿里高速发展时期，部分业务人员只看重眼前业绩而采取一些短期做法，阿里巴巴的人力资源部门才有了"政委"这一称呼。

业务人员主要关注的是短期业绩，比如月度、年度目标完成情况。而"政委"则不同，政委至少要看到今后几年的发展，以及企业文化打造和建设以及人才培养的问题。

"政委"在阿里的考核体系中，也发挥着非常重要的作用。阿里每个员工的考核分数都由其上级评定，如果员工对评定的分数产生质疑，上级必须要能够证明评定的分数是合理的。为了确保考核评定足够客观，上级的上级也需要在考核表上签字，对分数负责。

同时，所有部门都会有一个"政委"作为观察员，工作就是观察部门中每位员工状态是否良好，不同层级之间沟通是否顺畅到位。

看过《亮剑》和《历史的天空》这两部电视剧的人可能对阿里巴巴中"政委"和业务部门管理者之间的关系有一定概念。政委和部门管理者既是相互辅助，同时又起到制衡作用。业务管理者主要负责短期目标完成，以业绩为导向；政委则更关注长期目标，注意力多放在团队建设上，二者在这方面是起相辅相成的作用。政委团队人员选择、企业文化打造方面在部门中拥有一票否决权，还会在部门未来发展方向和思想上指引业务经理，这就对部门管理者起到一定的制衡作用。

"政委工作"：闻味道、照镜子和揪头发

马云曾经要求对阿里巴巴高层管理者提出了三个要求：闻味道、照镜子、揪头发。这三个要求也是阿里巴巴的"三板斧"管理重要组成部分。作为阿里巴巴的政委，这三条是必须掌握的。

闻味道：一个团队和人一样，都有自己的气场。出色的管理者不需要过多了解，只需要在部门中走一圈，就可以感受到团队的气场，了解团队状况如何、士气是否足够，需要采取什么样的应对措施。

照镜子：照镜子指的就是经常反思、客观评价自己。找到自己的优势，同时还能够发现短板。同时照镜子还不局限于自己，目标可以是下属、同事、领导，无论目标是谁，发现问题都要及时交流。

揪头发：揪头发是指培养向上思考、全面思考的能力，而不是将注意力仅局限在眼前。能够全面地看待问题，避免出现"屁股决定脑袋"问题的出现。

阿里带来的启示：我们的公司需要什么样的文化

在阿里巴巴创业之初，马云与"十八罗汉"订立了三个愿景——

第一个愿景：阿里巴巴未来要成为服务中国中小企业的一家电子商务公司。

第二个愿景：阿里巴巴在未来要成为市值50亿美元的企业。

第三个愿景：阿里巴巴要成为一家生存102年的企业。

在愿景订立之初，虽然并不是所有人都相信这些愿景能够实现，但是马云依然坚持将愿景分享给团队成员，使企业愿景深入到每个人的心中，并在未来一步步地将企业愿景和个人的愿景相结合。

现如今，马云的第一个愿景和第二个愿景早已实现，阿里上下也都在为了第三个愿景而努力。这就是企业文化所能带来的巨大感染力。

不同的公司具备不同的企业文化，这和公司所在的行业、公司自身的定位是分不开的。阿里企业文化带给我们的启示，并不是要照搬它的"六脉神剑"、照搬它的"政委文化"。而是从阿里身上，我们需要反思的是：我们的公司需要什么样的文化。

文化不是口号，不是字面上的几个词几句话，文化一定要是所有成员都认可，所有成员都推崇和执行的行动准则，企业文化一定能够支撑一个公司去往更好的地方。如果文化不能指引行动，那么文化便只是花架子。

让年轻一代融入企业文化：腾讯的包容、有趣与"快"

马化腾曾这样总结腾讯成功的原因："腾讯能走到今天，这应归功于集体的战略智慧、执行力以及自发的危机感。一个人无法预知和操控时代，要懂得分工协作，依靠集体智慧，设定各自的分工和管理权限，群策群力，果断执行。因为，一家公司的成功永远不只是钱或资源够不够的问题，关键的还是团队精神。尤其是将帅相当重要，将帅无能，累死三军。传统行业会有资金密集型扭转的机会，但移动互联网基本不太可能，这个市场不是拼钱、拼流量，更多是拼团队，拼使命感和危机感。"

要拼团队，就需要一个好的企业文化把团队中成员凝聚起来。

腾讯的企业文化一直是许多企业所学习和研究的对象，腾讯企业文化与员工关系部总监陆文卓这样评价腾讯的企业文化："腾讯内部每年都会做满意度调研，文化一直是所有指标当中最核心的，而且能得到80多分，是最高分，比其他平均分60分高很多。大家对于腾讯文化的认同度，以及腾讯文化在所有员工和管理干部身上体现程度的认同都非常高。"

腾讯的企业文化可以归结为三个词：包容、有趣和"快"。

包容文化

腾讯是一家包容度非常高的公司，这种包容体现对员工着装要求的放松，在腾讯不会有人觉得你的穿着打扮很奇怪，用腾讯内部人的话来说："你的装束并不代表和你这个人有必然的联系。"

腾讯的包容还体现在一个事情上。

腾讯内部有 BBS，在腾讯自己的 BBS 上，有一个原则：只要你发布的内容符合法律法规，没有政治问题和色情内容，你发的任何内容都不会被删除，允许你发布任何想法。所以在腾讯内部的 BBS 上常常会有很火爆的内容。

比如说一个腾讯员工想买微信相框，但是他使用财付通的体验很差，于是他用截图、表情包等很诙谐的方式把对这个产品的意见吐槽出来。而跟帖的员工会认真地和他讨论这个产品的问题在哪里。

而腾讯的老大马化腾也亲自回复了那个帖子，并且不避讳地说：财付通是很烂。

这体现的是腾讯企业文化的包容，和一种特殊的智慧。中国古人就说"防民之口甚于防川，"当一个员工有了看法时，他一定会用很多种方式来发泄出来。

而员工有自己的不一样的想法并不是坏事，这种想法上的不同其实可以成为企业的动力。关键是如何对待这种不同。而腾讯的做法是鼓励和包容，可以让员工在内部毫无保留地表达出自己的想法。

有趣基因

当腾讯在发展时，腾讯的文化始终是在进化中进行。当腾讯的战略升级时，腾讯自身的文化也会随之升级和调整。

腾讯企业文化与员工关系部总监陆文卓在谈到腾讯做文化的心得时，特别提到了"做文化一定要找员工关心的点"，"80后""85后"在整个腾讯占45%以上，从事企业管理的里都应该关注这群人，他们和我们完全不一样，我们是慢慢地学习如何进入互联网，他们天生就是互联网的人。这群人可能不知道自己要什么，但他们一定知道不要什么，非常有主见。他们在这里工作，离职不是说因为不爽，可能是没有什么爽的事情。你会发现他们会呈现出这样的特色出来。

人是什么样的个性，决定公司或者文化如何做。我们做很多公司项目传播的时候，发现现在已经进入到一种信息过剩的时代，信息的推送会失效。这个时候你想告诉员工一件很重要的事情如何做，日常的推送没有用，更多是采取面对面的形式。最后搞一些线下的活动，这个才是有最有效的，这是这个时代人的一些特点。

做文化一定要找员工关心的点,哪些点他们很喜欢(我们就做哪些点)。"

这也是腾讯企业文化的塑造理念之一,就是要够好玩。一是企业文化传达出的内容要有用,二是传达的方式要足够有趣。这样才能更容易引起员工的共鸣,见图2-10。

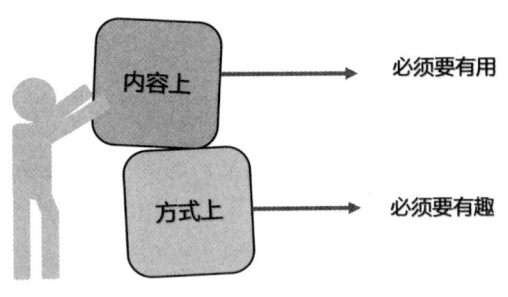

图 2-10　腾讯的"有趣"文化

腾讯企业文化与员工关系部总监陆文卓曾经表示过:"CE(用户调研)在腾讯无处不在,我们做任何的发文、制度、产品,都会先询问员工:这个东西你怎么看?你有什么建议?这个制度你有什么意见?很多这样的调研给到员工。但是,调研是你所做工作的最好的宣传,当你真正推行的时候,大家已经完全知道你究竟要做什么,而且员工一看就是我们大概这么想的,他们很容易接受。我们做HR,最痛苦是发一个东西,员工都不看。怎么让员工更好地接受管理手段,要重视参与感。所以管理的动作一定要和你的文化做结合。"

"快"的血液

如果每个企业都是江湖中的一个帮派,那么腾讯这个天下大帮派,一定会非常认同"天下武功、唯快不破"。

快是腾讯竞争力的核心,也是腾讯文化中非常重要的一点。在互联网的残酷竞争之中,腾讯可以无数次获胜,和腾讯对"快"的极致追求是分不开的。

在腾讯"快"文化的背后,是腾讯自身深刻的危机感,马化腾曾经这样说过:"我觉得互联网企业和传统企业非常不同的地方就是,互联网企业能在一秒内发生一个颠覆性的变化。可能我突然间接了一个电话,我们在线的设备发生重大事故毁掉了。这在传统行业是不可能的,毁掉它要花很长时间,但是在互联网企业里只需要一秒钟。包括你用户资料突然就流传到外界了，这对互联网公司来说都是灭顶之灾。因此，千亿级（人民币）公司没落是很常见的事情；甚至到了千亿元，没落的概率可能还会更高，包袱越重没落越快。人要清醒，外面掌声越热烈就越危险。真正的危机也从来不会从外部袭来，只有当我们漠视用户体验时，才会遇到真正的危机。只有当某一天腾讯丢掉了兢兢业业、勤勤恳恳为用户服务的文化的时候，这才是真正的灾难。"

马化腾的一番言论很能说明腾讯这种深入骨髓的危机感和对"快"的追求："世界是很残忍的，多大的巨头都会随时倒下，倒下后你还能摸到它的体温。甚至强大如 Facebook，股票市值一度跌到 700 亿，是因为大家担心它向移动端转变有问题。做微信的时候我们也很紧张，腾讯内部有三个团队同时在做，都叫微信，谁赢了就上谁。最后广州做 E-mail 出身的团队赢了，成都的团队很失望，他们就差一个月。其实当时还有一个对手也在做类似的应用，而且他们赌我们不会这么快。在这段最危险的时间里，所有高管都在试用，有什么问题立刻在群里反馈，立刻去改。大家天天工作到凌晨 3 点、5 点。微信出来了，腾讯获得了一张移动互联网的船票，而且是头等舱。"

在微信成功之后，小米的雷军曾说，米聊之所以会失败，是因为微信可以一周就更新一两次，而米聊一个月才更新一次。这样不是互联网模式，所以不可能成功。

快的本质是极致。

小而美的微信因快速而成功，而体量更大的 QQ 也因为快而获益。即使像 QQ 这样大体量的产品，有这么复杂的架构和功能，却仍能保持每个月更新两到三次，这种快速是对极致的追求，只有每个人都愿意把自己的工作做到极致，才能有这样快速的节奏。

腾讯带来的启示：如何让年轻人融入企业文化

腾讯优质的企业文化，使得这家公司的业绩、形象、文化和员工幸福度都达到了一个惊人的高度，腾讯的企业文化很值得我们去研究。尤其腾讯的企业文化是如何引领和影响年轻人的。

当今时代，无论领导者使用哪种管理方式，他都必然跳不开一个话题：新生代员工的管理。

如今"90后"员工已经成为企业新入员工的主体。因为这一代员工出生在中国改革开放的特殊时期，特殊的成长经历和学习背景造就了他们和"60后"、"70后"截然不同的性格特征。

因此，众多领导者过去熟知的管理方法在这些新生代员工身上已经开始失去了作用，如何管理这些新生代员工就成为摆在领导者面前的一道难题。同时伴随着互联网的普及和时代的快速发展，今后每一代新生员工都将拥有完全不同的性格特征，包括未来数年之后的"00后"新生代员工，也都是领导者需要细心研究的对象。

很多人一提年轻人会有一个印象：年轻人对"企业文化"这种概念不是特别感冒。这完全是个误解。

如果一家公司的企业文化无法吸引和用影响年轻人，那绝不是年轻人的问题，而是企业自身的问题。腾讯人对腾讯企业文化超高的认可度可以为我们找到如何做优秀企业文化，如何用文化去影响和感召年轻人的新思路。

腾讯文化落地的秘诀在于参与感。

让员工参与到企业文化的开发和建设中，是非常重要的。腾讯的做法可以带给我们一些启迪。

2011年，腾讯意识到新的时代正在到来，正在从PC时代转移到移动互联网时代。而对于新的时代，过去腾讯对员工的要求"尽责"已经不再足够，而是需要更加主动进取的精神。于是，腾讯管理者开始把腾讯价值观中的"尽责"升级换代为"进取"。

那么价值观升级了，原本代言"尽责"的动物是蚂蚁，现在要换成什么？于是腾讯内部公开票选，腾讯当时的18000多员工中90%都参与到这个行动中来，最后选定了海燕。

其实，员工在诸多动物选择哪种动物并不重要，重要的是员工如何看待什么是进取，什么是他们所认同的形象，以及他们在整个过程中的参与感。

心理学中，一个人如何确定自我的身份认同？

两种途径，一种是先说，然后再通过行动强化；另一种是先行动，然后在行动之后完成对自我的确认。

在公司企业文化的建设中，如果员工自己能够参与进来，他对文化的认可度，对自己在这个文化中的位置认可就会更高。

第 7 章

企业创新标杆

创新是指人类为了满足自身需要，不断拓展对客观世界及其自身的认知与行为的过程和结果的活动。

创新同时也是人类为了一定的目的，通过对事物发展规律的观察，对事物的整体或其中的部分进行变革，从而使之更新和发展的活动。

创新，顾名思义就是创造新的事物。和创造相对的是仿造，我们所说的创新意味着创造一个前所未有的事物。

创新是以新思维、新发明和新描述为特征的一种活动过程。

创新一词起源于拉丁语，原本包含了三层意义：第一层，更新；第二层，创造新的事物；第三层，改变。创新是人类特有的认识能力和实践能力，同时也是人类独特具备的主观能动性的高级表现形式。

1912年，约瑟夫·A.熊彼得（1883－1950年）在《经济发展理论》中首次提出"创新理论"（Innovation Theory）。他在书中提到，创新者将资源以不同的方式进行排列组合，从而使之创造新的价值。同时，熊彼得提出了"创造性破坏"的概念，并把创新分成了五种形式：开发新产品；引进新技术；开辟新市场；发掘新的原材料来源；实现新的组织形式和管理模式。

彼得·F.德鲁克（1909－2005年）提出，创新是组织的一项基本功能，是管理者的一项重要职责。在德鲁克之前，"管理"的概念中并不包含创新，人们认为管理就是将现有的业务梳理得井井有条，在此基础上不断改进质量、流程、降低成本、提高效率等。

但是德鲁克将创新一词引入了管理，明确提出创新是管理者的日常工作和基本责任。

从哲学上看，创新是人类现有事物和规律的发现和再创造，是对物质世界的矛盾的再创造。人类通过对物质世界的再创造，发明了新的矛盾关系，同时也创造了新的物质形态。

创意则是创新的特定形态，人类意识的新发展是对自我的创新。创新的无限性基于物质世界的无限性，而实践才是创新的根本所在。

新标杆学习，创新无疑应该成为一个最主要和最重要的学习课题，一是由于几乎所有的标杆企业，其成功的根本原因就是他们在产品、生产工艺、市场营销、企业文化、企业管理等诸多方面的创新机制、创新思维和创新实践；二是由于企业学标杆的根本目的也是为了通过向标杆企业学习，从标杆企业那里得到解决自身企业问题的启发和思路，经验和方法，从而推动自身企业的创新和变革。所以标杆企业的创新主题对我们新标杆学习具有重要的意义。

以创新为血液：小米如何用创新驱动成长

2017年收入1146亿元：小米奇迹上半场完美落幕

2018年5月2日，小米正式提交招股书申请在香港上市，中信里昂证券、高盛、摩根士丹利担任联席保荐人。

从招股书草拟版数据我们能看出：2015年小米年收入是668亿元，经营利润则是13.73亿元；而到了2016年小米的年收入还是684亿元，但经营利润的数据为37.85亿元；飞跃性的增长来自2017年，2017年度，小米年收入1146亿元，经营利润122.16亿元！

不能不说这是个奇迹。

无论传统销售，还是电商销售，大家追求的都是销售额，销售额简单地说就是客流量、客单价和顾客转化率的乘积，在互联网环境下作为电商运营其策略将有八大重点，即产品、渠道、用户、数据、品牌、营销、技术、团队，而小米在这八个重点上都是不遗余力地发力。

在2017年年初，雷军提出2017年小米会做到1000亿美元营收，在当时几乎没有多少人相信——小米过去两年很难让人相信其拥有短时间内做到千亿元营收的潜力，但是小米做到了。

在2018年度《人民日报》发布的民营企业500强中，小米第一次进入排行榜，就强势列位第30名。

2018年7月9日，小米在香港联交所主板成功上市，小米也是第一家在香港上市的"同股不同权"企业——小米上半场的传奇完美落幕，下半场故事则刚刚开始。

事实上，作为一家2010年才成立，至今也不过8岁的年轻企业来说，小米已经创造了世界企业史上的一个奇迹。接下来小米进入世界 500 强指日可待，小米也有望成为世界上最快进入世界 500 强的科技公司。

2016 年小米的收入还是 684 亿元，在 2017 年小米强势崛起。雷军自己则说，小米是世界上唯一扭转了销量下滑趋势的手机公司。

而支撑小米惊人业绩的，则是小米身上流淌的创新的血液。

在雷军曾发布的公开信中，称"小米不是单纯的硬件公司，而是创新驱动的互联网公司"。信中谈到小米的创新文化：

"我们推崇大胆创新的文化。从手机工艺、屏幕和芯片等技术的前沿探索，到数年赢得的 200 多项全球设计大奖；从"铁人三项"商业模式，到通过"生态链"公司集群；从"用户参与的互联网开发模式"，到小米线上线下一体的高效新零售创新精神，在小米蓬勃发展并渗透到每个角落，推动我们不断加快探索的步伐。目前，我们是全球第四大智能手机制造商，并且创造出众多智能硬件产品，其中多个品类销量第一。我们还建成了全球最大消费类 IoT 平台，连接超过 1 亿台智能设备。与此同时，我们还拥有 1.9 亿 MIUI 月活跃用户，并为他们提供一系列创新的互联网服务。"

雷军也谈到，真正让自己自豪的并非这些数字，"而是中国智能手机和智能设备等一系列行业的面貌因为我们的出现而彻底改变"。

小米之家和小米生态链

提到小米的创新，不得不提的就是小米之家和小米生态链。

小米之家作为小米的线下门店，在 2016 年 2 月开业了第一家，而到了 2017 年 5 月份，13 个月过去了，才开到 100 家。而从 2017 年下半年开始，小米之家开启了加速增长的模式，2017 年 8 月小米之家已经迅速开到了 150 家。

截止到 2018 年 10 月，小米之家在全国已经开了 500 多家门店。2018 年 3 月，小米公布小米之家销售额，在 2018 年 2 月份短短 28 天的时间里，小米之家作出了 10 亿元销售额——坪效高达 27 万元 / 年。值得注意的是，全球坪效最高的公司是苹果，数据是 40 万元 / 年，小米的坪效目前是世界第二。

小米之家的成立，意味着小米开始进行线下线上相融合的新零售模式，同时小米也认为追求最高效率是未来的重大趋势。

正如小米之家高管林斌曾说过的：如果小米之家仅是卖手机、电视和路由器，那么用户可能一年才进店一次。扩宽小米产品线，全面促进了小米线上线下的融合。

以北京第20家也是北京最大的通州万达小米之家为例，占地570平方米，包含小米产品150多种，产品线覆盖了家居、日用、家电、智能、影音、服饰、出行、饮食、餐厨等日常所能涉及的各个产品品类。丰富的产品组合，使顾客可以高频率地访问小米之家，并从中发现自己的需求、满足探索的乐趣。

正如刘德所说："我们卖的东西都是低频次消费品，传统企业的人就很难理解，谁每天都买净化器？谁每天都买扫地机器人？但是这些低频次商品有一个很好的产品组合，形成了一个高频次购物体验。"

而小米的生态链，则是一个运转精密的系统——小米在全球寻找最好最具有创新性的合作伙伴，生产最有创造力和性价比的产品，同时对有潜力的公司投资，反过来使这些公司为自己生产商品——小米创立的，是一个运行良好、完美的生态循环系统。

小米的启示：只有创新才能带来美好

目前在中国市场中，大多数企业都喜欢使用"抄袭主义"，并且还是盲目的使用。这些企业为了降低自己的风险，减少自己的支出，不愿意去自己寻找道路，而是直接照抄那些成功企业的产品模式或者运营模式，希望通过这种方式能够从竞争激烈的市场中分得一杯羹。这种现象如今非常明显，最常见的就是某一个企业的产品或者某种营销方式大获成功，市场上立刻就出来一大批效仿者。

不可否认，对于一些实力不足的企业，这种方式是省钱同时也是最高效的方式。一方面这些企业没有足够的人力和物力支持，无法自己去研究出一种新产品或者一种新模式；另一方面同样是因为实力不足，让这些企业无法承受巨大的试错成本，所以就选择借鉴和模仿他人。但是这种行为无疑会扼杀企业的创新积极性。

虽然有的企业在模仿其他企业的模式同时，会根据情况不同作出适当的调整，希望通过这种方式让模式在自己企业身上发挥出更大的效果。但是归根结底，这也不是创新，只是一种调整而已。就好比一种程序名叫 X，随着程序的更新升级，会不断出现 X1.0、X2.0……但是这些都是在 X 原程序的基础上衍生出来的，其本质并没有发生变化，所以并不是新程序，如果在更新升级后宣传是新程序，那就是欺骗用户。

在企业"抄袭主义"盛行的情况下，同质化产品竞争会极大地消耗企业的精力，企业为了自己的生存只能想尽一切办法去争夺市场，也就不会去考虑未来发展的路线。这时我们就会发现，这种"抄袭主义"所引发的竞争已经成为了行业内耗，这种内耗在快速消耗行业以及客户的价值，从而导致行业发展速度缓慢。

因此，"抄袭主义"是无法让行业以及企业获得一个美好前景的，想要在未来有一个美好的前景，只有通过创新才能够实现。

作为一家成立不到 10 年的民营企业，小米一直在加强自己的创新能力，小米不仅花重金购买专利，也在一直致力于研发自己的专利，早在 2016 年小米发明专利的申请量就进入了中国的前十名。

2017 年 2 月，小米发布了自主的松果芯片——松果芯片虽然并不成熟，但是在小米之前，现在全世界自己做芯片处理的公司只有三家——苹果、三星和华为，现在又加上了小米。我们可以从中看出小米的强大，但是更多的是小米的坚持创新的信念的强大。

在小而美的领域做大

小米生态链中的商品，很多是大企业眼中不起眼也没什么技术含量的小东西——自拍杆、体重计、接线板，但是正是这些小东西，市场上充斥着劣质产品，消费者无从选择，而小米直接解决了消费者的困扰，对一些原本没有行业标准的品类，小米的产品直接树立了行业标杆，这对行业发展来说是个良性推动。

小米把每一个普通的日常的商品，都尽力做到了行业的高标准，一方面巩固了小米自身的形象，另一方面每个小米产品的优质形象都为其他小米产品增强了品牌形象。

什么才是真正的小而美？

第7章 企业创新标杆

有一个理论叫作"3000艺术家理论",这个理论的大致意思是:如果一个艺术家能培养出3000个忠实粉丝,每年每个粉丝愿意给艺术家贡献1/1000的工资,那么这个艺术家的收入就是$1/1000 \times 3000 = 3$,是他粉丝平均收入的3倍,如果粉丝愿意给艺术家贡献1/100的工资,那么艺术家的收入就是粉丝平均收入的30倍。前者足以维持体面的生活,后者则非常可观了。艺术家的一生都可以用在维护这3000个粉丝上,不需要再扩大,只需要深入挖掘,使粉丝成为自己的终身粉丝。

我们可以把小米在这些小商品上的成功,看作3000家艺术家理论的延伸:企业的目标可以做小,我们做每个产品,都要找它的3000个终身粉丝,然后这些产品和产品背后的粉丝就是我们最宝贵的财富。但是要获取这3000个终身粉丝,靠的就是绝对的精准和极致。

极致这个概念其实可以分几点去理解,第一是产品的极致,第二是服务的极致,综合起是体验的极致。一方面我们要做"小",在细分市场里抓住细分人群的需求,然后把这个需求放大到极致;另一方面我们提供极致的服务,过去我们的服务是流程化、流于表面的,服务对我们来说是一种成本,是成本就要考虑节省。未来服务是产品的一部分,是战略层面的,做好服务才有更大的客户终身价值。见图2-11。

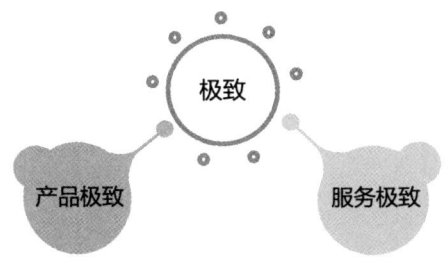

图2-11 极致的概念

现代社会的优势在于,如果我们能在一个很小的市场里把一个东西做到极致,那我们的市场可以是无限大。

基于小组制和大数据的重塑创新：韩都衣舍的1+5运营支持系统

互联网时代是一个机会和挑战并行的时代，互联网的出现改变了人们的生产生活方式，它的影响力辐射到各个领域，服装行业也不例外，面临着传统模式到新型模式的更迭。

说起互联网传奇品牌，韩都衣舍名列前茅。这家创立于2006年的公司，总部设在山东济南，早年还是做韩国代购的淘宝众多小卖家之一。

意识到只靠代购很难赚大钱，2008年韩都衣舍开始转型，自己设计服装创立自己的品牌，从此开启了属于韩都衣舍的传奇。

2018年11月11日，第十届"双11"开启，韩都衣舍荣耀蝉联五连冠。"证券日报"对韩都衣舍的"双11"成绩和接下来的动作做了详细报道。

韩都衣舍"双11"包裹两天内全部发出 互联网女装向"智能智造"转型准备IPO[①]

从2014到2017年已经连续四次获得互联网服饰品牌冠军的韩都衣舍，刚刚过去的2018年"双11"再创惊人成绩，第五次蝉联桂冠。开场仅10分35秒交易额轻松破亿元，开场7分钟第一批追单发出，176秒第一个包裹发出，在订单较2017年"双11"增长10%以上的成绩下，今年不到2天的时间内包裹全部发出……对于全面向"智能智造"转型的韩都衣舍而言，如今的"双11"早已变得"忙而不乱"。

11月12日下午，韩都衣舍仓库里繁忙的发货场景逐渐"降温"，当晚将近7点，韩都衣舍传来最新消息，"今年'双11'韩都衣舍所有订单发送完毕，粉丝可以放心坐等接单了！"公司一位负责人感慨，今年单量比去年激增10%以上，但去年全部发完订单用了两天半，今年用了不到两天，"逆天了"！

这得益于韩都衣舍不断完善的数字化智能平台的搭建。一位韩都衣舍的老员工回忆，最初几年"双11"活动期间，面对突然涌入的大量订单，整个电商系统应付

---

① 来源：证券日报2018年11月14日第2版。记者：赵彬彬；见习记者：王僖。

起来比较吃力，韩都衣舍也不例外。

这些年，韩都衣舍一直在商业智能系统的研发和建设上不断投入人力、物力。目前，韩都衣舍已经建立起了全链路数字化商业智能集成系统、订单处理系统、仓储管理系统、物流管理系统、供应链系统、供应商协同系统等。

"过去储运中心的员工是汗流浃背地扛麻袋，如今系统打包传送带下轻松出货，如此一来，传导给客服中心的压力也大大减少。"在自主的商业智能、韩都储运、韩都客服、韩都运营等数字化智能的不断完善下，如今的韩都衣舍早已告别忙乱，迎来忙而不乱的"双11"。而根据2018年"双11"之前传来的数据，由于自身不断完善升级打造强大系统，韩都衣舍已经智慧化服务了几千万消费者，销售产品达2亿件以上。

今年的"双11"，还有一个数据特别值得关注：开场仅7分钟，韩都衣舍已经确认了当天能够售罄的款数，并在第一时间发出返单（追加订单）指令。业内人士表示，这意味着韩都衣舍正在向"智能智造"转型。

11月13日，韩都衣舍电商集团副总经理胡近东向《证券日报》记者解释了韩都的这一成绩背后的原理——柔性供应链。"与传统服装生产模式不同，近年来，韩都衣舍逐步建立了'多款式、小批量、多批次'及快速反应的柔性供应链系统，对市场保持了快速、灵活的反应，同时降低了公司高库存的风险，提高了公司的核心竞争力。"胡近东说。

自2012年以来，韩都衣舍就自主研发了一套以"爆、旺、平、滞"算法为驱动的C2B运营模式，可以针对商品上架后的各项运营指标（单品销售件数、毛利额、转化率、消费者评价、购物车数量、剩余库存等），按照一定算法进行商品动态排名分析，在这套系统的帮助下，公司的季度售罄率通常都会高达95%以上，而服装行业的平均售罄率仅有60%。也正是基于这一算法和系统，韩都衣舍可以在"双11"开场后，第一时间判断出爆款的销售情况，进而指导遍布全国的生产厂商进行追单。

"我们不只是一个服饰公司，而更像是一个数据公司。"这是近几年被公司创始人赵迎光反复提及的说法。正因如此，韩都衣舍可以一直提供当下这个市场年轻人最需要的商品。11月13日，记者在采访中了解到，全面迈向"智能智造"的韩都衣舍目前正在 IPO 辅导期，积极筹备国内上市。

韩都衣舍成功的关键，在于韩都衣舍创新性地整合了线上线下的全线关键资源。而使韩都衣舍真正区别于其他电商的，是韩都衣舍对"互联网＋供应链"的充分把握。

韩都衣舍创新性打造了"1+5 运营支撑系统"，1 是指以小组为核心单位，对单品全程追踪运营系统；5 则指供应链系统、储运物流系统、支撑供应链信息系统、客服系统和摄影服务系统。

1．供应链系统

建立供应链系统是为了减少供应端出现的问题。对于一个年上新产品超万件的企业，和供应端对接就成为一件非常复杂的事情，只有建立一个科学高效的供应链系统，有顶层采购计划和策略，才能确保供应端的稳定。所以，韩都衣舍建立了专门的供应商管理部门来打造供应链系统，对供应商进行统筹和优化。

首先，韩都衣舍根据自身的特点，寻找那些在保证品质的前提下，可以同时快速、小批量生产多款衣服的供应商，然后多维度地进行比较，选出合格供应商。

其次，确定合同供应商之后，虽然韩都衣舍的订单量较大，但是最多只会给供应商占其 50% 生产力的订单，而不是 100%，因为需要留有供应商缓冲生产能力，在必要时剩下的生产力才会被启用。

最后，布料是服装最重要的原材料，所以，在布料供应方面，全部是按生产需求集中进行采购，这保证了面料独特性、价格优惠性，同时也保证了产品的质量。

2．中央智能储运物流系统

物流运输速度如今已经都成为消费者对电商满意度重要评价标准之一，如何提高物流运输效率，是每个电商企业都在思考的问题。为了提高发货速度，韩都衣舍重点将线下仓储和物流进行资源整合。

2018 年"双十一"零点开场后，开场 7 分钟第一批追单发出，176 秒第一个包裹发出，"双十一"所有包裹在两天时间内全部发出，这种发货效率对于大多数平台电商都是很难达到的。

3．数据信息支撑系统

电商实际上就是在"玩数据",能够玩好数据,才可以做好电商。为了更好地"玩数据",韩都衣舍对每一款产品都进行数据化、精细化管理,并且建立了一个"爆旺平滞"的产品模型,给平台运营人员精准的指导。

"爆旺平滞"实际上就是在后台产品数据库的基础上,对所有产品进行综合分析,形成动态排名,需要分析的数据包括产品销量、转化率、评价、加入购物车数量、利润率、库存等。一款新产品在上架15天之后就会被导入爆旺平滞进行排名,运营部会根据分析结果给出不同的建议。"爆旺平滞"模型的应用效果是非常明显的,因为韩都衣舍的产品售罄率高达95%,而同行平均水平60%。

除了玩转电商运营数据之外,韩都衣舍还开发出了一套专门针对电商企业的业务运营支撑系统。这套系统一共有五个版块,分别是订单系统、供应系统、仓储系统、商业系统、绩效系统。五个模块分别对应不同的电商环节,可以实现从产品设计、下单、生产、交付、销售、物流等全周期数据进行获取和分析,还能够对单品生命周期进行分析和规划。

4．客服系统

韩都衣舍是电商企业,自然离不开客服系统,客服的好坏决定了消费者对品牌的印象。为了提高客服的相应效率以及专业水平,韩都衣舍为旗下每一个品牌都成立了专属的客服团队,并且随着业务增长,客服数量也在不断增加,这使得韩都衣舍的客户评价远超同类行业平均水平。

5．韩都映像摄影服务系统

在电商平台消费者只能通过照片或者视频来了解商品,无法接触到实体。因此,产品照片和视频就显得尤为重要。韩都衣舍因为单品数量较多,上新也非常频繁,所以在企业内部成立了专门的摄影部。

2013年摄影部从企业内部分离出来,成为独立注册的映像公司,不但负责品牌内部产品的拍摄服务,承接外摄影服务,大大减轻摄影成本压力。

核心系统:以小组制为核心的单品全程运营系统

韩都衣舍的1+5运营支撑系统核心就是"以小组制单品全程追踪系统",在企业内部简称为"小组制"。

小组制将传统的直线职能模式打破,重新对人员进行分配组合。每个小组成员包括一名设计师、一名网络营销专员、一名对接供应端的管理专员。每一个小组都相当于是企业内部的微型公司,因为小组运营模式是:独立运营、独立核算。每个月企业会给小组2万~5万元的起步资金额度,剩下的资金额度就和上月销售业绩相关。独立小组的自主性非常高,包括产品款式选择、库存数量、销售价格等等,这些都可以自己做决定。

小组成员属于是共享收益,因此,相互之间的协同度便非常高,同时还带动了企业的前后端的协同,大大提高了企业运营的效率。

如今,韩都衣舍一共拥有近300个小组,这么多相对独立的小组带来的效果就是每年上新产品数量达30000件之多,远超过同行平均水平。

韩都衣舍:智能制造是对"产能过剩"的一剂良方

在工业革命之前,生产工作主要是由人工来完成,而因为技术落后以及人本身能力的制约,生产力非常低下,无法满足市场需求,因此市场长期处于产能不足的情况中,这种情况阻碍了当时世界经济的发展。

而在工业革命之后,机器开始逐渐替代人工,生产效率得到大幅提高,企业产能也就随之增加,但是因为缺少长远计划,或者部分行业投资过热,这就形成了产能过剩。

当产能过剩出现以后,涉及产能过剩的企业就会举步维艰,随之而来的还有产品滞销、产品价格大跌,企业盈利能力也将如同跳水般下降。虽然产能过剩只是部分行业和企业的问题,但是它的影响却远不止如此,就像是多米诺骨牌一样,一个行业出现产能过剩,很可能影响整个经济的发展。

产能过剩无论是对于过程行业本身还是对于其他相关行业乃至经济整体发展,都会产生非常不利的影响。

对于产能过剩的行业本身来说,当市场需求远没有产出多时,大量企业生产出来产品却无法销售出去,为了降低自己的损失,这些企业只能选择低价倾销,严重干扰行业秩序。而对于出口产品,这种情况迫于无奈的低价倾销行为更可能遭到进口国的调查和处罚。2012 年欧盟对中国光伏产品的反倾销案就是很典型的例子。

而对于其他行业来说，产能过剩也会造成非常大的影响。因为那些产能过剩的企业占据了大量的社会资源，但是却没有产生价值，而大量投资都进入了这些行业，很多新兴产业投资却不足，因此这些企业发展也会受到影响。

而智能智造，却是对"产能过剩"的一剂良方，智能智造中"按需下单"和"多批次小批量"的制造模式，和以大数据为依托的生产理念，都可以避免产能过剩带来的货品堆积、资源浪费。

对普通网友创造力的挖掘：抖音如何达成 IOS 全球下载量第一

2018 年的春节对互联网行业来说仍然是流量抢夺大战。微信红包、支付宝敬业福好像才是昨天的事情，而今年最大赢家则成了"抖音"短视频。

从大年初二开始，抖音开始了连续 16 天稳居中国 APP 单日下载量榜首的辉煌纪录。同时抖音达成了春节期间日活跃用户 76% 的增长，日活跃用户达到了 6176 万。

字节跳动副总裁张辅评在乌镇互联网大会上透露，截至 2018 年 10 月，抖音的日活用户数达到了 2 亿人，已经达到了春节期间的 3 倍还多，而抖音的月活跃量已经达到了 4 亿。

墙内开花内外同香，抖音是国内少有的在国内外都很受欢迎的 APP。2018 年第一季度 IOS 排行榜发布，抖音抖音海外版 Tik Tok 一举成为全球下载量第一的 IOS 应用，总计 4580 万，不仅超过了国内的微信，还超过了 Facebook、YouTube、Instagram 等。

图 2-12　2018 第一季度苹果商店下载排行榜
（来自移动应用数据分析公司 sensor tower）

提起在传统商业模式下的市场营销行为，对于很多人来说这是一门学问。一方面营销本身会花费大量成本，虽然很多企业家都明白"花钱多并不一定有好效果"，但是可以肯定的是不花钱是很难有好效果的。而这种思路也是很多商家的共识，所以过去的营销往往大把大把地花钱，只有钱够了，营销的声势才足够大，效果才足够好，才能达到自己营销的目的。

但是，互联网的出现明显对商家的营销模式提出了巨大的挑战。因为互联网的出现方便了消费者信息的获取，这让消费者的选择也大大增加，并且选择也不再受到地域的限制，这对于商家来说是一个重大打击。过去商家只需要和本地区的对手竞争，而互联网解决了购物地域限制的问题，这就让商家去和全国甚至全世界的对手去竞争。在这种情况下，过去无脑花钱砸出来的营销模式已经无法再打动消费者，消费者需要的是满足自己个性化需求的产品或者服务，缺少精准度的宣传轰炸只会让消费者越发的反感。

同时对于商家来说，互联网让传统的营销模式效果越来越差，为了保证自己以往的竞争力，商家只有开展更多的营销活动，这就意味着营销支出需要进一步加大，并且这种做法是否有效还并不确定。很可能商家最后得到的结果就是钱都花出去了，但是效果却没有见到。

而抖音的成功为我们很好地上了一课，如何通过创新来使营销投入获得 200% 的回报？见图 2-13。

第 7 章 企业创新标杆

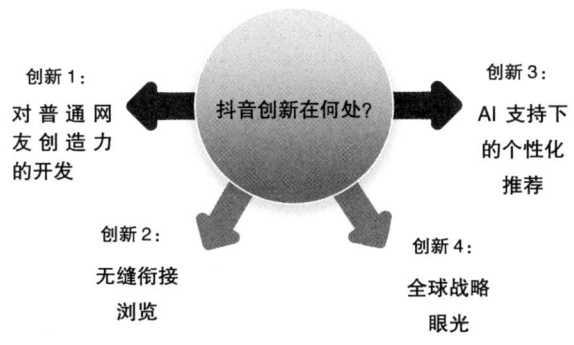

图 2-13 抖音创新在何处？

1．对普通网友创造力的开发

对网红能量的开发自不必提，不仅是抖音，几大流量视频 APP 都不遗余力地开发网红的潜力，而抖音真正的特殊之处在于，对普通网友创造力的成功开发。

打开抖音，我们不仅可以看到大明星比如何炅、古力娜扎甚至是日本第二大事务所 Horipro 旗下艺人所发布的小视频，也有流量博主、普通人的日常。

如果说明星为抖音带来了"到此一游"的流量，那么普通人的日常就给了你一个留下来的理由。抖音为用户提供一个工具包，只要你有一部智能手机，就能创造属于自己的视频，工具包内容有：丰富的音乐背景库、效果强大的美化滤镜、非常简单的视频编辑工具等。

有了这个强大的工具包，任何人都可以简单地创造 15 秒钟视频。

抖音上被疯狂追捧的大多数视频都不是由明星出品，而是普通人创造力的迸发。一个视频火了以后，往往能带动大批量的同主题视频，形成标签化主题化营销。比如说海底捞的几种创意点餐，就有无数的跟风和模仿视频。

在心理学中有一个效应叫作"羊群效应"，它的意思是：个体的行为或者观念因为群体的压力和影响而发生改变，然后选择与多数人保持一致的现象。这个效应在商业经济学中也经常被提起，因为在传统商业模式下，消费者选择产品会出现很明显的"羊群效应"，即在选择产品时总会选择那些比较流行、比较大众的产品。对于消费者的这种行为，其实原因并不复杂。

首先，那些流行并且被大众广泛接受的产品是商家愿意不惜余力去推广的主打产品，消费者对这种产品的认知度也就比较高。

其次，趋利避祸是人类的本能，消费者在选择产品的时候也会受到这种本能的影响，所以希望将自己购买未知产品的风险降到最低。而那些被大众所接受的产品就代表已经经过了众多消费者的认可，这就大大降低了自己购买这款产品的风险，于是消费者就会选择同样的产品。

"羊群效应"同样适用于信息传播，当抖音发现某款视频能够被大众接受，播放量比较高时，商家立刻开始主打这一种主题，吸引越来越多的用户参与进来，从而激发流量的几何级数增长。

2. 无缝衔接浏览

市场上大多数视频应用都有"开始"和"暂停"的功能，在这方面抖音就显得略有不同。抖音没有这两个功能，一旦用户打开应用，就会自动播放视频。并且视频是没有固定界面的，就如同在手机相册中浏览图片一样，轻轻一划屏幕，就可以翻看下一个视频，而且视频内容页也是无缝对接。所以使用抖音对用户使用环境要求非常低，用户只要想看，随着随地都可以看。而根据数据显示，抖音用户平均每天有 20.5 分钟花费在抖音 APP 上，我们按照每个视频长度为 15 秒，那么平均每个用户每天会观看 82 个视频，这是一个让人感到惊讶的数据。

3. AI 支持下的个性化视频推荐

抖音短视频背后是上千名的技术工程师、一个属于自己的 AI 实验室以及一个搜索引擎驱动公司，此公司领导者是前微软亚洲研究院高管。在这样的"豪华阵容"推动下，抖音迅速建立起了自己的核心竞争力：基于用户过去的观看行为去判断用户在内容上的喜好。

当用户打开抖音 APP 时，默认的是"推荐给你"频道。很多视频应用都有关注系统，抖音也有，不过区别在于，多数视频应用在打开时推荐的都是用户关注人发布的内容，而在抖音上，系统推荐的大多数内容都是来自于陌生人的创作。在这种推荐方式下，结合抖音的核心竞争力，用户会不断发现新的内容创作者，并且推荐的内容都是用户感兴趣的。

抖音允许创作者在视频中植入产品链接广告，方便创作者实现内容变现。比如在抖音上有一个经常拍摄在野外寻找食物的内容创作者，他通过抖音成为网红之后，就推出了自己的视频品牌，当用户在看它的视频时候，屏幕上会出现购物车图片，用户可以点击这个图片直接购买商品，非常方便。

4．全球战略眼光

抖音在海外方面也做得风生水起，这是因为抖音拥有的是战略性的全球眼光。首先，海外版抖音的软件界面和中文版界面有一定差别，界面中融合了海外文化元素，这种改变让产品既拥有国际化风格，又让海外用户有良好的使用体验。比如海外版抖音将很多国外歌舞文化加入到了视频内容中，比如印度的脸部绘画以及韩国的 K-pop 都被融入其中。

其次，抖音海外版无论是哪国市场，爆款内容都有专业团队负责运营，并且内容有时会跨国进行推广。比如抖音在中国出现一个爆款内容，海外版运营人员就会判断这个内容是否有在海外版成为爆款的潜力，如果认为有，就会将内容推向国外市场。反过来也是同样，海外有适合的爆款内容，也会被推广到国内。

问题：我们能从抖音身上学到什么

互联网的快速渗透让许多企业都感觉无所适从，因为曾经帮助他们走向辉煌的运营模式及发展思路都已经不再适合，面对变化，一些传统企业因为没有及时作出改变，而遭受到了重创。

互联网不但改变了我们的生活，更改变了我们的时代，如今我们所处的时代就是互联网时代，并且互联网将在未来很长的一段时间里，依旧影响着我们时代的发展。因此，对于互联网时代的新商业模式来说，这种商业模式只有具备了互联网精神，它才能发展，才能长久地持续下去。

互联网精神的关键，在于"互联"一词，互联网让信息的传递变得更加迅速，让人与人之间的联系变得更加紧密，而这些改变让人的传统商业思维发生了巨大的变化。比如电商的崛起、移动支付的出现，这些都源于思维的变化。同时商业也越来越离不开互联网，比如营销方式的改变。传统营销方式主要是发宣传单、通过电视、报纸等媒体工具做广告。而互联网出现之后，企业的选择越来越多，比如通过网站、社会化媒体等工具进行大规模的宣传营销，这种营销方式所产生的效果要优于传统营销模式。因此，众多企业如今也更倾向于利用互联网来进行营销宣传。

人力资源管理标杆

人力资源管理，是指在经济学与人本思想的基础上，通过招聘、选拔、培训、报酬等一系列管理方式对组织内外相关人力资源进行有效管理和运用，满足未来组织对人力资源的需要，保证组织成员能够支撑组织目标实现的一系列活动的总称。可以将其理解为按照组织人力资源需求提前作出人力需求计划、招聘符合组织需要的人员，并且组织通过培训、考核、支付报酬等一系列手段对人员进行有效提升和激励，将组织和个人需要进行有效开发以便实现最优组织绩效的全过程。

人力资源是指在一定范围内的人，所具有的劳动能力的总和。

人力资源也被认为是能够推动整个经济和社会发展的、具有智力劳动和体力劳动的总和。所以人力资源管理，指的是运用现代化的科学方法，对人力进行合理的培训、组织和调配，并与物力相结合，使人力、物力经常保持最佳比例。同时对人力的思想、心理和行为进行恰当的引导、把握和协调，让人的主观能动性得到最大化发挥，使人尽其才，事得其人，人事相宜，以实现组织目标。

21世纪是一个全球化、市场化、信息化的时代，同时也是一个互联网时代。在新环境下，企业人力资源管理必然也要发生相应的改变。

人力资源管理的学习是新标杆学习中最为重要的模块之一，我们可以学习这些卓越企业的管理思想、绩效管理模式、流程管理和流程改进等内容。人力资源管理的标杆学习同时也是企业学习标杆企业的管理思想和管理之后，应用到自己企业中见效最快的学习。

酬勤的不仅是天道：华为绩效管理的三个核心

提起华为公司的绩效管理，很多人首先想到的就是"狼性"一词，这也让"狼性"成为了华为的管理标签，实际上华为在绩效管理方面，放眼世界范围都是非常先进的。比如"绩效承诺""末位淘汰""成果导向"等，这些绩效管理方法都是华为所使用的。不过除了这些绩效管理方法，华为还有一些较为独特的绩效管理方法。

华为制定目标时的"工资倒推任务"的体系

多数企业在制定目标时,通常会根据职位和项目,给员工安排任务,一方面要求员工必须完成,另一方面如果员工表现得好,干得多,再酌情加薪。

而华为在制定目标时,会先给员工一个工资包,员工选择拿多少工资,就会承担相对应的任务。比如员工拿25万元的工资包,员工的工资就是25万元,这样一来,员工必然会为了25万元的工资去努力完成任务。

企业制定绩效管理最关键的问题是,必须要将绩效管理和部门的费用、员工工资相联系,这样才能让有能力的核心员工获得更高的收入,而收入的增长同时也可以激励员工的能力增长。

企业无论是站在自身角度想还是为员工去想,都要思考如何提高员工的收入和能力,这才是绩效管理存在的最重要意义之一。而一部分企业的绩效管理却并不是为此目的,只是为了去降低员工收入,这是非常糟糕的情况。

华为始终在钻研如何同时提高员工的收入和能力。和一般企业不同的是,华为为了实现这一绩效管理的目的,会强制给员工提高工资,以工资包形式,倒推出员工要完成的任务。所以华为每年任务绩效考核结果出来之后,会按完成任务排名分别给员工增加不同比例的工资,如果部门超额完成任务,还会按比例增加人员。

弹性又严苛的薪酬制度

2018年3月,华为心声社区发布了任正非关于人力资源管理的纲要,其中提到精神激励和物质激励。关于精神激励,任正非表示:

在精神激励方面,强调坚持核心价值观,将公司的愿景使命与员工个人工作动机相结合,这就是集体主义下面的个人主义。品德与责任结果是干部选拔的两个基座,在此基座之上的小树们要比生长质量与速度。要构建信任、协作、奋斗的组织氛围,逐步实施以信任为基础的管理,持续激发组织与员工积极创造的精神动力。

每个员工都有自己的价值观、使命感，基层员工也会有使命感，但是不用承载太多；高层领导主要做政策、规则，使命感要强，不同层次不能用同一标准。不排斥有少数二等兵使命感很强，每个人承载的动机也允许不一样，至少权重不一样。我们假设有少量一群人是胸怀大志，但是不能号召所有二等兵都要转为统帅。大多数人是干一行、爱一行、专一行，公司的核心价值观是统一的，但是在传播时可以分类、分区域采用不同的要求标准。

对优秀人才、超优人才倾斜是给予机会上战场，不是立即提升职级。作出成绩后才能把职级升上来。我们要以规则为中心，而不是人治。责任结果的理解，不一定是要抱个金娃娃，抱个泥娃娃也可以。

而关于物质激励，任正非仍然强调"多劳多得"的华为式哲学。

从物质激励方面，我们还是强调物质回报的理念是多劳多得。在物质回报的分配上，多劳多得是理念，分享机制是手段。对内部可以有一次分配和二次分配，获取分享制要向外延伸，延伸到整个价值链里面去。这样让所有的内外部的优秀人才参与到价值创造和价值分配的过程中，从而实现价值创造的合理化。

在华为，即使部门任务没有完成，员工依然会提高工资，但是部门需要减少员工数量——这个做法又和大多数企业不同。

多数企业的做法是，部门任务完成越差，就越会降低部门费用和员工工资。在这种情况下，有能力的核心员工拿不到和能力相对应的工资，同时感觉到部门没有太大发展前途，自然会选择离开，这就形成了一个恶性循环。

在华为，员工最终获得的薪酬和他们的岗位职责、实际贡献以及实现持续贡献的任职能力相关。简单地概括，华为的薪酬构建体系就是：以岗位确定级别，以级别确定薪酬，人和岗位相匹配，岗位变更薪酬也随之作出变更。

华为对企业每一个岗位和级别薪酬的确定，都会考虑到对外竞争力和对内公平性以及企业承受能力三个因素。华为每一个级别都对应了一个薪酬范围，而不是固定薪酬。部门管理者可以根据员工绩效情况在对应级别范围内调整工作。并且即使员工级别相同，在每年例行的薪酬评估时，可根据员工实际表现进行调薪。

华为不同级别的薪酬范围各不相同，但是由于薪酬范围较为宽泛，所以不同级别之间薪酬会存在重叠的区域。所以，员工即使不提升级别，只要实际表现足够好，工资提升的空间也是非常大的，甚至可以达到高级别的工资水平。这种规则有利于企业岗位的稳定性，避免人员因为工资原因而只想换岗位、提级别。

当然，在企业中避免不了人员岗位的变更，当变更是晋升或者是降级时，薪酬则会根据具体情况作出适当的调整。

当员工得到晋升时候，如果在晋升前员工工资已经达到或者超过晋升级别的最低工资薪酬，那么员工的薪酬主要是根据绩效表现来决定，可以是不发生变化，也可以是提升。如果员工之前的薪酬未达到新级别范围的下限，那薪酬至少可以提升到新级别的下限，也可能会提升更多，这依然取决于员工的绩效表现。

当出现降级时，薪酬变化和晋升时的变化有些类似，主要判断依据就是员工的绩效表现。如果员工降级前的工资超过了新级别的工资上限，薪酬则会将至新级别的上限或者上限一下。如果员工之前的工资已经在新级别的上限以内，则会根据绩效表现作出是否再降低的决定。

任正非曾经说过："努力奋斗的优秀人才是公司价值创造之源。"而华为的薪酬制度正是为了激发员工奋斗而制定的。

华为绩效核心：减人、增效、加薪

不同企业有着完全不同的企业文化、运营模式、管理风格、愿景计划，但是作为一个商业性质的组织，所有企业的共同点就是对利益的追逐。无论他们采用什么样的企业文化、运营模式、愿景计划，其根本目的都是为了让企业能够更好地盈利。

华为最近几年当中超过了很多竞争对手，并且始终保持增长，这在当前的市场大环境下是非常难得的。做到这一点，就和华为的绩效管理有非常密切联系，因为华为的绩效管理核心就是：让企业人员减少，让人均贡献增加，让人均薪酬提高。详见图2-14。

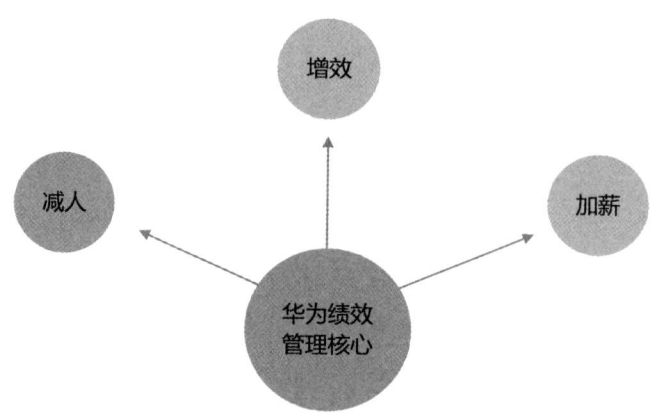

图 2-14　华为绩效管理三个核心

什么样的状态才是企业的好状态？答案就是每个员工都有足够的事情去做，没有闲人。比如原来四个人的工作，实际只需要两个人开足马力就可以完成，每个人的收入还会因此提高很多。如何让每位员工开足马力，如何提高每位员工的收入，这就是绩效管理需要做的事情。

华为人力资源部门在思考是否需要招聘一个人时，首先会思考三个问题：为什么要招这个人？这个人能够为企业带来的贡献是什么？在现有岗位人员中，是否有人可以直接代替他做这些工作？

为什么要思考这三个问题？原因就是前面所提到的，企业好状态是不应该有闲人的。如果一个空缺岗位的工作其他员工可以做，并且有精力去做，那么企业就没有必要为此再招聘人员，只需要将岗位合并即可。这其实就是一种精简人员的方法，并且这种方法还可以减少企业的支出。

任正非在 2017 年时曾说过："低绩效员工还是要坚持逐渐辞退的方式，但可以好聚好散。辞退时，也肯定人家的优点，可以开个欢送会，像送行朋友一样，让人家留个念想。别冷冰冰的，吃顿饭也是可以报销的。也欢迎他们常回来玩玩。"

任正非的这段话很明显的传递了一个信息：华为要精益生产。精益生产需要做的就是精简人员，华为也一直是这么做的。

提高人均毛利，才能带动工资增长

华为的毛利分配也是非常具有特点的。华为是将毛利分配为六个包：研发费用包、市场产品管理费用包、技术支持费用包、销售费用包、管理支撑费用包、公司战略投入费用包。毛利包分配好了，接下来就是根据人均毛利比例去配比部门需要的人数。

因为在任何一个企业，人均毛利都是最重要的生存指标。人均毛利35万元，是维持一个企业生存的最低水平。比如一个企业人均毛利为35万元，其中60%为人工成本，除去人工成本还有35%是业务推广成本，剩下的15%才是收入。而在中国的一线城市当中，一名企业员工如果月收入低于8000元，生存就会变得非常艰难。

人均毛利和员工收入是联系在一起的，华为的人均毛利目标就是100万元，当实现这个目标时，员工年收入则是28万元，这也是华为员工工资一直在上涨的原因之一。

对于中小型企业来说，这种模式同样适用。只有人均毛利增长，员工工资才会增长。如果人均毛利无法增长，能力出众的员工自然不愿意长期在该企业发展，很快就会选择跳槽。

用"戴帽子"和"拧麻花"分解绩效目标

曾经华为的产品线和销售之间存在着一个很深的矛盾。因为当推出一款全新产品时候，产品线希望能够推动快速扩展新市场，带动新产品的销售。但是销售则并不愿意如此，他们更愿意依靠成熟的产品，在现有市场中扩容。

出现这种矛盾的原因其实不难理解：对于大多数行业来说，在旧市场中扩容要比拓展全新市场简单很多，尤其是在通讯行业。在通讯行业中，一个品牌进入市场之后，其他品牌想要抢占其市场是比较难的。

举个简单的例子，一片区域里已经有通讯品牌A的产品50套，随着区域发展，现在50套已经无法满足需求，需要另增加50套。此时，客户就有两个选择，一是继续购买A品牌五十套产品，解决问题；另一个选择是选择B品牌的产品100套，因为他需要将之前已经安装的A品牌设备全部替换掉（不同品牌产品系统无法兼容并行)。

对于制造商来说,制造一百套刚推出的新产品的去抢占市场,在执行的过程中必然存在种种问题。而如果制造五十套成熟的产品在现有市场里扩容,这就变得非常简单了,虽然看上去销售数量减少了,但是前期投入的精力、后期执行维护成本的都会降低很多。

所以,多数销售只愿意卖成熟产品,在现有市场里扩容。但对产品线来说,推出新产品是重要的职责和任务,所以他们会将更多的精力投入新产品上,而不是已有成熟产品,矛盾就此产生,最后形成相互争夺资源的局面。

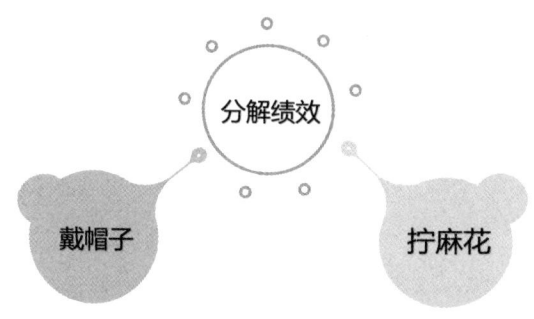

图 2-15　戴帽子、拧麻花

为了解决这个矛盾,华为首先在考核目标上作出了改变:华为在对销售和产品线进行绩效考核时,会将公司总目标统一分配到每一个销售部门和产品线部门上,这种分配方式就叫作"戴帽子"。

比如,公司今年的目标是 100 亿美元,制定考核时,这个目标会占所有生产线和销售部考核 20% 的比重,如果这个目标无法完成,生产线和销售部的考核最多也只能完成 80%。这就将所有人的利益都联系在了一起,想要完成考核,必须共同努力完成 100 亿美元的年任务。

当然,这个方法也存在一定的问题,当所有人共同承担时候,就容易出现一种思想:即使自己完成,其他人也可能完不成,损失也是所有人共同承受,所以没有必要太过在意。

正因为存在这个问题,所以华为建立了与"戴帽子"相配合的绩效管理方法,这就是"拧麻花"。详见图 2-15。

在讲"拧麻花"之前，需要先说一个故事。

一个牧师死后见到了上帝，他非常想知道天堂和地狱有什么区别，于是上帝就带领他先到了一个大屋子前，告诉牧师这个屋子里就是地狱。牧师打开门之后看到屋子里有许多人围着一口非常大的锅，锅内有很多食物，但是每个人都只有一个长长的汤勺，想要用汤勺将食物送入自己嘴里非常困难。虽然每个人都试图将食物送进自己嘴里，但是一直没有人成功，所以屋里的人都处于饿死的边缘。然后上帝又带牧师来到另一个屋面前，告诉牧师这里面就是天堂。牧师打开门看到屋内环境和之前在地狱看到的环境一样，同样是一口大锅，同样是每人一个长勺，但区别是，这个屋里每个人都用长勺将食物送到其他人嘴里，这样做非常容易，每个人也都不用忍受饥饿。

提到这个故事是因为华为的"拧麻花"方式和故事中的寓意道理相同，产品线和销售在分解目标的同时，还会拥有获得"奖金包"的权利。

当产品线有新产品需要推广时候，可以向销售部设立奖金包，以此来刺激销售部销售新产品的动力。又或者销售部有项目需要得到产品线的支持，同样可以设立奖金包。

这样以来，不同部门之间的奖金包可以交叉作用，相互激励。通过这种方式，不同部门之间的支持配合程度大大提高，解决了不同部门各自为战的局面。

分层级考核制度

华为在绩效考核方面，面对不同层级的员工，考核也完全不一样，包括考核周期、方式、内容等。

对基层员工和中层管理者，华为主要使用的是 PBC 管理方式，分为半年度考核和年度考核。考核结果和激励相联系，用于促进员工进步。

对于高层管理者，考核更注重一些中长期目标的完成。比如一些重要客户的长期维护任务。

对于基层操作员工，华为不再使用 PBC 考核方式，而是使用考核表来进行，不同职位的考核表内容会有所区别。比如基层生产员工的考核表的内容包括：生产数量、合格率、是否出现事故等。

这种分层级的考核方式让企业高层管理者将注意力更多放在企业战略上，关注那些对企业未来有积极影响的长期工作。对中基层员工能够及时激励，及时对他们的工作作出评价，帮助他们能够快速作出改进。

流程是为作战服务：华为的"由繁入简"流程管理

什么是流程

流程的本质，是组织创造的机制。流程是通过一系列可重复、有逻辑顺序的活动，将一个或多个输入，转化成明确的、可衡量的输出。

流程化管理是华为所提倡的管理方式，所有业务都有明确的流程化指导，从而将华为员工从海量、低价值、简单重复的工作中解放出来。

华为提倡使用流程化的管理模式，将重复、简单的工作模版化，建立对应三个系统：IPD 系统（产品集成开发）、LTC 系统（收款）、ITR 系统（售后），并且用流程的方式进行固化，从而达成集成管理流程，贯穿了三个阶段：接受客户需求、交付客户满足其要求产品、端到端跨职能部门集成管理。

其中，最值得我们学习的是 IPD 系统流程和 LTC 系统流程。

华为 IPD 系统流程

华为的 IPD 流程建设正是从标杆学习中得来，早在 1998 年，华为在向标杆企业 IBM 学习之后开始使用 IPD 系统，打破了华为过去将部门管理基础单元的管理模式，改变为以业务流程和生产线为核心的管理模式。

华为的 IPD 系统主要由两个跨部门团队组成：结构化研发流程的团队和支持流程实施的团队。

过去，华为的产品开发完全是研发部门的工作，开发方向只由关键人物做决定。而在 IPD 模式下，所有设计产品的部门都要参与产品开发的规划和实施过程中，形成跨部门合作。跨部门的团队在合作之初就要将产品研发工作作出相关联的规划，并且在合作过程中相互配合，以此来保证这个研发的产品在市场方面是符合需求的，在技术方面是保持领先的，在成本上是合理的。

如果将 IPD 进行详细划分，可以分为六个模块，分别是：需求管理、战略规划、产品规划、技术规划、技术开发和产品开发。详见表 2-2。

表 2-2 IPD 的六个模块

模块 1. 需求管理	需求管理重点在于发现和监控市场需求的变化，其流程包括收集、分析、分发、实现、验证等五个阶段
模块 2. 战略规划	战略规划分为三个方面：企业产品开发方向、产品开发计划以及产品版本开发路标
模块 3. 产品规划	产品规划包括：产品线、产品组合、产品包、市场、细分市场的规划
模块 4. 技术规划	技术规划为企业制定关键产品技术发展规划，包括技术规划、预研、架构开发、技术与平台开发、部件重用及评价等五个阶段
模块 5. 技术开发	技术开发需要为产品提前提供关键核心技术、核心部件，建设跨产品的共享组件（CBB）库
模块 6. 产品开发	产品开发是根据企业的产品计划，通过成熟的共享组件，快速、高效地完成产品的开发和上市工作。这个流程可以细分为六个阶段：概念、计划、开发、验证、发布和生命周期

华为 LTC 系统流程

LTC（Lead To Cash）是从线索到现金的企业运营管理流程，其贯穿于企业运作的主业务流当中，是企业同客户之间最主要的业务流程之一。

LTC 流程是从营销视角出发，建立起一条从"发现线索→跟踪线索→转化订单→执行订单→收回现金"这样的流程的"发现销售线索→培育线索→将线索转化为订单→管理订单执行/汇款"端到端的流程。

LTC 流程管理模式不是对现有流程进行简单优化，而是从客户角度出发，对业务流程进行重构。一个成功的 LTC 流程包括下面三个核心要素：

（1）从客户角度出发理解业务流程，并以此为基础匹配本业务单元（组织）的业务流程。

（2）流程变革方法论正确，"铁三角"模式是支持流程变革成功的法宝。

（3）组织架构和绩效考核指标在重构之后根据业务流程作出一定的调整，为流程运作的高效实施提供支持。

华为流程管理的核心：流程要建立在业务的基础上

华为现在所使用的流程化管理模式，是以业界领先企业 IBM 为标杆学习，分析自身业务管理模式后，建立起的一套全球流程管理规则和制度。

流程管理首先要确保流程反映的是业务本质，并且是完整且系统地反应出来，确保业务中的各关键及其管理都包括在流程体系之内。这样搭建起来的流程管理体系，可以成为一个运营系统，同时也是一个业务操作系统。

流程管理需要以业务流程为基础，将目标和客户为导向的责任人推动式管理模式。在该模式当中，每个岗位都有明确了相关责任人，无论此岗位的职位高低，流程当中都规定了责任，应遵守流程的制约规则，确保整套流程管理高效的运作。

流程管理模式最终落地需要建立一个相对应的全面考核指标体系。提高客户满意度是企业管理模式的导向，因此，客户满意度才是考核指标体系的核心所在。同时，随着公司和市场的发展，企业业务体系也在不断发生变化，所以，流程管理也应该不断地进行调整，以适应市场变化和公司事业拓展的要求。华为的流程管理模式便是如此，因时而变，因事而变，不断对业务流程体系进行改善。

华为复杂的流程构造源于华为庞大的体量，对于中小企业来说，可以在华为流程体系的分类基础上进行精简，并套用在自己公司的流程管理上。比起华为流程的复杂架构，华为流程管理的思想对于体量较小的企业来说更具参考性。

任正非曾在华为质量与流程 IT 管理部员工座谈会上发表了讲话，提出了"流程是为作战服务，是为多产粮食服务"的管理哲学，并对流程工作提出三点要求。

1. 流程为作战服务，简化"不产粮食"的多余流程

不产粮食的流程是多余流程，多余流程创造出来的复杂性，要逐步简化。回顾过去五年的变革，看看到底哪些流程使用量大。没有使用量或者使用量很少的流程，能否先把带宽供给压缩一半，支持流程的人员也减少一半；再过三个月，如果没有投诉，把带宽再压缩一半；如果还没有投诉，就只留下一名人员支持。不想升职升薪的人可以守在那里，希望进步、升职升薪的人都聚焦去消除流程断点。

流程是为作战服务，是为多产粮食服务。使用量少的流程是不是多余流程？当带宽不断减少时，可能会有人投诉，你们就去访谈，看看这个需求有无可能合并在其他流程中。当然，不能简单直接地减掉一个流程，因为可能会产生断裂带，引发矛盾冲突，就不会成功。

不可持续的就不能永恒，繁琐的管理哲学要简化。有人说，已经走了很多复杂化道路。不经过复杂，也简化不了，如果一开始就能作出简化方案，那你是神仙。

2．消除流程断点，打通信息流

集中精力消除流程断点，打通信息流。目前公司的架构流程乱、数据断点多。甚至有些业务流程，操作人员要跳过四、五段流程，才能达到最后目的。举一个例子，以前深圳有很多断头路，之所以堵车这么厉害，因为没有微循环，后来交通改造打通了断头路，让一些车辆不用绕到主干道上，交通就比原来通畅一些。现在我们公司的流程也比以前好了一些，但还要精简无效流程，将减下来的人员集中精力去打通"断头路"。重点打通合同信息流，目前合同中的配置数据、价格数据依然存在断点。

3．对没有使用量的流程要建立问责机制

IT应用开发投入使用后，没有使用量的要建立问责机制并问责。对于五年内的无效流程清理，能否敢于实行问责制？谁提议开发这个流程，能否追溯他的责任？如果他提议开发，一直在使用这个流程，可以赦一半罪；如果他自己也不使用，能否狠狠处分两个人？有人在命令高级干部看无效视频，以撑大流量，这种人就是拍马屁的，一律免职。

华为流程优化的四个关键

早在多年以后，曾经担任过华为新闻发言人的傅军曾表示：华为能够完成从农式作坊运作向现代企业规模化运作的转变，流程优化起到了非常重要的作用。

华为的流程优化，可以归纳为四个重点：掌握时间、发挥创造、梳理排序、有效精简。详见图2-16。

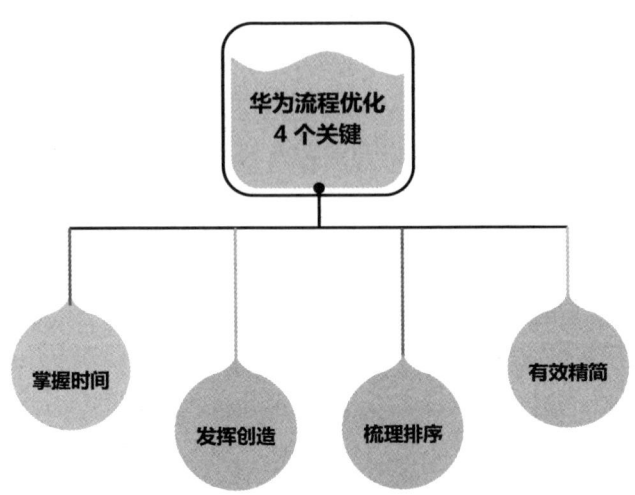

图 2-16 华为流程优化的四个关键

关键 1. 掌握时间：掌握时间优势关键点，始终保持时间优势

早期的华为在给客户出货时并不会告知客户详细的货物信息，这样的流程让客户在接收货物时候必须重新制作收货单据。看起来这种流程似乎只给客户增加了一个制作的单据工作，但是实际上在影响了后续的入账重审、内部资产等一系列环节进行，浪费了大量的时间。显然，这种流程是不是一个成功流程。

在对业务系统流程进行优化时，华为发现了这个问题，于是建立电子化的出货流程系统。通过这个系统不但方便客户节省了时间，也让自己减少了在出货后续流程消耗的时间。

正是因为了有了这次成功经历，在之后的业务流程中，华为要求员工：一旦业务流程开始，就必须对流程当中所有的关键环节进行监控，确保业务能够按照计划进行，并且提升业务完成效率。

扭转时间劣势，保持时间优势。时间是企业流程当中的关键环节，当企业在时间方面处于劣势阶段时，就需要通过改变当前业务方式、开发新技术、提高效率等方式，去扭转时间劣势。有时企业处于时间劣势并不是一件坏事，因为劣势经常也是获得优势的灵感来源。而时间优势需要企业去长久保持，保持的时间越长，优势的价值越大。所以，为确保企业能够从中得到更高的价值，企业需要掌握两个时间：建立时间优势需要的时间、在建立优势之后竞争对手作出反应的时间，并始终对其进行调整和优化。

同时，对外部威胁有针对性地进行应对。竞争是永远都会存在的，这也就是说，当企业建立起一项优势后，竞争对手必然会对此作出反应，试图作出反击。当企业在建立起时间优势后发现竞争对手想要反击时，然后有针对性地作出应对，始终保持自己的优势地位，不让对手赶超。

关键 2. 发挥创造：打破惯性思维，创造性优化流程

在 20 世纪 90 年初，当时的华为刚进入电信设备制造行业不久。当时，诸如摩托罗拉、思科、爱立信等国外通信巨头牢牢占据了大部分市场，留给华为的市场空间非常小。这时，在华为内部展开了激烈讨论，讨论的焦点就是如何从这些老牌巨头手中抢夺市场。按照传统思维，像华为这样的后来者想要抢占市场，只能在产品成本和价格上去寻找方法，建立起价格竞争优势。然而华为决策层却并未采用这种策略，而是从生产管理、质量控制和物流体系等方面着手，优化这些业务内容，从整体上去拉近和老牌通信巨头的距离，建立自己的品牌优势。

确定了战略方向后，1993 年，华为在西门子的帮助下，首先优化了整体生产流程。之后华为又着手优化物流体系，打造内部统一的物流体系，建立起一套完整的质量控制，从而减少物料流通环节消耗的时间以及生产周期，全面提高华为产品的品管能力，在市场中建立起品牌优势。

当年所作出的改变对华为的影响无须多说，每个了解华为的人都知道。正是华为管理层敢于打破惯性思维，敢于去挑战，才让华为有了今天的规模和品牌。也正是因为如此，在流程优化当中，打破惯性思维是华为一直提倡和保持的。

充分发挥企业创造力、打破惯性思维需要从两方面去思考：正向梳理和逆向发现。一方面，对现有业务流程进行正向梳理，从操作者的角度来预判流程进行的过程中各个关键环节衔接是否顺畅，思考不同环节之间存在联系，并且分析这些环节所有带来的收益。另一方面，要学会采用逆向思维，去寻找当下流程中存在的问题和缺陷。华为就将这种逆向思维方式运用到了生产线上。华为的每条产品线上会组建红军和蓝军两支队伍，当红军想要对流程作出优化时，蓝军就会从红军的计划中寻找破绽所在，然后提出质疑。

这种带有对抗性质的优化方法，让管理者更容易发现流程中存在的问题和有待优化之处,这种优化流程的思考方式就打破了常规惯性思维,在华为中起到的作用也是非常明显的。

关键 3. 梳理排序:三个"元"问题梳理流程环节

华为要求一线员工也参与管理,去发现现有业务流程中不合理的地方,然后进行优化,提高整体效率。那么,一线员工如何才能发现业务流程中不合理之处,然后进行优化达到化繁为简呢?

这个问题的答案并不复杂,华为向一线员工提出了"何人、何处、何时"三个问题。通过这三个问题,一线员工就可以发现业务流程中的各个环节是否合理,一经发现存在不合理之处,就可以对其进行改进优化,以此来保证工作环节的有序性和高效性。详见表2-3。

表2-3 三个问题梳理流程

问题1. 何人	该环节由谁操作?
	该员工技能是否娴熟?
	该环节是否是该员工最擅长的?
	是否存在岗位与员工能力不匹配的问题?
问题2. 何处	各环节的操作场所距离远近如何?
	是否方便工作交接?
	如果将某环节操作场所调换,能否缩短工作交接时间?
	能否通过调整仪器的摆放位置以更方便操作缩短操作时间?
问题3. 何时	第一个环节到最后一个环节的时间是多少?
	各环节间的移动时间是多少?
	加工时间以及由于机器故障、部件无法获得等问题引起的延迟时间分别是多少?
	时间安排是否过于紧凑使员工精神紧张疲劳?
	时间安排是否过于宽松使员工难以在交接前完成既定任务?

第 8 章 人力资源管理标杆

关键 4. 有效精简:精简冗余流程,合并同类流程

2009 年初,华为创始人任正非就向全体员工表示:应该直接让一线做决策。任正非作出这个决定的原因,是因为他曾经将华为牢牢掌控在手中,但是随着华为的不断壮大和发展,一线员工的激情和敏锐却被消磨殆尽,因为当时的华为总有太多流程控制点,冗余的结构严重影响上传下达的流畅性,在降低工作效率的同时,也让一线员工对工作的激情和敏锐消失。

当任正非发现这个问题之后,便向华为员工表示应该让一线来做决策,因为让一线直接决策会去除流程中冗余环节,整体工作流程得到精简,工作效率会因此优化大大提高。

精简流程的另一重要途径,是合并流程中的同类项。在业务流程中,有一些工作环节是必要存在的,但这并不妨碍去除冗余的优化开展,因为去冗余除了删除一些不必要环节之外,还包括合并一些相似的环节。两个相似环节合并之后,不但能减少流程的环节,更可以叠加优势,消除劣势。

当华为管理者在业务流程中找不到不必要的环节后,就开始变换思路,思考这些环节是否存在合并可能性。因为在一个规模庞大的组织中,经常会出现各个环节之间的生产能力不平衡的情况:有的环节人力或者资源短缺,有的环节则人力和资源过盛,并且这些环节具有一定的相关性。所以,如果将类似这样的环节进行调整合并,往往能获得不错的效果。

为什么海底捞无法阻止:海底捞管理模式的借鉴

人类无法阻止的海底捞

你一定听说过"人类已经无法阻止海底捞了",在网上搜"人类无法阻止",人类已经无法阻止海底捞是第一条推荐,甚至"我们无法阻止命运"都排在无法阻止海底捞之后。详见图 2-17。

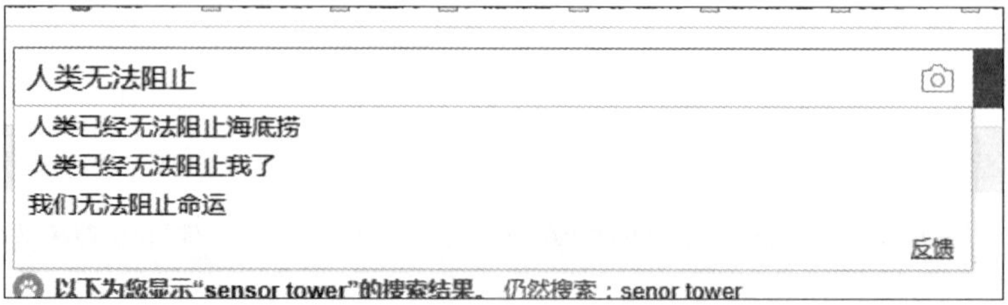

图 2-17　人类无法阻止的海底捞

在微博上搜"人类无法阻止海底捞",你能得到成千上万个真实的故事和体验。这一切的背后,都源于海底捞出色的管理理念。一直以来,人们对海底捞都非常感兴趣。餐饮是最古老最传统的行业,无非是做菜卖饭,但是海底捞却把这个行业玩出花来了,让人们知道"哦,原来餐饮行业还可以这样。"

海底捞,不仅成为餐饮行业的标杆,成了人们口口相传经久不息的话题,还带动了一本专门研究海底捞的书《海底捞你学不会》的百万册销量。海底捞的成功源自它的方方面面,而我认为它成功的根源,还是在于它的文化与思想。真正学不会的,是海底捞如何建设自己的制度和文化,又如何在内部贯彻这个制度文化,最终把企业的品牌传播到社会上,获得一致的认可,成为了行业的标杆。

无法阻止的是"心"

海底捞的服务可谓"变态",变态地好,变态地高。而海底捞的创始人张勇认为,差异化的服务,只能通过每一个员工的大脑创造性实现。

开连锁餐厅最讲究的是制度与流程,比如肯德基的薯条要在一定温度的油锅炸多长时间,麦当劳汉堡包的肉饼有多少克重。但制度与流程在保证质量的同时,也压抑了人性,因为制度与流程忽视了执行者最值钱的部位——大脑。让员工严格遵守制度和流程,其实等于雇用一个人的双手,而没有雇用他的大脑。这是最亏本的生意,因为人的双手是最劣等的"机器",任何人都不可能像机器不走样地重复同一个动作。

人最值钱的是大脑,大脑能创造、能解决流程和制度不能解决的问题!

第8章 人力资源管理标杆

服务的目的是让客人满意,可是客人对涮火锅的过程和吃火锅的要求不尽相同,客人的满意不可能完全用标准化的流程和制度所达到。

比如有的人可能要标准的调料,有的人喜欢自己调;有的人口味重,需要两份调料,有的人连半份都用不了;有的人喜欢自己涮,有的人喜欢服务员给他涮。有人不喜欢免费的酸梅汤和豆浆,能不能送他一碗鸡蛋羹?尽管鸡蛋羹是收费的,但如果能让牙口不好的老人吃一碗免费鸡蛋羹,他可能会记一辈子!

一个客人想吃冰激凌,服务员能不能到外边给他买?

一份点多了的蔬菜,能不能退?

既然是半成品,客人可不可以点半份,多吃几样?

一个喜欢海底捞小围裙的顾客,想要一件拿回家给小孩用,给不给?

碰到这些流程和制度没有规定的问题,大多数餐馆当然是按制度和流程办——不行;在海底捞,服务员的大脑就需要创造了——为什么不行?[1]

正是这种创造性的思考,和对传统餐饮行业服务模式的反叛——为什么不行。才开启了海底捞独特的文化和服务。

充分放权:创造性服务的来源。

海底捞给每一位服务员都进行授权,什么样的授权呢?最出名的授权就是:海底捞的服务员有权给任何一桌顾客免单。

海底捞服务员如果决定为顾客免单,不需要申请经理,自己就可以做决定,并且免单不是免部分,而是整桌免单。免单只是海底捞最出名的授权,其实海底捞服务员还拥有很多授权,比如送菜、送东西等。

这种授权代表了企业对员工的充分信任,而信任是相互的,企业信任员工,员工也就更容易信任企业,将自己真正当成企业的一部分。

《海底捞你学不会》一书讲了这样一个小故事。

如果张勇对管理层的授权让人吃惊,他对一线员工的信任更让同行匪夷所思。海底捞一线的普通员工有给客人先斩后奏的打折和免单权。不论什么原因,只要员

---

[1] 摘自黄铁鹰《海底捞你学不会》,中信出版社,2015。

工认为有必要都可以给客人免一个菜或加一个菜，甚至免一餐。这等于海底捞的服务员都是经理，因为这种权力在所有餐馆都是经理才有的。

2009年春天，我把张勇请到北京大学给MBA学生讲课个学生问张勇："如果每个服务员都有免单权，会不会有人滥用权力给自己的亲戚朋友们免单？"张勇反问那个学生："如果我给了你这个权力，你会吗？"

整个课堂200多个学生，一下子鸦雀无声。

是呀，扪心自问：你忍心辜负这样的信任吗？

其实，每个人心里都有一块芳草地，绝大多数人都会知恩图报，不愿辜负别人的信任。做过服务员的张勇明白：要让员工的大脑起作用，还必须给他们权力。因为客人从进店到离店始终是跟服务员在打交道，任何餐馆客人的满意度其实都握在一线员工的手里。如果客人对服务不满意了，还要通过经理来解决，这个解决问题的过程，本身又会增加顾客的不满意。

因为人在等候悬而未决的事情时，心里总是焦虑的。所以把解决问题的权力放在一线员工手里，才能最大限度地消除服务中的不满意。更关键的是，每桌客人的喜好只有服务员最清楚，只有服务员才能一桌一桌地感动客人。

当然，权力不论大小，没有制约都会被滥用，哪怕是极少数人的滥用，得不到有效的制止，也会形成风气。海底捞是如何监控这种员工被大面积授权的？那就是海底捞特殊的干部选拔制度：除了工程总监和财务总监之外，海底捞的所有干部都必须从一线服务员做起。这条晋升政策甚至极端到包括厨师长在内，原因是不论你的厨艺多么好，没有亲自服务过客人，就不知道服务员需要什么样的后厨支持。

像张勇、杨小丽一样，管理2000多名员工的北京大区总经理袁华强，也是从门童、服务员一路做起来的。至今他还骄傲地说："我是一流服务员，我一个人可以同时服务4张台。我眼睛扫一圈，就基本知道客人需要什么。"

这样的管理者对什么时候必须用免单这种极端方式让客人满意太清楚了。因此，有心作弊的员工能骗过他们一次，但不可能逃过第二次。英国有句谚语，"只有傻子才能让你骗两次"。除了有效的监督之外，人的自律也使海底捞员工的免单权没有大面积被滥用。人都有邪恶和正义两重性，生存环境使他们不自觉地把这两重性表现出来。

第 8 章　人力资源管理标杆

高标准待遇：使员工更有归属感

高标准的待遇也是海底捞的一个特点。餐饮服务行业通常都会为员工提供食宿，但水平就参差不齐了。多数餐饮企业为员工提供的都是较廉价的住宿场所，吃饭则是在店内解决。海底捞在这方面待遇明显较高。

首先海底捞的员工宿舍都是在正规小区当中，相关配套设施也齐全，并且员工衣服有专人负责洗，吃饭有专人负责做。

在海底捞上岗之前会先经过培训。培训的内容除了专业能力之外，还包括介绍所在城市环境、如何乘坐地铁、如何出去购物等。

海底捞对员工的用心，使员工对店里更有归属感，也更愿意把真心投入到工作中去。正如《海底捞你学不会》一书中所说的："孟子说：君之视臣如手足，则臣视君如腹心；君之视臣如犬马，则臣视君如国人；君之视臣如土芥，则臣视君如寇仇。海底捞把员工视为姐妹手足，员工自然把海底捞当成心肝来呵护。"

其实，国外也有一家和海底捞在对待员工方面很像的公司，那就是被雷军无数次点赞，当成标杆来学习的 Costco。

有趣的是，Costco 被称为美国版海底捞。

Costco 是全美排行第一的零售连锁会员制零售企业，2018 年度《财富》发布的世界 500 强企业中，Costco 排行第 35 位。

吉姆·辛内加尔是这家企业的 CEO 兼创始人之一。吉姆·辛内加尔是个非常奇特的人，通常在我们的印象中，那些大公司的创始人或者 CEO 都是拥有巨额的财富，并且过着奢华的生活，喜欢购买昂贵的行头、拉风的私人飞机、豪华的私人游艇、让人瞠目结舌的豪宅。

但是，是辛内加尔却似乎是一个大企业 CEO 中的异类。

辛内加尔在享受方面从来不怎么在意，在公司中他在一间非常不起眼的办公室里办公，里面设施和普通企业领导者的办公室相差无几，并且他还没有配备专门的人接电话，所有电话都是自己接。在公司里，他的年薪只有 30 多万美元。虽然这个数字在普通人眼中已经不算少了，但是和那些大公司 CEO 的年薪相比，这点钱根本算不上收入。

辛内加尔虽然在对自己的态度上显得十分不在意,但是他却坚信应该给自己的员工提供优厚的工资待遇和福利。这一点和海底捞的张勇作风非常一致。

辛内加尔相信,只有真心地对员工好,企业才能够拥有优秀的员工,员工也才能保持较高的生产力。也正是因为他的这种态度,所以 Costco 虽然在提供产品、利润空间、广告宣传上都和大多数零售商差不多,但是却成为了全美最为有名的零售商之一。

在 Costco 工作的员工工资要比其他同行业工资高出 30%～40%,而在福利方面,Costco 的员工需要为自己支付的医疗保险金要低于美国平均水平,剩下差额部分全部由 Costco 公司来负责。

辛内加尔对待员工的态度不仅体现在工资和福利上,同时还体现在他平时的领导风格上。虽然 Costco 在全美分店众多,但是他尽可能地保证每家分店自己至少一年时间里能够去一次,只要是在工作期间,辛内加尔总是带着自己的工牌,和其他公司里的员工也都直接以名字相称。并且辛内加尔在企业内部提供了一条非常通畅的晋升通道,只要员工有足够的能力,那么他就能获得和自己能力相匹配的职位。

在辛内加尔看来,无论从事什么行业,如果企业领导者并不真正关心自己的员工,从不和基层员工见面,那么没有哪个基层员工认为自己所做的工作是有价值的。Costco 员工的表现也证明了这一点,每当辛内加尔前去一个分店之后,员工总是想要和他更近一些,希望能够和他聊天。因为这些员工知道辛内加尔愿意看到他们这些一直在为企业默默付出的人。

最重要的是,给服务行业一线人员足够的自主权已经是个非常老的话题,可是真正做到这一点的企业却非常少,辛内加尔就是少数领导者当中的一个。在 Costco 超市,如果顾客有什么问题需要解决,他不需要四处问人寻找值班经理,只需要随意找一个工作人员,就能够解决大部分问题,这大大提高了顾客的购物体验和企业整体效率。

曾经有很多人不认可辛内加尔的这种管理方式,比如华尔街的一些分析师们。他们认为虽然企业领导者需要适当地对员工们表现出自己的慷慨和信任,但是辛内加尔表现地有些过度了。这种做法会严重损害企业的利润。

辛内加尔对于这种评论只是简单说:"我希望建立企业是一家可以坚持几十年

甚至上百年不倒的企业,而不是只为了在两三年时间内赚够钱就关门的企业。"

就是因为这样的经营理念,Costco 公司经营得非常成功,在全美零售行业当中排行第二。从 Costco 身上,我们可以看到很多海底捞的影子。

除了制度和待遇,关于海底捞,还有一个绕不过去的话题,那就是海底捞的计件制工资。

计件制工资:避免管理上的不公和非正式组织的负面影响

为什么海底捞始终坚持计件制工资?见图 2-18。

张勇这样解释海底捞作为餐饮行业却采取计件制计工资的原因。

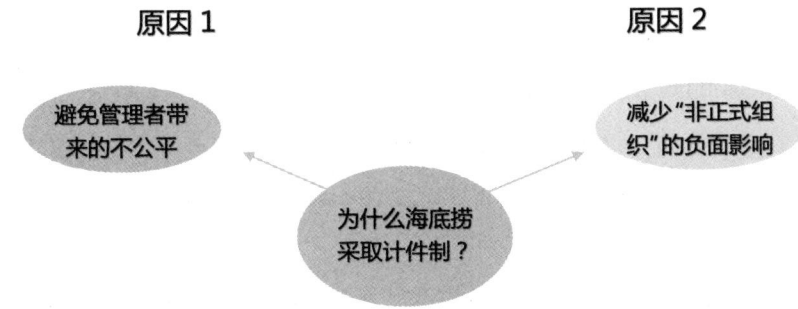

图 2-18 为什么海底捞采取计件制

第一,可以避免因为管理者带来的不公平。

和西方国家相比,中国餐饮服务业制度完全不同。西方国家的餐饮服务业有小费制度,所以他们的服务人员自愿去努力服务顾客,也许一个服务员负责 10 张桌子,但是他却愿意快速服务顾客,并且关心顾客,愿意和顾客聊天,因为他知道自己的服务和获得的消费有密切的联系。

而中国餐饮服务业并没有小费制度,所以多数餐饮企业的管理模式是:员工为顾客服务,然后去店长那里拿钱。

当餐饮管理者的管理幅度较小时,能够做到公平公正。但是当人员增多管理幅度增大时,管理者就难以做到公平公正了。这时服务人员的工作热情就会被逐渐消磨殆尽。

第二,减少"非正式组织"的负面影响。

任何一个企业中都有"非正式组织",这种组织通常指的就是小团体。在传统服务业中,当一位员工表现好,就会得到表彰、评为先进。但很多时候这种奖励对员工是一种"伤害"。

张勇举过一个例子:一位员工服务顾客的时候非常认真,而其他员工敷衍了事。这位员工让其他员工也认真服务顾客时,其他员工直接说我们没被表彰也不是先进。这就是对认真工作员工的一种伤害。

采用计件制工资,管理者也就不再需要再表彰先进,即使有也不受到"非正式组织"的伤害,因为大家更关心的是薪酬。

海底捞的启示:比制度更重要的是价值观

在过去一百年当中,世界经济得到了飞速发展,制度在其中起到了重要的作用。我们从泰勒的科学管理中就可以很明显地看出,他的管理方式完全围绕制度展开,没有制度的支持,这种管理方式就不可能进行。但是在之前的内容我们介绍过,随着时代的发展,泰勒的科学管理已经越来越不适用,制度也是同样,也越来越显示出它的局限性。

现在已经有很多管理学家预测,在未来,以制度为核心的管理方式终将被淘汰,取而代之的则是以价值观驱动为核心的全新管理方式。

没有完美的制度,制度总是会有漏洞。因此,领导者会像电脑软件打补丁一样,不断打新的制度补丁来限制那些钻制度漏洞的人。但是领导者在这么做的时候很少考虑企业员工感受。但员工不是冰冷的机器,员工是有血有肉有思想的人。一个人如果隔段时间就被一项新出的制度告知不能做某件事情,这种情况并且是长久持续的,那么这个人就会感觉自己没有得到领导者信任,随着新制度的不断增加,这种不被信任感会逐渐增强,同时受到影响的还有员工对企业的忠诚度。这很好理解,你会对一个不信任自己的人忠诚吗?当然不会。

如果长期如此,员工可能会对制度产生对立情绪。一些人就是这样,你越想要束缚他,他想要获得自由的想法就越强烈。当员工产生这种对立情绪后,就开始刻意地寻找制度漏洞,然后违反它,等待领导者出新的制度补丁,然后再次挑战……这听起来有点像是在玩电子游戏,事实上确实是这样。员工的对立情绪产生之后,他们会从不断挑战制度漏洞的行为中获得满足感,继而更加疯狂地去挑战。至于员工此时对企业的忠诚度……想想就能知道。

更不幸的是绝大多数企业的制度都是针对所有人的,也就是说即使只有一个人钻了制度的漏洞,企业的所有人都会因此要受到新制度约束。虽然不同个体对此的反应会有不同,但是大致上都是一样的,就是每制定一条修补旧制度漏洞的新制度,员工对企业的忠诚度就会下降一些,同时他们也会对制度产生不信任感,随着这种不信任感的加剧,制度的约束力会不断降低,最终形同虚设,无人愿意遵守。

而海底捞的做法可以带给我们一些启示:"为什么不行"的思考是反制度的,海底捞对员工的充分放权也是反制度的,甚至海底捞的考核制度,本身也是"反制度"的。见图2-19、图2-20。

海底捞拥有非常特殊的考核制度:在海底捞,比翻台率更重要的是客户满意度。

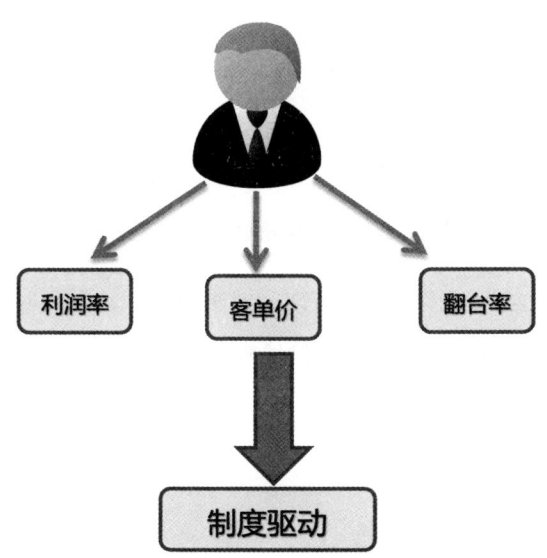

图2-19 普通餐饮行业依靠制度来驱动

餐饮企业有自己的一套通用考核标准,比如利润率、客单价、翻台率等。但是海底捞这些指标一样都不考核,按照张勇的说法就是:我不希望因为考核这些指标而导致提供的免费西瓜不甜、提供的手巾上面污渍斑斑。当然,海底捞也有考核,他们考核的是顾客满意度、员工积极性、储备干部培养。

没有了制度？企业靠什么来驱动运转？

答案是价值观。

"翻台率"的本质是制度管理，而"顾客满意度""员工积极性"和"储备干部培养"却要依靠价值观来驱动。海底捞所依仗的，正是它特殊而充满能量的价值观。

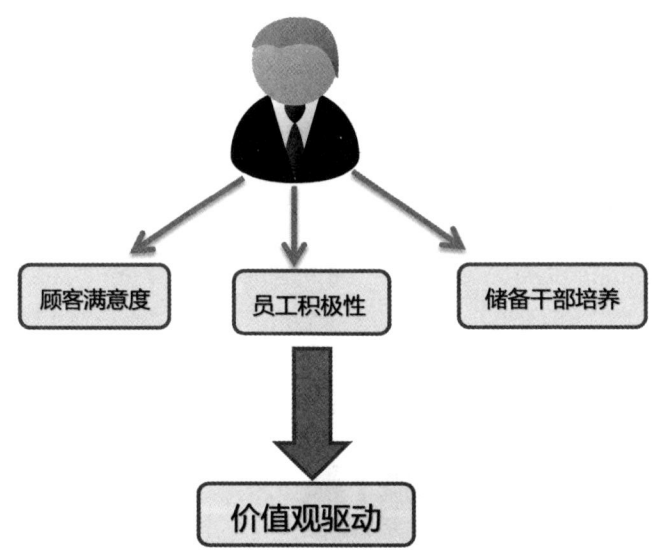

图 2-20　海底捞的考核依靠价值观来驱动

这就是为什么虽然海底捞不考核餐饮行业常用指标，但海底捞的员工却都重视这些指标，努力做到最好，这就是企业价值观所能产生的作用。

股权设计与股权激励标杆

股权激励，也被称作期权激励，是企业激励员工、留住核心人才最常用的一种长期激励机制。

股权激励一般是通过附加条件给予员工部分股东权益，让员工在企业中具有主人翁意识，和企业成为利益共同体，促进企业与员工共同进步，实现企业稳定发展的长期目标。

股权激励，是企业打造优秀团队的一个重要手段，正确地使用股权激励，能够改变员工尤其是核心成员对企业、对工作的态度，让员工真正将自己看作是企业的一部分，愿意为企业去努力拼搏，愿意承担起企业责任。如果企业中每一个人都能把企业愿景当成是自己的梦想，愿意为这个梦想而奋斗，这个企业就拥有了铁军一样的团队。

股权激励对企业员工来说，能够带来的是：对企业的责任心增强、对工作的热情和克服艰难的精神的增强。

用股权去激励员工，可以让企业员工的身份发生重大改变：由员工转变为员工+股东，身份的改变还会带来责任的改变，员工在获得股东身份的同时，还承担了股东的责任。员工要承担更多股东的责任，可以称为"创业责任"，而当企业开始有人承担创业责任时，企业是有人管、有人操心的。员工拥有了创业责任，会竭尽所能、克服困难让企业生存、发展、壮大的，这时的企业理所当然有更强的生命力。

股权激励是标杆学习的新兴领域，同时也是企业经营者必须掌握的内容。通过股权设计与激励的标杆学习，我们可以掌握标杆企业的股权激励理念、股权激励逻辑和具体的分配方法。

目标建立企业内在动力机制：阿里合伙人制度

在如今这样一个大众创业、万众创新的年代，股权激励作为一种为留住核心人才而出现的长期激励方式，已经被企业广泛使用，成为打造优秀团队最有效的工具之一。华为、阿里巴巴等成功企业都将股权激励用到了极致，打造出了让无数企业家都羡慕不已的团队：员工都将在企业的工作看作是荣耀，都努力工作，希望能在企业长久工作下去。当企业拥有这样的一支团队时，离成功也就不远了，打造这样的一支团队，也是创业道路上的一个重要目标。

中国最资深的天使投资领域律师张明若曾经这样定义过股权激励："股权激励，是一个用股权交换员工人力资本的交易。"

在传统观念中，企业资产包括两个方面，第一是资金，第二是能够兑换成资金的东西，比如土地、设备等。在法律上，这些资产统称为"物力资本"，而目前《公司法》对企业出资方式上，只承认物力资产出资。

虽然如此，但实际上企业还有另一种资本形式，这就是"人力资本"。在如今这样一个知识经济时代，已经有越来越多的企业意识到了"人力资本"的重要性。而当公司采取股权激励的形式激励员工时，本质是用股权来交易员工的人力资本。股权激励实际上寻求的是经济的本质：在平等互利的基础上，进行等价交换。

张明若律师在《股权激励的本质》一文中提到：

员工与企业的关系是劳动关系，是用人单位和劳动者的关系，企业可以安排员工的工作内容，需向员工支付薪酬；员工需要服从企业的工作安排、尽职尽责，并收取薪酬。股东是企业的所有者，是企业的老板，他们和企业的关系是投资和所有的关系。股东们可以投入资金（物力资本）或自己的创业责任（人力资本）。

想一想企业家和员工的关系，与其他股东的关系有什么不同？前者是需要你支付工资，并且可以安排他的工作；而后者是和你一起来投资企业、一起承担风险、一起赚钱、一起分。

投入人力资本的股东，同时又必然是企业的员工，有着股东和员工双重身份。股权激励的授予，是让股权获得者从单纯的员工身份到员工加股东身份的一次转化，是从单纯的员工劳动责任到股东创业责任的一次调整。

在一个企业的主创始人身上，这两个身份中股东身份通常处于主导地位，所以很多创业者拿低工资、不拿工资，甚至用自己的财产去补贴企业。一个企业的主创始人，给人更多的印象是企业的老板，而不是一个员工。

创业责任的本质是一种心态，是一个人对待企业的态度。"天下兴亡"为什么"匹夫有责"？因为"天下"就是他的祖国。那么，企业兴亡呢，以人力资本出资的股东应当承担主要责任，因为他们还是一个名字叫创业者。[①]

阿里巴巴的股权合伙人制度，是非常值得众多企业所学习的。所有人都知道阿里巴巴是马云一手创建的，但是在公司股权方面，马云持有的股份并不是公司最大股东，甚至连第二股东都不是。并且最近几年，马云持有的股份还在不断减少。

根据阿里巴巴的对外报告显示，2018年7月30日，阿里巴巴股权结构再次发生变化，作为阿里董事局主席马云所持有的股份也从2017年的7%下降到了6.4%，其他董事及高管们持有股份比例也同样减少，一共持有公司股份比例降到了9.5%。

很多人会有疑问，马云仅持股6.4%，不怕失去阿里的控制权吗？这和阿里股权设计中的合伙人制度有关。

合伙人制度是为了建立强大的动力机制

2013年，马云正式提出合伙人制度，强调合伙人之间的价值观和文化应该互相认同。对于合伙人制度出现的目的，马云表示合伙人制度不是建立一个利益集团，也不是为了打造一个权力机构更好地控制阿里巴巴，而是为企业建立一个足够强大的动力机制。也正是因为如此，阿里巴巴对合伙人资格有着严格要求。首先，合伙人要在阿里巴巴工作五年以上，有着出色的领导能力。其次，合伙人要高度认同公司文化，并且可以成为公司文化的贯彻着。最后，合伙人对公司发展起到积极促进作用，愿意为了公司竭尽全力。

合伙人制度并不是马云的首创，而是来自于高盛和麦肯锡合伙人制。在马云看来，这种制度可以确保企业文化能够贯彻下去，基层员工负责执行，中层管理者负责战略规划，高层领导者和企业创始人则关注与未来发展方向以及寻找优秀的人才。

马云曾多次提到阿里巴巴的目标是成为一家持续发展102年的企业，但是随着企业的发展，规模在不断扩大，人员在不断增加，环境也在不断发生改变，企业文

[①] 来源：张明若：股权激励的本质，专题讲座"明若说股权"，2018年5月10日。

第9章 股权设计与股权激励标杆

化在这些因素的影响下,被稀释或者被改变的风险是非常高的。阿里的合伙人制度就是为了防止这一情况的发生,确保企业文化能够从顶层开始贯彻执行,也正是因为如此,阿里对合伙人资格有高度认同公司文化这一要求。

纵观目前阿里巴巴的合伙人,无一不是阿里巴巴的老人,他们是阿里企业文化的延续和升级者。合伙人制度的出现,在制度层面确保了阿里企业文化的延续和执行。

合伙人制度是阿里非常重要一项制度,所以在合伙人选择上,阿里巴巴是非常慎重的。阿里巴巴成立了合伙人委员会,这个委员会的主要工作就是选择合适的合伙人。想要成为阿里的合伙人,首先需要由现有合伙人向委员会推荐,得到推荐后委员会会对被推荐人进行为期一年的考察,一年考察期结束后,只有超过75%的委员会成员同意,被推荐人才能正式成为阿里合伙人。严格的选择制度都是为了确保合伙人是符合要求的,能够真正认可和实践阿里企业文化的人,并能够推动阿里企业文化的发展和延续。

阿里的合伙人制度保证了企业顶层都是认同阿里企业文化和价值,愿意肩负阿里使命的阿里人,保证了阿里能够朝着最初的目标一路走下去,真正成为一家持续发展102年的企业。

当顶层都是真正的阿里人之后,为了更好地利用手中的资源,让阿里不再是少数人的阿里,而是大家的阿里,才有了顶层持股比例降低的决策,继而让更多的股东可以受益。

阿里的合伙人制度无疑有着非常好的激励效果,阿里这些年的成绩也说明了这一点。不过很多人看到这里会有一个疑问,当股权被稀释,是否意味着马云以及其他创始人的权利也被稀释?如何使企业摆脱"少数服从多数最终导致分崩离析"的股权陷阱?

虽然手中的股权降低,但是通过合伙人制度的建立,马云、蔡崇信等阿里的创始合伙人依然在阿里中有着强大的影响力。

为了保证创始人的控制权,马云等初创合伙人进行了几条非常巧妙的设计,见图2-21。

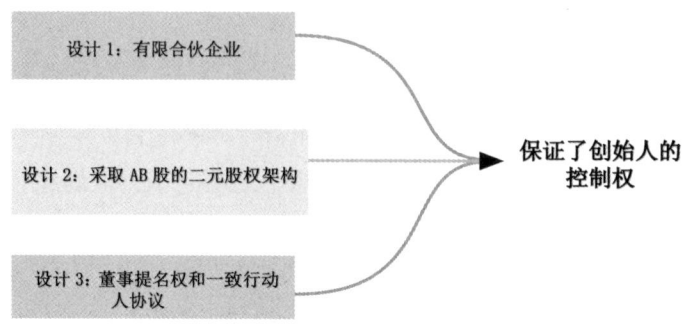

图 2-21　保证控制权的三个设计

设计 1. 有限合伙企业

马云股权设计的核心：有限合伙企业。

在马云的股权设计当中，有限合伙公司是其重心所在，普通合伙人、特殊合伙人、有限合伙企业三者结合在一起就成为了有限合伙股东。

《合伙企业法》规定，普通额合伙人有法定决策权，有限合伙人没有决策权只有分红权。因此，在马云的设计中有天然法定股东代表，决策由执行合伙人负责，其他合伙人则只拥有分股权的权利，有限合伙公司就称为一个很好的持股平台。

一方面，合伙人制度要求，所有合伙人都必须持有一定股权，除了永久合伙人之外，其他合伙人在退休或者离开阿里巴巴时，必须退出合伙人，而阿里的永久合伙人只有两个：马云和蔡崇信。

另一方面，只有 75% 选举委员会同意，才能出现新的合伙人，而罢免现有合伙人只需要选举委员会 51% 的投票支持即可。

马云在蚂蚁金服的股权设计中，也充分地利用了《合伙企业法》的规定，虽然出资非常少，但是却可以同时控制四家持股平台，保证自己在蚂蚁金服中的影响力。除了《合伙企业法》，马云还利用了《公司法》有关有限责任制度的规定，将有限责任公司作为普通合伙人，从而避免了普通合伙人需承担无限连带责任的风险。

设计 2. 采取 AB 股的二元股权架构

AB 股二元股权架构：投资人持有的是 A 类股票，而企业高层持有的是 B 类股票。在表决权上，B 类股票的效率等于是 A 类股票的十倍。阿里巴巴在 2013 年刚准备上市时，最初计划是香港，但是港交所并不认可阿里的 AB 股权架构，认为该架构让阿里高层通过合伙人制度控制了公司，侵犯了投资者的权益。而阿里为了保证高层对企业的控制力，不愿意放弃 AB 股权架构，最终决定放弃香港，赴美上市。

设计 3. 董事提名权和一致行动人协议

在董事候选人提名权上，阿里公司章程规定，合伙人拥有提名 50% 以上董事候选人的权利，而不是按照持股比例分配的。阿里章程规定，想要修改有关合伙人在董事候选人提名权上的条款，必须在股东大会上得到 95% 以上的股东同意，但是仅马云一人就持有 7% 的股份。这也就代表着，阿里合伙人在董事候选人提名上的权利除非马云同意，否则不可能改变。

虽然合伙人拥有的是董事提名权，真正成为董事需要年度股东大会上超 50% 的赞同票才可以，但是如果提名没有通过，或者在通过后因为各种原因离开，阿里合伙人有权指定临时董事人选，直到年度股东大会再次召开选出董事。所以无论提名是否通过，阿里合伙人都对董事人选有着强大的控制力。

通过这种方式，马云及阿里高层人员始终拥有公司控制权，即使持有股份比例降低，也不会影响其对公司的控制。

软银、雅虎和中投都是阿里的股东，并且都与阿里达成了一致行动人协议，在未来股东大会上，基本会支持阿里合伙人团队提出的董事人选，并且软银和雅虎还承诺会投赞成票。

从上面阿里巴巴的股权设计中就会发现，企业的股权并不等于是控制权，决定控制权的关键是股权如何设计。所以那些担心采用股权激励手段而丧失对企业控制的企业家可以放心了，与其思考如何获得更多股权控制企业，不如思考如何设计股权架构，将企业股权也当作是一种资源，用来激励团队发展。

股权设计是战胜"大公司病"的法宝：腾讯股权激励制度

腾讯的股权激励制度

腾讯的股权激励制度曾多次带给员工惊喜。从 2007 年开始，腾讯就有了股权激励制度，并将这个制度长期持续至今。腾讯的股权激励主要针对那些绩效表现突出的骨干员工，对于这些员工，腾讯会提供公司的股票期权，让这些员工和企业共同分享增长，让企业和员工形成了利益共同体，两者紧密结合在一起。

腾讯的股权激励制度作用也非常明显，因为它总能吸引到行业内最优秀的人才，同时腾讯的员工流失率也一直保持行业内较低的水平。那么腾讯的股权激励制度具体是如何执行的呢？下面就是腾讯股权激励大事记（摘录部分年份）。

2007年：腾讯正式宣布开始股权激励计划。股权由独立受托人购买，腾讯支付成本。该项计划的有效期为十年。

2008年：腾讯董事会经商讨决定向184名员工进行股权激励，一共授出101605万股新股。当时腾讯股价为67港元，折算下来此次激励的股权市值为6807535万港元，平均到每位被奖励员工手中股权市值为37万港元。

2009年：腾讯向1250名员工进行股权激励，一共授出818118万股股票，占其发行股本的0.453%。当时腾讯员工数量远没有如今这么多，一共只有5000人左右，也就是说四分之一的员工都得到了奖励。

2013年：腾讯对股权激励计划作出调整，奖励最高限额由过去占已发行股本的2%提高到3%，同时又超过千人的基层领导者也被纳入奖励范围内。当时腾讯3%的股票市值约为229亿港元。

2016年：2016年7月6日，腾讯宣布向7068位员工进行股权奖励，授出14931760股。按照宣布当日腾讯股票价格174.3港元计算，此次授出的股权总价值为26亿港元。

2016年：2016年11月11日，这天刚好是腾讯18周年纪念日，腾讯选择当日宣布所有正式员工都将获得300股公司股票，以此作为公司成立18周日的特别纪念。

2017年：2017年7月10日，腾讯宣布将对10800名员工进行股权激励，授出17870595股新股。当日腾讯每股收盘价为271.6港元，此次奖励市值高达48.5亿港元。对此腾讯表示，此次股权激励是为了奖励那些为企业作出突出贡献的人，以及吸引和挽留那些集团发展所需要的人才。

看完了腾讯股权激励大事记，再将其和阿里巴巴的股权激励做对比，就会发现虽然两者的股权激励制度都非常成功，但是走的路线却完全不一样。阿里巴巴的股权设计比较与众不同，没有走常规路线，其股权激励制度也就和常规的有很大不同。而腾讯的股权激励制度则更符合人们印象中的标准激励模式，其股权架构也是非常标准的架构。

在腾讯早期的股权架构中，虽然其创办人马化腾只占 47.5% 的股份，但是他的一位大学同学同时还是创业伙伴的张志东占 20% 股份，两人的股份加起来达到了 67.5%，保证了他们对腾讯的完全绝对控制权。虽然腾讯后期经历了多次融资，但是在股权比例上腾讯一直是精打细算，让马化腾个人和腾讯核心团队手中掌握的股权始终保持在拥有企业控制权的比例。

卓越企业家标杆

改革开放以来，祖国大地涌现出无数优秀的企业家，他们大多是白手起家，风起于萍末，在风口浪尖中抓住了机遇，在大风大浪中顶住了风雨，在市场变化中进行了变革，从而使自己的企业在与时间赛跑的游戏中站稳了脚跟，同时也书写了自己独一无二的人生传奇。

那些脱颖而出的企业家都有一个特征，他们对自己的事业有热忱，对国家和社会有着高度的责任感，对经营有良知和诚信，对困难有决心，并始终具有艰苦奋斗的精神。

当把企业当成事业来经营，目标就变得更为远大：在真正卓越的企业家眼中，消费者是我们服务的上帝，客户是企业赖以生存的根本，服务客户等于利益民众，发展市场则是兼济天下——只要格局够大，企业家中手中曾经微小的"小作坊"，早晚有一日会变成国之重器。

邓小平曾说过：我们做事业，凭借两种力量，一是真理的力量，二是人格的力量。

这些卓越的企业家是企业家奋斗与自我经营的标杆，是企业家精神的最佳代言人，同时又是我们最好的学习对象，也是照亮我们前行的明灯。

任正非：从未被超越的超级企业家偶像

中国优秀的企业家很多，但是被称为"中国民营企业教父"的，却只有华为的老总任正非一个。

阿里巴巴的马云曾在一次国际演讲中说过："目前世界缺失的不是钱，商业社会缺失的是企业家的精神、梦想和价值观。"

任正非正是因为拥有这些目前世界所缺失的企业家精神、梦想和价值观，所以才会被称作中国民营企业教父。

华为今天的成绩和任正非的企业管理理念有着密切的关系。

任正非在自己创立的华为中只占不到2%的股份，其余股份全为工会股。这在国内是绝无仅有的，华为是第一家，同时华为的薪酬待遇也是全国出名，可以和欧美企业相比肩。股份分享机制和高薪酬待遇，这让华为吸引了国内很多顶尖的技术

第10章 卓越企业家标杆

和管理人员。

任正非曾经公开表示过：

> 人才的发展是马太效应，当我们企业有很好的经济效益时，就能更多地支撑人才加入，有了更多的优秀人才进入华为，由于我们有较高的管理水平，就会使人才尽快地成长起来，创造更多的财富。以更多的财富支撑更多的人才来加入，使我们的企业管理更加优化。我们的企业就有了持续发展的基础。

任正非通过高薪酬、高分红为华为吸引了一大批的人才，人才有了，接下来就是领导。任正非身上的一些特质让他成功地将华为带进世界500强企业的行列。

20世纪90年代，华为在深圳刚成立，公司条件非常艰苦，五十多个员工只能在一所破旧的厂房里办公，任正非就对他的员工说："我们从事的这个行业现在还处于起步阶段，似乎看不到未来，但是今后这个行业的发展前景是难以想象的。所以你们今后买房子一定要那种阳台非常大的，这样方便你们今后家里钱太多发霉，找不到地方晒。"

任正非通过幽默的方式鼓舞激励了员工，这种信念也使他创造了一个又一个的奇迹，这才有了今天的华为。虽然任正非的故事略带夸张，但是今天的我们再来看这个故事，就会发现虽然夸张，但是绝不是信口开河，IT已经成为如今最热门的行业之一，也是薪酬最高的行业之一，从这点也可以看出任正非对未来的判断能力是非常准确的。

创新精神

任何一个优秀企业家身上都应该具有创新精神，新标杆学习也一直在强调赋能和创新。而回看华为发展历史，任正非的创新精神在其中体现地非常明显。从最初代理到自主研发，从定位农村到进军城市，从制造通讯设备到制造手机，华为一次次的重大战略改变都是在创新作用下完成的。

在企业管理方面的，从"华为基本法"、全员持股到任职资格管理、不拘一格挑选人才，这些在中国企业中都是非常少见的，华为在这些方面开创了先河。事实证明，任正非的创新是正确的，在成为第一个吃螃蟹的人之后，华为收获了巨大的成功。

任正非在打造团队狼性文化的同时，也致力于将团队打造为学习型团队。也许是因为技术出身，任正非对学习一直有着强烈的渴望，因此，任正非经常带领他的管理团队去国外标杆企业学习考察。

在日本，任正非和团队学习敬业和品质管理；在美国，任正非和团队学习到了创业和创新；在德国，任正非学习了精工生产和工匠精神。

同时，为了让全体华为员工都可以不断学习，将整个华为打造成学习型组织，2005年任正非一手建立了华为大学。华为大学有各类讲师2000多名，超一流的软硬件设备，是国内顶尖的企业大学之一。华为大学不仅对华为员工开放，对客户也是完全开放，客户可以在华为大学中接受华为的产品培训。

冒险精神

1992年，华为正式进入电信市场。即使当时电信市场的竞争也非常激烈，任正非自己形容就是：误打误撞进入这个荆棘丛生的模式领域。但是，任正非坚持在电信市场上投入大量的人力、物力。

1992年时，华为的年营业额就突破了1亿元，合伙人希望将利润直接分了，但是任正非不同意，他坚持要将利润继续投入到新产品研发上。我们可以想象到当时任正非做这个决定时会有多大压力，毫无疑问这是一次冒险。不过，如果没有这次冒险，可能也就没有了今天的华为。

而1998年时，当时的华为在国内已经风生水起，成为国内通讯业龙头，不过任正非并不想一直在国内发展，所以做了一个冒险的决定：拓展海外市场。而如今在世界上华为已经成为中国的一张名片。

自我批判和持续改进

现如今，华为的自我批判已经融入到企业文化中，成为核心价值观的主要内容："自我批判的目的是不断进步，不断改进，而不是自我否定。只有坚持自我批判，才能倾听、扬弃和持续超越，才能更容易尊重他人和与他人合作，实现客户、公司、团队和个人的共同发展。"

任正非在《为什么要自我批判》曾说：

"华为还是一个年轻的公司，尽管充满了活力和激情，但也充塞着幼稚和自傲，我们的管理还不规范。只有不断地自我批判，才能使我们尽快成熟起来。我们不是为批判而批判，不是为全面否定而批判，而是为优化和建设而批判，总的目标是要向公司整体核心竞争力的提升。"

任正非在自我批判上一直对自己要求非常严格，同时也希望华为的所有成员可以"每日三省吾身"，要能够发现自身的不足，不断去改变、修正。任正非在用人方面，自我批判也是一个重要评价指标，一个不愿意或者不善于自我批判的人，任正非必然不会去重用。

早在1998年，任正非就曾说过，当没有管理改进的愿望，企业实际已经死亡。

"如果管理不从小改进做起，什么事都做不成。有人问我，我们到底到什么时候才能松口气？我说只有到棺材钉上时才能松口气。世界上唯一不变的就是变化，贯彻永恒的是管理改进。现在华为公司面临一个战略转折点，那就是管理与服务的全面优化建设。

如果没有良好的管理与服务，就不可能有市场的扩张，就不可能有所前进，所以管理的优化和服务意识的建立是公司的战略转折点。

公司安排了3～5年时间来完成这个战略转移，如果能完成这个战略转移，我们效益水平即使不能提高到和西方公司一样高，但至少也能缩小与它们的差距，那么我们也属是迅猛异常了。华为公司能否在经过巨大的艰难困苦之后出现一个非线性的高速发展时期，关键在于一个管理与服务的全面建设问题。

中国五千年来就没有产生过像美国IBM、朗讯、惠普、微软等这样的大企业。因此，中国的管理体系和管理规则及适应这种管理的人才的心理素质和技术素质，都不足以支撑中国产生一个大产业。我们只有靠自己进步，否则一点希望都没有了，这种摸石头过河的方法的艰难与痛苦可想而知。"

对于任正非来说，发展中遇到的挫折失败都不是主要问题。作为华为的创始者和领导者，任正非曾说自己也迷惘过，不知道未来的方向在哪里，即使找到了方向，又无法让员工完全领会，这对于自己来说才是最痛苦、最困难的。

1998年华为40亿元请IBM咨询，然后进行全面改革。这在华为内部掀起了不小的波澜：40亿元的咨询费就已经让人瞠目结舌，而后面还要对企业进行彻底改革，这在当时引起了不小的争议，外界的质疑、员工的不配合，这些都没有让任正非动摇，他依然坚持自己的想法。如今华为在中国可以算是运营效率最高的企业，这正是二十年前那次变革所带来的。

董明珠：如何在新媒体时代打造企业家网红IP

超级IP董明珠：一代企业家网红的诞生

网红经济虽然出现只有短短几年时间，但现在已经成为了互联网经济中的一匹黑马，发展非常迅速。随着网红经济的发展，"个人IP"概念也逐渐被大众所了解，不过并不是每个人都可以成为网红，打造出一个超级IP。如今的超级IP大多都是某一领域的意见领袖，本身就有一定的话题性和话语权。而有一位非常善于打造个人IP的网红却显得有些不同，这个人就是企业家中的超级IP董明珠。

董明珠在中国绝对算是一个传奇企业家，满身荣耀、业绩卓越，还曾三次成为央视年度经济人物，也是各种商业堂会上的座上宾。随着自媒体时代到来，董明珠还开办了自己的自媒体，受到大量网友追捧，被亲切地称作是董小姐。

绝大多数人在了解过董明珠的职场生涯后，都会觉得这是一个励志传奇故事。董明珠最初一直从事研究所行政管理工作，一直到36岁才进入格力，成为一名业务员。在成为格力业务员之后，董明珠就开始走上了传奇之路。90年代初进入格力仅一年多的董明珠销售业绩高达3650万元，之后进入格力管理层。在她的带领下，格力曾经连续十年全国销量第一。

董明珠从2012年成为格力董事长之后就开始为了格力代言，不断成为网络话题人物，甚至和王健林、宗庆后一起成为中国传统企业的代言人。而在格力手机推出之后，在手机圈内，出身传统制造业的董明珠丝毫不比雷军、罗永浩这些互联网手机企业家逊色，在很短的时间内就将自己打造成了一个超级 IP。

任何网红都需要营销，董明珠身处传统制造业，还是国企格力电器的董事长，她是如何将自己打造成一个超级 IP 的呢？

传统制造业中的营销高手

和普通网红相比，中国传统企业家通常都比较内敛、低调。然而到了互联网时代，这种传统低调、内敛的形象不再受到大众关注，人格化品牌形象才是网民所喜欢的，因为只有品牌形象人格化，消费者才会感觉品牌是有温度的、有话题性、有亲近感，不容易被遗忘。因此，一部分企业家就开始走到前台，成为自己企业的"形象代言人"。

董明珠就是传统制造业中为自己企业代言的佼佼者，董明珠和她背后的团队成功将她打造成了一个超级 IP，成为格力的形象代言人。

作为一个在中国最著名的女性企业家，董明珠身上带有鲜明的个性特征，这些特征和传统女性或者网红女性普遍特征有非常大的区别。作风硬派、霸道、敢拼这些就是董明珠展示给大众的标签。

标签个性化是董明珠打造超级 IP 的天然优势，当然，这后面还有背后运营团队的宣传和推广。因为个人标签只有足够个性化，足够特别，网民才更容易产生兴趣，愿意去关注和了解。

企业为了营销宣传，方便信息传播，通常都会找一个形象代言人为品牌宣传，形象代言人大多以明星为主。

格力也曾请过成龙作为形象代言人，不过在 2012 年董明珠正式成为格力电器董事长之后，格力就再也没有请过形象代言人，董明珠自己开始出境拍摄广告，频繁出现在格力的宣传活动中。在央视广告里董明珠的出镜率比很多明星还多。最近还因为被拍闯红灯又上热搜，实际上是因为公交大巴上印有格力的广告，董明珠的照片当仁不让地出现在格力广告中，被交通违法人脸识别摄像头拍到，误以为是闯红灯的行人。

董明珠这种高调为自己企业代言的做法一出现就受到热议，这么多年格力再也没有请过其他形象代言人。在格力手机刚推出时，因为开机照片事件，格力手机和董明珠也受到一些非议，不过董明珠对此霸气地回应说：“我是格力手机创始人，我也在用格力手机，这是尊重消费者。”这又为董明珠圈了一波粉，同时再次宣传了格力手机。

董明珠做格力代言人的角色可谓得心应手，作为格力的形象代表，董明珠还有一个优势就是敢想敢说，敢想敢说不难，难的是说出来的内容能够得到大家的认同。

在谈到格力集团也开始涉及芯片行业时，董明珠大胆直言说：“别人做芯片股价就涨，我做芯片股价就落了。为什么？因为你真做。企业家最大的特质是别人不做的你要去做，别人不愿意承担的，你去承担。”

而提到格力开始布局高端装备的制造时，董明珠又说：“我们是十几亿人的大国，而我们采购的先进装备是来自几千万人口的国家，我们怎么也不心甘，让世界爱上中国造，就是因为我们有巨大的创造力。如果你没有创造力，不能给别人带来改变的时候，凭什么说让人家爱上你？”

事件营销的高手

董明珠是事件营销的高手。

提到董明珠的事件营销能力有多强，我们首先要提到的就是"99张自拍"事件。2015年，格力突然高调宣布开始进入手机市场，这本身就有较强的话题性，因为格力一直都从事传统家电制造行业，和手机行业没有任何联系，所以制造格力手机消息一出，马上就成为当时热门话题。而更具有话题性的是，网上广泛流传"格力手机预设了99张董明珠个人照片，开机画面就是董明珠的照片，并且用户无法删除。"这种霸气设定很快就成为当时微博的热搜话题。

这次事件在最短的时间里让全国网友都知道了格力开始做手机，同时让全国网友再次对董明珠个人产生浓厚的兴趣。显然这是一次经过策划的话题营销活动，其效果也是非常显著的，在那段时间网络上到处都是有关格力手机和董明珠的消息。

"10亿豪赌"事件

2014年,在央视举办的《中国经济年度人物》评选晚会上,小米的雷军和董明珠遇到了一起。当时的小米正处于如日中天时期,被称作是互联网手机的鼻祖,其创始人雷军也是网络上非常有话题性的人物。

雷军和董明珠相遇之后,雷军表示如果5年时间内,小米营业额可以超过格力,董明珠需要赔偿自己1元。而董明珠自然不甘示弱,当场表示如果格力被击败,愿意付出10亿元。

第二天雷军和董明珠的"10亿豪赌"就成为热点话题。在一段时间之后,事实证明这其实是一次格力手机的完美营销:当时格力手机已经开始研发,而格力作为传统家电制造企业,很难让消费者将这个品牌和手机联系在一起。而董明珠和雷军的这次"豪赌",首次让格力和手机行业产生了联系。

下场参与真人秀

在互联网时代,很多曾经在幕后的企业家们也逐渐走到台前,出现在电脑或者电视荧幕。小米的雷军直播已经驾轻就熟,传统地产企业家王健林也曾在王思聪的熊猫直播中露过面。而董明珠除了经常出现在一些访谈节目外,还参与过真人秀节目《我是创始人》。节目中的参与者都是行业大佬,通过不同的环节设置展开商战对抗。这又是董明珠打造个人IP的一种方式。因为众所周知,董明珠自己就是格力形象代言人,她的任何一次曝光都会让大众联想到格力和格力的产品。

褚时健:企业家精神的代言人

2014年年底,《财富》杂志公布了"中国最具影响力的50位商界领袖"榜单,其中有一个人的名字非常显眼,这个人就是中国曾经的"烟草大王",如今的"励志橙王"褚时健。

之所以说褚时健的名字在榜单中非常显眼,并不是因为他的财富多,是因为他的人生经历就像是小说一样,整个呈现"V"字形。有过大起也有过大落,之后在古稀之年重新起家，这样的经历实在让人惊叹。

褚时健也被认为是现如今企业家精神的代言人，是除了任正非之外的另一位鼓舞人心的优秀企业家。

1979年，51岁的褚时健进入了红塔集团的前身玉溪卷烟厂，成为了该卷烟厂的厂长。当时的玉溪卷烟厂在当时烟厂无数的云南，只是非常普通的一个小烟厂。没有足够的资金和技术支持，而且当时的中国实行烟草专卖，褚时健就这样默默无闻地做他的厂长，直到八年之后，云南烟草专卖制度出现了改革，褚时健得知这个消息之后，马上就意识到这是一个绝佳的机会，因此果断地作出了一个决策：直接同种植烟叶的农户合作，开设自己的烟草专卖店。

决策制定出来之后，褚时健很快就开始行动起来。他先直接联系到烟农，和他们签订烟叶供应合同，并且给他们提供种子和化肥，教他们如何种植。与此同时，褚时健还在不断并购一些小的烟厂，扩大玉溪卷烟厂的规模，提高企业的产能。

虽然在褚时健的带领下，玉溪卷烟厂在短时间内得到长足发展，不过此时的褚时健已经将目光放到了更加长远的地方。当时的玉溪卷烟厂技术较为落后，褚时健对生产出来的卷烟质量非常不满，但是想要引进新技术需要得到国家指标，很快褚时健就等到了机会，国家给西南地区两千万美元的技术引入指标，褚时健知道这个消息就开始跟踪这个指标。

而在玉溪卷烟厂内部其实对拿下这个技术引进指标意见并不统一，原因很简单，当时玉溪卷烟厂固定资产是七千万人民币，而这个技术指标是两千万美元，风险太高。褚时健对此则显得非常执着，一心要拿下指标，引进新技术。最终褚时健如愿得到了该指标，为玉溪卷烟厂引进了新技术。从此，褚时健正式开始建造自己的"烟草帝国"。

1988年，褚时健领导下的玉溪卷烟厂年利税已经在全国排到了第五位，每年香烟产量以43%的速度递增。进入90年代之后，玉溪卷烟厂的年利税达到了惊人的200亿元，而此时云南省年总财政收入不过330多亿元，这时的玉溪卷烟厂毫无疑问已经成为了中国第一烟草企业。这时也是褚时健V字形人生的第一个顶点。

虽然褚时健打造出了一个如同"印钞机"一样的烟草企业，但是受到当时国有企业工资制度影响，相比起来，褚时健自己的工资就显得非常低，有时还没有一线计件工人的工资高,这也就为褚时健跌入人生谷底埋下了伏笔。

1995年,褚时健被人检举,开始接受调查,同年,褚时健的妻子和女儿都被关进了监狱,并且女儿在狱中选择了自杀,这对于六十多岁的褚时健打击是巨大的。1999年,褚时健因为贪污罪被判处无期徒刑,被关进了监狱,后来刑期减到了17年。这时的褚时健到达了人生谷底。

在狱中服刑两年之后,褚时健因为身体原因选择了保外就医。刚出监狱没多久,就有无数烟草企业找到他,希望聘请他担任企业顾问,但是褚时健对这些邀请都一一回绝了。2002年,褚时健承包了2400亩土地,开始种植橙子,此时的褚时健已经74岁。

有人曾经问他为什么会选择种植橙子,褚时健回答说:"我心里有些不平衡,现在的国企领导人一年工资都是百万起步,我不想晚年太过拮据。虽然我现在七十多岁,但是总想让自己的生活充实一些,不想整天在家中颐养天年。选择种橙子则是因为原来经常有人说我能够打造出红塔集团是因为运气好,沾了国家对云南烟草政策的光,所以我就想要通过种橙子证明给那些人看,而现在市面上卖的比较好的橙子都是国外引进的,因此这些橙子的口味也都按照外国人的喜好来培育,比如皮厚、比较酸,但是中国人比较喜欢吃甜的,所以我就想自己去种符合中国人喜好的橙子。"

对于一直和烟草打交道的褚时健来说,虽然在作出决定之前他已经做足了功课,但是种橙子依然是一个完全陌生的行业,并且当时云南的橙子市场几乎饱和。因此,褚时健对于种植的细节都非常关心,每个月有10天左右的时间会亲自下地,吃住都在橙园里面。虽然褚时健的橙园里有专业的种植技术人员,但是他自己经常会抽空看一些有关橙子种植的书籍,增加自己对种植的知识。

进入一个陌生行业刚开始的路必然是不好走的。褚时健种橙开始时,总会遇到各种各样的问题,最常见的就是橙子还没有成熟就掉了,要不就是橙子的口味有问题,没有达到他的预期。当遇到这些问题时,褚时健经常会因此睡不着,半夜起来看书寻找解决办法,然后第二天再和技术人员进行探讨。

如今,褚时健的橙园面积早已不是当初的2000多亩,而扩大为一万多亩。种植橙子的农户也从最初的110多户扩展到了现在的240多户,并且这些农户都跟随褚时健脱离了贫困。因此，当地无数的农户都想加入他的橙园，但是褚时健对农户的数量严格把控，每一个农户都需要他亲自挑选合格后才能够进入。当年管理卷烟厂养成的事必躬亲的风格也被他应用到了管理橙园上。

虽然如今褚时健已经80多岁，但是他还是熟知自己橙园的每一个环节。记者在他的橙园采访时，有工人对记者抱怨说褚时健对于橙园的大事小事都要过问，这让他们感觉褚时健对自己一点都不放心，不过也正是这种做事风格才让褚时健种的橙子在短短几年时间里成为了全中国有名的"褚橙"。

PART 3
国际大视野：海外名企标杆

他山之石：当创新灵感在硅谷闪现

2018年7月20日，微软发布了2018财年第四季度的财报，其季度营收达301亿美元，超出此前分析师预测的292亿美元。其中生产力及商业部分，第四季度的营收达到97亿美元，年同期增长13%，季度增长7.7%；智能云业务营收达到96亿美元，提高23%，季度增长21.5%；个人计算业务营收达到108亿美元，年同期增长17%，季度增长9.09%。2018财年整体收入破千亿。

显然，微软的财报是非常值得骄傲的，那么在微软的财报背后，创新功不可没。

同样表现强劲的是亚马逊公司，2018年9月4日，亚马逊成为苹果公司之后全球第二家市值破万亿的上市公司。支撑亚马逊万亿市值的，同样是亚马逊以人工智能为首的创新。

创新，是微软、亚马逊等企业成功的秘诀，也是这些企业的灵魂所在。我们对创新的学习从未停止过，创新包含的不只是我们对创新的坚持，还有对技术的向往和对科技的追求。

用创新给世界留下印记：微软的创新信念

如今微软市值已经达到7000亿美元，和现任CEO纳德拉在2014年刚上任时相比，如今的微软市值已经翻了一倍多。市值的快速增长对应的是微软商业模式的改变，微软过去以Windows和Office为中心的商业模式早已发生改变，如今微软的核心是云计算和人工智能。

包括通用电气、星巴克、西班牙电信、NBA、玛莎等来自不同行业的企业或组织，都已经成为微软的忠实用户。这些用户将微软的云计算和人工智能作为技术支撑，在自己的行业内部作出改变，给员工或者客户带来更舒适的体验。

微软提供的是创新的食材和场地

微软曾经有一款APP引起了人们广泛的注意：这款名叫Seeing AI的APP服务于盲人群体——事实上发明它的程序员就是个盲人。

Seeing AI作为一款专为盲人服务的APP，其功能非常强大。Seeing AI可以帮助用户做很多事情，比如用户可以使用 Seeing AI 的扫一扫，APP 就会告诉你对方是谁，如果对方是一个陌生人，APP 会告诉用户陌生人大致的年龄和性别。如果用户在和他人聊天，Seeing AI 同样能够提供服务。Seeing AI 可以告诉用户对方是否正在听你说话，还可以通过面部扫描感应对方的情绪，然后告诉给用户。

这款 APP 也可以帮助盲人看书看杂志，用手机扫一扫功能，就能把文字转化成语音，然后对图片进行描述。

对于盲人来说，逛商场几乎是一件不可能的事情，但是 Seeing AI 可以帮助盲人用户轻松逛商场。Seeing AI 有识别条形码的功能，用户在商场中只需要使用 APP 扫描产品条形码，Seeing AI 就会告诉用户是什么产品，哪里生产的，保质期是多久，再搭配 APP 的文字识别功能，用户就可以轻松知道自己手中拿的究竟是什么产品。

Seeing AI 采用的是微软的认知服务，这项服务其实在 2016 年时就已经出现了。微软的认知服务包括云计算和人工智能两项技术，想要创新的人只需要接入相关接口，就可以调用这两项技术。并且这两项技术对平台的兼容性也非常高，Windows 可以，Ios 可以，甚至 Hololens 同样可以。

用一个形象的比喻就是：微软是一个开放式厨房提供者，同时还提供食材、菜谱。对于那些希望做菜但是没有场地的厨师们来说，只用走进微软的厨房，就可以做自己想做的菜。

How-Old.net 和 TwinsOrNot 这两个应用软件就是微软在自己家"厨房"作出来的"菜"。微软还有一个名叫"微软识花"的应用软件，用户利用这款应用软件可以精确识别花的名称、价值等信息，这个应用软件也是基于了云计算和人工智能两项技术开发出来的。

微软助力企业进行数字化转型

伴随着企业数字化转型是目前的大势所趋。而微软的创新之举就是和其他需求数字化转型的企业展开合作，提供基于微软机器学习、人工智能及大数据平台解决方案的数字化转型服务。

2018年7月，微软宣布了将与沃尔玛（Walmart）公司开展战略合作。微软作为沃尔玛的云供应商以及战略合作伙伴，将帮助沃尔玛完成零售业务的数字化转型。沃尔玛的数字转型涉及微软多个云解决方案，其中就包括了 Microsoft Azure 和 Microsoft 365。在微软的技术支持下，沃尔玛将实现全品牌的数字化管理，同时沃尔玛在微软提供的云、AI 和物联网技术支持下，携手全球范围内的合同伙伴完成赋能升级，为客户提供更加舒适的购物体验，也帮助员工提高他们的工作表现。

目前，沃尔玛在一些关键应用和项目中已经开始使用的微软的技术服务，并且在微软的人工智能和大数据技术支持下，已经开发了一些面向客户和内部的应用。

不仅是沃尔玛，传统制造行业与微软合作的碰撞更加吸引我们的注意。其中，两个传统行业巨头金宝汤和嘉士伯，就是最好的例子。

罐头汤生产商金宝汤公司（Campbell Soup Co.）在 2018 年 7 月宣布，已经和微软达成合作，未来将在微软 Azure 智能云技术支持下，对企业内部 IT 平台进行流程优化，以提高效率。金宝汤公司决定将公司 IT 基础架构直接迁移至 Azure 上，Azure 将帮助金宝汤高效获取市场信息、分析市场动态，以便作出最好的战略决策。同时 Azure 支持员工定制报表，让员工更加灵活地进行工作。当迁移完成后，金宝汤在微软的帮助下，还可以重新构建数据库功能，以满足越来越高的数据采集和分析需求。

世界第四大酿酒集团嘉士伯（Carlsberg）也与微软展开合作，进行数字化转型。微软为嘉士伯提供了一套建立在 AI 和 Azure 技术之上的物联网解决方案，通过这个方案，嘉士伯将在传统啤酒生产环节中引入更多高科技，并通过一个名为"啤酒指纹"的项目，以提高嘉士伯对产品质量的监控，同时加快产品投入市场的速度。

对于微软目前取得的成绩，微软首席执行官萨蒂亚·纳德拉表示："我们在 2018 财年取得了非凡的业绩，年度营收突破了 1000 亿美元。这要归功于所有团队的不懈努力，始终致力于帮助客户取得成功。我们在智能云与智能边缘计算方面的投入取得了初步成果，我们还将继续通过差异化创新扩大在大型市场和新兴市场的业务发展。"

微软创新文化

和微软同时期的很多名动一时的企业如今都已经消失不见，而微软却能够从成立之初一个默默无名的一个小公司到现在成为市值价值名列全球第一的世界级强企，最关键的原因就是微软始终坚持创新文化。

微软经过几十年的成长发展，已经形成了自己独特的企业文化体系，其内容主要包括：创新、诚实、守信、尊重、共同进步；勇于挑战、充满激情等等，在所有的企业文化中，创新一直占有非常重要的位置，也正是因为如此，微软总是可以准确把握市场方向，因为创新文化让微软从某种程度上引领了市场发展方向。

对失败的宽容造就创新

创新同样是有代价的，因为并不是每一次创新都会取得成功。中国有句话叫"失败是成功之母"，微软的创新文化以及取得的成绩都证明了这句话的正确性。

在很多企业都直接将这句话当成是失败之后的自我安慰时，微软已经真正将这种理念植入企业文化中，成为员工实际工作的理念。微软每一位员工都被灌输了"正确对待失败、尊重失败"的理念。没有了对失败的恐惧，才有对创新的激情，在出现失败后，微软管理者首先不是批评或者斥责，而是先去分析整个过程，这也是对失败的一种尊重。在这种企业文化下，微软员工将多数失败都看作是成功的一种铺垫，失败带来的结果就是促进用新的方法去尝试创新的可能。也正是因为失败，微软才有了一次次的创新，才成为让对手无比头痛的竞争对手。用微软自己的话说："失败是创新的一种需要。"

拥抱科技：人工智能使亚马逊帝国无限接近万亿美元市值

人工智能：亚马逊市值突破万亿的最大助力

2018年9月4日，亚马逊成为苹果公司之后全球第二家市值破万亿的上市公司。自2010年以后，亚马逊的股价就进入了高速发展的时代。见图3-1。而2015年开始，亚马逊股价开始爆炸性增长。从目前的发展趋势看，亚马逊市值超越苹果将指日可待！

亚马逊已仅次于苹果公司：它的市值超过万亿。

图 3-1　亚马逊股价变化（来源：商务和专业智能信息提供商汤森路透）

而引起亚马逊市值暴增的，就是人工智能这个超级杀手锏。在百度上搜索亚马逊市值＋人工智能，你会看到无数条关于人工智能如何助力亚马逊走上巅峰的新闻：

——人工智能如何撑起亚马逊万亿市值？

——亚马逊市值突破万亿美元背后：人工智能无处不在。

——大事件盘点：亚马逊市值一度突破万亿，美国 20 亿美元研发人工智能。

——亚马逊启示录：用好人工智能，万亿美元市值不是梦。

李开复曾经说过，我们即将进入"OMO"（线上与线下融合）时代。

OMO 时代，线上线下将充分融合，而人工智能就是链接线上线下的桥梁。在如今的亚马逊，毫无疑问，人工智能早已无处不在。

同时，亚马逊也是将人工智能开发得最为完善、在科技上走得最远、同时在商业化做得最前沿的公司。能够使亚马逊市值不断上升，亚马逊的人工智能运用可谓早已登峰造极。

首先，什么是人工智能？

第11章 他山之石：当创新灵感在硅谷闪现

人工智能（Artificial Intelligence），英文缩写为 AI。它是研究、开发用于模拟、延伸和扩展人的智能的理论、方法、技术及应用系统的一门新的技术科学。

要了解人工智能在亚马逊的应用，首先我们要了解两个词语：深度学习和机器学习。

机器学习和深度学习[①]

深度学习：人工智能（AI）是致力于解决通常与人工智能相关联的认知性问题的计算机科学领域，这些问题包括学习、问题解决和模式识别等。提起人工智能（通常缩写为"AI"），人们可能会想到机器人或未来的场景。但是，AI 不仅仅局限于科幻小说中的机器人，还迈进了现代非虚构的高级计算机科学领域。这一领域的杰出研究人员 Pedro Domingos 教授将机器学习划分为"五大学派"，即起源于逻辑和哲学的象征主义学派、源于神经系统科学的联结主义学派、与进化生物学相关的进化论学派、结合统计学和概率学的贝叶斯定理学派以及起源于心理学的类比推理学派。最近，由于统计计算效率的进步，贝叶斯定理学派在名为"机器学习"的领域取得了多个方面的进展。同样，由于网络计算的进步，联结主义学派在名为"深度学习"的一个子领域也取得了进展。机器学习(ML)和深度学习(DL)都属于源自人工智能学科的计算机科学领域。

从广义上来说，这些技术分为"有监督"和"无监督"学习技术，其中"有监督"使用包含预期输出的培训数据，而"无监督"使用不包含预期输出的培训数据。

数据越多，AI 就会"更加智能"，并以更快的速度学习。而且，企业每天都会生成数据，为运行机器学习和深度学习解决方案提供"燃料"，其中包括从 Amazon Redshift 等数据仓库收集和提取的数据、使用 Mechanical Turk 通过"人群"的强大力量收集的正确标注数据以及通过 Kinesis Streams 动态挖掘的数据。此外，随着 IOT 的出现和传感技术的应用，需要分析的数据量呈指数级增长，包括从之前几乎没有接触过的来源和位置以及对象和事件接收的数据。

机器学习："机器学习"这一名称通常应用于一些用于模式识别和学习的贝叶

[①] 来自亚马逊网站"什么是人工智能"。

斯技术。从核心上讲，机器学习是各种算法的集合，这些算法可根据记录的数据进行学习和预测、在不确定情境下优化给定效用函数、从数据中提取隐藏结构并用简洁的描述对数据进行分类。在显式编程过于僵化或不切实际的情况下，通常会部署机器学习。与软件开发人员为尝试根据给定输入生成特定程序代码输出而开发的常规计算机代码不同，机器学习使用数据生成统计代码（ML 模型），它将根据从先前的输入（在使用监督技术的情况下还包括输出）示例中识别出的模式输出"正确结果"。ML 模型的准确性主要取决于历史数据的质量和数量。

有了合适的数据，ML 模型就可以使用数十亿的示例来分析高维度问题，从而找到能够根据给定输入预测结果的最佳函数。ML 模型通常会在预测及其整体性能方面提供统计置信度。在您决定是使用 ML 模型还是任何个人预测时，此类评估得分非常重要。

机器学习在 Amazon 的使用情况如何？

Amazon.com 正在基于机器学习的系统上构建大量业务。如果没有 ML，Amazon.com 将无法拓展业务、改善客户体验和选择，也不能优化其物流速度和质量。Amazon.com 启动了 AWS，以便其他业务部门使用相同 IT 基础设施并享受其敏捷性和成本优势。现在，Amazon.com 继续将 ML 技术推广到每项业务。

Amazon.com 开发团队的结构和 ML 的核心任务（即解决务实的疑难业务问题），推动着 Amazon.com 和 AWS 去开发易于使用且功能强大的 ML 工具和服务。与其他 IT 服务类似，这些工具会先在 Amazon.com 的关键任务型环境中进行测试，然后才会作为 AWS 服务发布，以供每个业务部门使用。

基于人工智能，亚马逊研发出智能系统 ALEXA，以及由 ALEXA 支持的智能音箱 ECHO。

智能音箱 Echo 以及背后的系统 Alexa

Echo 是亚马逊在 2014 年 11 月推出的智能音响产品，它将智能语音交互技术应用到了传统音箱上，从而让传统音箱有了人工智能的属性。

Echo 背后实际上是 Alexa，Alexa 是亚马逊整个语音业务的支撑，Echo 只不过

第 11 章 他山之石：当创新灵感在硅谷闪现

是众多应用中的一个。Alexa 不仅在亚马逊内部使用，同时也可以提供给外部制造商。亚马逊的目标就是将 Alexa 应用到所有可以搭载的设备上，这些设备从电灯到汽车，几乎包括了我们日常所有可以接触到的电器设备。无论什么时间、什么地点，用户只要需要就可以召唤 Alexa，成为日常生活中的必需品。

根据亚马逊董事会主席兼 CEO 贝索斯透露的消息，Alexa 语音服务目前已经在全球范围内大规模应用，超过 150 个国家数万研发人员都在开发搭载了 Alexa 的新设备。而在过去的一年时间里，全球搭载了 Alexa 语音服务的设备数量增加了两倍多。目前 Alexa 平台已经被开发出了超过 3 万种技能、覆盖了 1200 多个品牌的 4000 个智能家居设备。

从 Alexa 的发展状态中，我们可以看出亚马逊的计划就是通过 Alexa 打造一个生态。虽然亚马逊拥有自己搭载的 Alexa 智能设备，但是即使帮助其他制造商生产类似智能设备也没有关系，因为只要设备使用的是 Alexa，亚马逊的目的就达到了。实力强的企业打造平台，降低其他参与者进入的技术门槛，让更多人在平台上开发应用，这就是人工智能时代的新玩法。

亚马逊的杀手锏：AWS（云服务）

其实亚马逊的真正杀手锏并不是我们所熟知的电子商务，而是亚马逊 AWS 云服务。

亚马逊 2018 年 7 月发布了 2018 年第二季度财报，财报显示亚马逊的广告业务和 AWS 云业务是带动亚马逊市值增长的"两驾马车"，其中 AWS 更是增长强劲。

早在 2006 年，亚马逊就开始推出自己的云服务，是全球最早的云服务企业，而谷歌的云服务是在 2008 年才推出，IBM 和微软则是在 2009 年才进军云服务市场。

亚马逊很早就在 AWS 中注入人工智能。在 2014 年，也是智能音箱 ECHO 推出的这一年，亚马逊开始着手在 AWS 增加机器学习服务，并于 2015 年成功推出亚马逊机器学习服务，这项服务在之后持续升级。

亚马逊 AWS 经过这些年的发展，号称可以为所有开发人员提供强大的人工智能，

AWS 所提供的人工智能平台和服务，可以通过云原生的机器学习和深度学习技术来应对不同用途和需求。其中包括：AI 服务、AI 平台和 AI 基础设施，见表 3-1。

表 3-1　AWS 云服务[①]

AWS 云服务	
AI 服务	AWS 的人工智能服务提供云端的自然语言理解 (NLU)、自动语音识别 (ASR)、视觉搜索和图像识别、文本转语音 (TTS) 及机器学习 (ML) 托管服务
AI 平台	AWS 推荐使用 MXNet 作为深度学习框架，以获得高度可扩展、灵活且快速的模型训练体验。AWS 可以提供针对 CPU 和 GPU EC2 实例优化过的深度学习 AMI 和 CloudFormation 模板
AI 基础设施	神经网络其中涉及增加大量模型的过程。Amazon EC2 P2 实例提供功能强大的 Nvidia GPU，这大大缩短了完成这些计算所需的时间

亚马逊的人工智能服务涵盖了我们日常所能涉及到的方方面面：

Amazon Lex 可以轻松构建高级文本和语音聊天机器人，包括：信息机器人、应用程序机器人、企业生产力机器人和物联网（IOT）。

Amazon Rekognition 则提供了提供基于深度学习的图像识别功能，包括：对象和场景检测、图像审核、情绪分析、和面孔识别。

Amazon Polly 主打可以将文本转换为支持 24 种语言的 47 种语音，包括：创建语音内容、为移动应用程序和游戏添加声音、为客户联系中心语音应答、为物联网（IOT）设备添加语音、教育/语言在线学习的语音服务。

Amazon Machine Learning 让使用者能够快速构建智能机器学习应用程序，包括：模式或数据异常检测、构建预测模型欺诈侦测、防止客户流失、内容个性化服务。

MXNet 提供的是功能全面、可以灵活编程并且扩展能力超强的深度学习框架，可以实现：构建自己的深度学习应用、建立卷积神经网络（CNN）和长短期记忆(LSTM) 模型、部署分布式的深度学习训练、获得优化的深度学习性能、具有可编程性/可移植性/可扩展性。

AI 基础设施则提供功能强大的 GPU 的基础设施。

[①] 内容来自亚马逊网站。

第 11 章 他山之石：当创新灵感在硅谷闪现

亚马逊创建了强大的 AWS 云服务体系，覆盖了人工智能应用的方方面面。现在，花钱让亚马逊提供云服务的企业不胜枚举，包括美国 NASA（美国国家航空航天局）和美国橄榄球联盟这样看起来截然不同的客户。

从亚马逊身上我们可以看到，创新和对科技的追求，才是一家企业不断发展和壮大的源动力。

第 12 章

TWELVE

永续经营：日本百年企业的经营哲学

日本NHK纪录片《日本企业长盛不衰的奥秘》中，曾经发布了一组数据：

50000家百年企业：在日本，成立百年以上的企业多达50000家。

3000家二百年企业：在日本，成立二百年以上的企业多达3000家。全世界最古老的企业也属于日本。

这个数据意味着什么呢？在全世界范围内，200年以上的企业，德国有800家，美国有14家，中国大陆有9家，中国台湾有7家，印度则有3家。

日本是当之无愧的长寿企业大国，其中蕴含的是日本古老而深奥的经营智慧。日本企业诸多成功的模式和理念，最值得也最适合我们现阶段学习的有两个内容：日本丰田的精益生产模式，和日本京瓷的阿米巴经营思想。

一直以来，日本丰田的精益生产和日本京瓷的阿米巴经营都是我们海外标杆考察项目之中的重点。

透过我们对日本丰田和日本京瓷的标杆学习，我们可以看到一种虽然朴实却历久弥新的经营哲学。

牢不可破的工匠精神：探索丰田精益生产

一直以来，中国一直被称作世界的工厂，但是公认的世界制造业大国却是我们的近邻日本。

虽然改革开放几十年的奋斗，中国的制造业已经有了翻天覆地的变化，在各个行业当中都出现了值得国人骄傲的民族企业。但是，直到今日，"中国制造"依然没有摆脱"质低价廉"的标签。

中国人口众多、资源众多，拥有发展制造业所需的所有条件，但是却始终无法造出让世界交口称赞的产品。再看我们隔壁的日本，无论从人口红利、还是从矿产资源上来看都无法和中国相比，但是在近几十年时间里，日本制造已经成为"精工""品质"的代名词，并且日本出现了一大批为世界所称赞的制造企业：日本丰田、日本本田、佳能、索尼和松下等，这些都是世界级的强企，其产品更是得到了全世界的认可。这和被贴上"质低价廉"的中国制造形成了鲜明对比。

什么是制造？将一堆原材料组合在一起，这并不是制造，因为这种工作只要提供相应的资源，人人都可以做。用优质的原材料、先进的技术、以工匠精神作出让客户满意的高品质产品，这才是真正的制造。

一直以"世界工厂"著称的中国，随着社会和经济的发展，人口红利正在逐渐消失，人工成本越来越高，中国制造业已经到了必须转型的时候，这也是最近几年所有传统制造企业共同的感受。只有改变过去低成本制造的观念，精益生产，用品质去建立自己的核心竞争力，才是现在制造业应该考虑的事情。

实际上"精益生产"并不是新鲜概念，中国绝大多数制造企业领导者都知道这个概念，也在尝试通过精益生产去改变企业现有模式，帮助企业走出制造业严冬。但是在实践的过程中却问题频出，很多企业只是生搬硬套成功企业精益生产的管理模式，只注重表面，从未思考过真正的精益生产来自哪里，这让"精益生产"在企业中成为了空话。

因此，精益生产一直是我们带领国内企业家去日本考察的重点的项目，在考察中我们往往会深入学习精益生产的实际运行，并在一次次实地体验中发现：日本制造业的强大来自于其深刻的生产理念和强大的生产现场管理能力。

通过为期数天的考察，往往我们的管理者对"为什么精益生产在我们公司没有取得成效"等问题都能获得深刻的思考和启示。

什么是精益生产？

精益生产在中国的企业界可以说是家喻户晓，但是真正能把它做到位却很难，为什么？

这要从精益生产本身的概念和理念说起。

精益生产一词，是美国麻省理工学院在"国际汽车计划"的研究项目中提出的。在做了大量调研后，项目对丰田的生产方式进行了肯定，肯定日本丰田的生产模式是现代制造业中所存在的最适合的生产管理方式。

和日本丰田的"精益生产"做对比的，是当时美国以量取胜、相对落后和臃肿的生产方式。

"精益"一词分开解释，"精"表示精良、精确、精美；"益"表示利益、效益等。而精益生产是生产和利润上的极致，是一种追求精确和效益的完美平衡。

丰田精益生产的精髓包括：及时制造、消灭故障、消除一切浪费，向零缺陷、零库存进军。

丰田精益生产的本质就是准时制和自动化。准时制，用一句话描述就是消耗最少的必要资源，以正确的数量生产和运送正确的零件。

丰田精益生产一直是我们标杆考察中的重点项目之一，在实践中我们发现很多中国企业家对日本丰田的精益生产非常关心，但也有些小公司会有疑问："我们公司不像丰田公司那么大，我们生产规模很小，那丰田精益生产我们是否没有考察必要？"

还有一些企业，我们在研究过该企业的现状后，认为丰田精益模式很适合他们学习，但是他们就觉得很奇怪：我们公司是专业服务的公司，那丰田的模式为什么还要我们学习？

这就是对精益产生了误解。

所谓的精益，指的并不是特定的制造流程中丰田公司所使用的工具。

精益的核心在于，找到适合目前组织现状和未来的原则，并在实践中认真勤勉地去贯彻这些原则，以达成高绩效，为客户和社会持续地创造价值。

精益，同时也代表了组织的竞争力和盈利能力。丰田公司对精益的贯彻，并非只在生产流水线，还包括丰田公司整个组织的运作、对外提供的专业服务等等。

精益生产的诞生源于对浪费的深恶痛绝。在企业生产管理过程中有大量的浪费产生，严重阻碍了组织的发展，占用了组织的资源。

丰田公司把浪费行为归纳出来，定义为精益生产中的 8 个浪费：

1. **生产过剩**。过早生产、过多生产，都属于生产浪费。

2. **现场等候的时间**。当员工完成上一环节，站着不动等候下一环节时，就是时间上的浪费。造成这一浪费的原因包括等候下一步骤、工具、供应、零件等，也包括因为存货用完、整批处理延迟、机器设备停工、生产停滞不前等原因造成的员工目前无事可做。

3. **不必要的运输**。在流程中把在产品从 A 地搬运到 B 地（哪怕仅仅是很短的距离），或者必须进出仓库运送货品、在流程之间搬运货品。

4. **过度处理或不正确的处理**。无论是错误的处理，还是额外的处理，都被视为浪费行为。

5. **存货过剩**。包括过多的原材料、在制品和成品、较长的提前期，会导致堆积过时品、毁损品，也会使得运输和存储成本提高。同时会带来生产不均衡等隐性问题的产生。

6. **不必要的移动搬运（动作）**。主要指员工在执行过程中的不必要、不能创造价值的动作，包括寻找、前往取得或者堆放工具和零部件等等。同时员工的走动也是一种浪费。

7. **瑕疵**。生产出瑕疵品和必须修改的东西都是一种浪费。修理、重做、报废、更换、检验，浪费了时间、精力和物料。

8. **未被使用的员工创造力**。员工的意见是创造力的体现，员工的创造力花费了时间、思考和技能，不去倾听就造成了浪费，同时使员工失去学习和持续改进的意愿。

精益生产的本质

精益生产的本质是以客户需求为导向，明确企业每个产品给客户带来的价值所在，能够保证产品从设计到最终进客户手中，其价值可以流畅传递，以客户的需求带动生产，尽可能地提高企业员工的积极性、创造性，追求尽善尽美。

精益生产的本质可以总结为五个关键词（见图3-2），分别是价值、价值流、流动、拉动、尽善尽美，这五个关键词也是企业开展精益生产的方法。

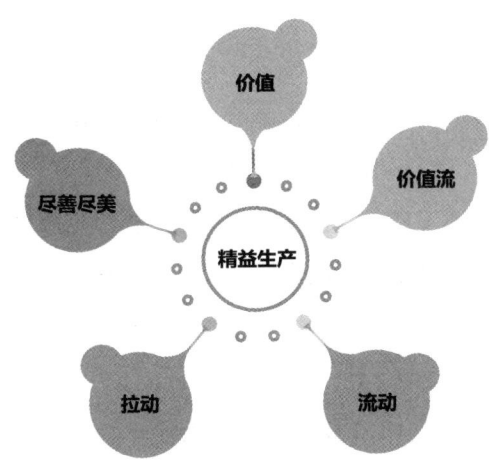

图 3-2　精益生产的五个关键

1. 价值（Value）

精益生产首先需要明确产品的价值必须是由客户来确定，一个产品也只有满足客户需求后，它才是有价值的。

价值可以分为两种：有价值和无价值。对于企业来说，产品从设计到生产再到销售，最终目的是为了让产品满足客户需求。这就要求企业在产品从无到有的全过程中，都要以客户为中心去审核其中各个环节，减少没有价值的行为。企业这么做时不但可以提高客户对产品的满意度，还可以降低企业的运营成本，实现双赢局面。

2. 价值流（Value Stream）

企业的产品生产加工过程，实际上就是为产品赋予价值的过程。整个过程包括：从产品设计到落地生产的过程；从原材料选择到供应商供货的过程；从原材料到成品加工的过程。

价值流是精益生产的起点，同时也是企业实施精益生产最重要的基础工具。企业通过对价值流的思考和分析，可以找到价值流中的增值活动和非增值活动。继而对后者作出改变。

3. 流动（Flow）

在精益生产当中，价值流动是不应该出现停顿的，有停顿就代表着有浪费。这要求企业对现有生产模式作出改进，实现生产的流线化、均衡化，用"单元生产"的模式来替代过去传统生产模式。

流动实现的重要手段是"看板管理"，生产中的计划和调度由生产过程中的各个单元自行完成，要求上一道工序完成后，零件立刻进入下一道工序，强调的是物流上的平衡。在拉动式准时化生产中，虽然并不采取集中计划，但是为了实现完美的协调，各个生产单元需要互相配合与协调。

流动实现的另一重要工具是并行工程，它充分保障了速度与效率。并行工程要求在产品设计开发阶段，就要充分结合概念设计、结构设计、工艺设计、最终需求等，保证能够用最快的速度按设计的质量完成。同时要根据信息系统工具，不断反馈与协调整个项目的进行。

并行工程利用的是现代 CIM 技术，在产品开发与生产期间，辅助项目进程的并行化。

4. 拉动（Pull）

精益生产采取的是拉动式准时化生产（JIT）。不同于传统的推动式生产方式，这是一种以终为始的生产方式，根据客户的需求来安排生产计划，用户的需求既是终点也是生产的起点。

拉动这一原则，实现的是"需求"和"生产过程"的精准对应，当客户需求提出后，接下来立即进行设计、采购、加工等环节，最后准时将所需产品提交给客户。

拉动原则减少和消除的是过早、过量的投入，直接按客户实际需求进行生产。从而实现精准地生产，不仅减少库存浪费和过量生产浪费，还能大大压缩生产周期。

5. 尽善尽美（Perfection）

通过不断地改善和加强，达到尽善尽美。通过以上四个内容：价值、价值流、流动和拉动，可以很好地提高价值流动的速度。而提高并不是终点，精益生产是没有终点，需要不断在精益生产的道路上尽善尽美。

精益生产中的"尽善尽美"包含三个内容（见图3-3）：用户满意、无差错生产和企业自身的持续改进。

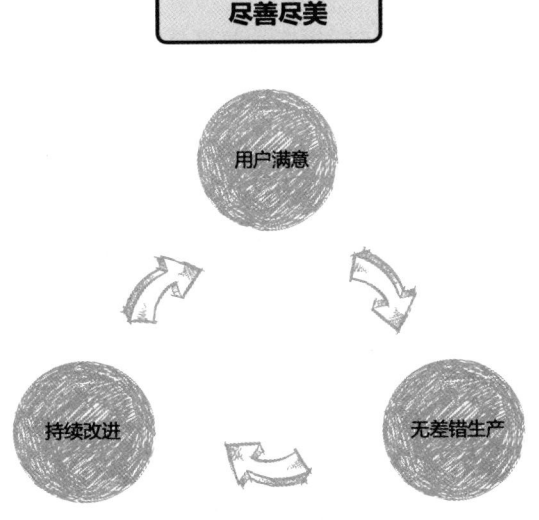

图3-3 尽善尽美的三个内容

同时，精益生产需要的是全员参与其中。

组织团队的原则只要依靠业务关系来划分。比起自上而下的管理，更强调团队中每个成员自发积极地参与，基层员工也要发挥自己的力量，起到决策和辅助决策的作用。

不同于其他制造企业依靠质检来管理质量，精益生产更强调质量是生产出来而非检验实现的。质量管理的核心在于培养每个个体的质量意识，在每一道工序保证质量，及时发现和纠正质量问题。

利他之心与阿米巴经营：日本京瓷的活法

稻盛和夫：利他之心，动机至纯

日本京瓷的创始人稻盛和夫，日本经营"四圣"之一，1932年1月30日出生于日本鹿儿岛，1955年毕业于鹿儿岛大学工学部。1959年，27岁创办京都陶瓷株式会社（现在的京瓷公司），成为世界500强公司。继京瓷之后，1984年，52岁的稻盛和夫还成就了第二个世界500强企业——第二电电株式会社（原名DDI，现名KDDI，目前在日本为仅次于NTT的第二大通讯公司）。

在建立京瓷公司取得巨大成功之后，稻盛和夫就一直想要朝着电信行业发展。不过对于当时的他来说，电信行业是一个完全陌生的行业，他并没有相关的经验，并且当时的NTT公司（日本第一大通讯公司）垄断了大部分市场，此时的稻盛和夫如果要建立电信公司，那就是在向NTT公司挑战。虽然当时的日本政府支持通信行业开放的政策，允许民间资本进入该行业，但是大多数人都并没有向NTT挑战的勇气，因为这看上去是一件几乎不可能的事情。

稻盛和夫看到了电信行业的机会，但同时也知道其中的困难和风险，因此他对此犹豫不决，并且周围人都劝他打消这个想法。直到有一天稻盛和夫从自己想要进入电信行业的动机来考虑，想到自己如果向NTT发出挑战将对社会大众带来的益处，想到这一点之后，稻盛和夫马上坚定了自己进入电信行业的决心，成立了第二电电公司。

第12章 永续经营：日本百年企业的经营哲学

在第二电电成立之初，稻盛和夫经常对员工们说的一句话就是："我们现在的努力将会为改变电信行业的现状，给社会大众带来实惠，所以加油工作吧。"

"利他之心"给企业员工带来了力量，让他们找到了自己工作意义，意识到现在自己所做的并不是简单为企业工作，而是上天带给自己的一个实现自己人生价值的绝佳机会。因此，第二电电的员工都全身心地投入到工作中，去克服一个又一个的难题，解决一个又一个的麻烦，然后精神饱满地迎接下一个挑战。

第二电电从建立之初到可以与NTT相抗衡的全国第二大通讯公司，这其中的艰难可想而知，但是稻盛和夫做到了。第二电电自从1993年上市以来，多年来股价一直保持高位，市场评估已经超过万亿规模，是一个名符其实的行业巨头企业。

曾经有记者问过稻盛和夫："当初第二电电公司并不被人看好，你是如何让它获得成功的？"、稻盛和夫回答："这其中没有太深奥的东西，只是一个企业动机的问题，第二电电一直都是以无我利他之心经营，这让员工愿意为企业奋斗和付出，所以才有了今天的规模。"

同时稻盛和夫还强调"动机至纯"，他说："对待事物需要格外重视其真实性。正如大家通过音像资料所了解的那样，我在创建第二电电的时候持续反复地叩问自己是否【动机至善，私心了无】。经过数月这样的自问自答，直到最终确认了这个回答之后才设立了第二电电。因此我认为，只要动机是善的，只要坚信【至诚之心，感天动地】，然后一心一意拼命持续付出努力，只要具备了这两点，事业就能够得以开展。"

不可否认的是，如果稻盛和夫不能以"无我利他"之心经营第二电电，那么员工也不可能接受和认可企业"无我利他"的经营动机。

同时值得说明的一点就是：1993年第二电电上市时，大多数人都认为稻盛和夫作为企业的建立者，并且一步步将企业发展到如此巨大规模，他必然会持有大量的股权，他也有资格这么做。但是实际上呢？实际上稻盛和夫手中没有任何第二电电的股权。

"你的才能是神灵寄存在你这儿的"

稻盛和夫相信,自己的才能是神灵寄存在他这里,目的是让他使公司变得更加优秀,通过他雇佣更多人,并且一直为社会做贡献:

"神只是偶然地将才能赋予了我。神没有赋予我才能的必然性。给谁都一样。只是,在这个时期,社会需要一个经营京瓷这样一个公司的人。我一直是这样觉得的。并且,这样想后,就会觉得自己现在所拥有的才能不是自己的,而是神偶然地将才能寄存在我们唯有的一次人生处,并说到要将这份才能用来为社会、为世人服务……神在寄存时会告诉你:要用自己的触角来让公司变得更加优秀,雇佣许多人,并且一直到21世纪,要对社会的进步作出贡献……经常会有人说,"你都到这个地步了还在努力呀?为什么要如此努力呢?是还想要钱吗"?答案是NO。如果我有才能的话,因为我觉得我有必要将这份才能用来为社会,为世人尽力,所以才会拼命努力。同时,让公司变得优秀,从公司的进一步发展中体验生存的价值,感受喜悦,因为我觉得这样做很开心,所以才会努力。我会以大家的乐为乐。像这样,经营者的价值观改变后,就可以实现从中等企业的蜕变,向大企业发展。也就是说,领导所持有的目的意识改变的话,公司在成为大企业的过程中,会有突飞猛进的发展。"

以一己之力挽救日本航空的壮举

2009年,日本航空陷入了巨大的危机之中,日本政府迫切地想要拯救日本航空。此时已经78岁高龄的稻盛和夫临危受命接手了日本航空,并且用他的行动和取得的成绩再次向我们证明了"利他之心"对企业经营可以产生的惊人力量。

2009年年末,日本航空已经陷入了严重的经营危机当中。2010年1月19日,日本航空正式向法院提出破产保护,包括日本航空旗下的两个核心子公司"日航国际"和"JAL Capital"。

在20世纪80年代,日本航空曾经是全球最优秀的航空公司之一,无论从盈利方面还是声望方面都是全国顶级企业,不过后来因为在收支核算工作上不够严谨,同时盲目进行扩张,进入90年代之后,日本航空开始走下滑路线。这种情况的一

第 12 章 永续经营：日本百年企业的经营哲学

直维持到 2009 年，在受到世界金融危机的冲击之后日本航空再也无法维持，最终宣布破产。

这一消息传出之后立刻引起日本社会的轰动，这也是日本历史上第六大企业破产案。

在这个时候，日本政府迫切希望一名卓越的企业管理者来接手日本航空，创立了京瓷的稻盛和夫接受了邀请，出任日本航空的会长。

此时的稻盛和夫已经 70 多岁，他是建立两个世界 500 强企业的知名企业家，无论从名声上还是经济上都已经走到了一般人很难达到的顶点，但是稻盛和夫出于对日航众多员工考虑，依然决定接受这个工作，并且不要任何薪酬。

稻盛和夫的行为让不少日航普通员工感动，但是却没有得到日航高级管理层的支持，他们认为日航不需要一个外来人进行指挥，日航的问题只有内部人员才能解决。在稻盛和夫成为日航会长的第六天，矛盾就产生了。稻盛和夫认为日本首先要考虑的是全体员工的精神和物质两方面追求，但是高级管理层成员听了之后立刻表示反对，他们认为日航由国家注资重建，损失巨大，这时怎么能够去优先考虑全体员工的物质和精神方面的需求呢？

稻盛和夫为了说服日航高级管理层，每天召开三个半小时的会议进行讨论，每次讨论完之后还会进行聚餐，在餐桌上继续进行讨论。就这样持续了 17 天时间。刚开始高级管理层还并不认同稻盛和夫的观点，认为他是一个出身制造业的老头，他在制造业中实行的那一套理论在航空业是完全不可行的。但是在稻盛和夫的坚持下，半年之后，日航的高级管理层终于认同了稻盛和夫的理念，日航开始按照他的方法重新运转起来。

我们在了解日航通过重组带来变化之前先来了解一组数据。从 1962 年以来，日本一共有 138 家企业适用企业破产重建法，其中有 59 家如今已经消失不见了，而在重建之后能够重新上市的企业则只有 9 家，其中完成重新上市耗时最短的企业也用了 7 年时间。

现在我们再来看日航在稻盛和夫的"关注全体员工物质和精神需求"的理念下重组带来的变化。到 2011 年 3 月，也就是日航重组第一年时间，日航的利润就达到了 1884 亿日元，日航重组的第二年，利润达到了 2049 亿日元。这个利润不但是日航有史以来创造的最高利润，还让日航摇身一变成为了一个高收益企业。

看到日航重组后的业绩之后，很难想象这个高收益企业两年前才经过破产重组，但是在稻盛和夫的带领下，日航完成了惊天逆转。在这一逆转当中，稻盛和夫"优先考虑全体员工物质和精神两方面的需求"发挥了重要的作用，这也就是稻盛和夫纯粹利他之心的体现。

了解了稻盛和夫的过去，就会发现他在每一个阶段都会作出正确的决策，在日本泡沫经济盛行时期不为所动，坚守实业，在泡沫经济崩盘日本经济大萧条时期，一手带领员工建立起两家世界五百强企业，在日本航空破产重建时期临危受命，一年时间创造出日航历史从未有过的1884亿日元利润。正是因为如此，马云都曾亲自登门拜访，并且三次邀请他去杭州阿里巴巴总部，学习他的管理哲学。

稻盛和夫经营思想的精髓：阿米巴模式

阿米巴模式是稻盛和夫的"经营绝活"，简单地说，"阿米巴模式"就是将企业的核算规模缩小，缩小成多个独立的小组，甚至可以缩小到以个人为核算单位，如此一来，员工对企业的责任感就会大大增加，将自己真正看作是企业的一部分，愿意为企业努力付出，愿意为企业创造利润。正是有这样的作用，阿米巴模式一直都是众多企业重点学习和研究的管理模式，因为采用这种模式，无论企业规模如何，每一位员工都努力奋斗，为企业贡献自己的价值，发挥自己的潜力。

阿米巴经营的五大目的（见图3-4）：
- 实现全员参与的经营；
- 以核算作为衡量员工贡献的重要指标，从而培养员工的目标意识；
- 实施高度透明的经营；
- 实现自上而下和自下而上的整合；
- 为企业培养领导人。

第 12 章　永续经营：日本百年企业的经营哲学

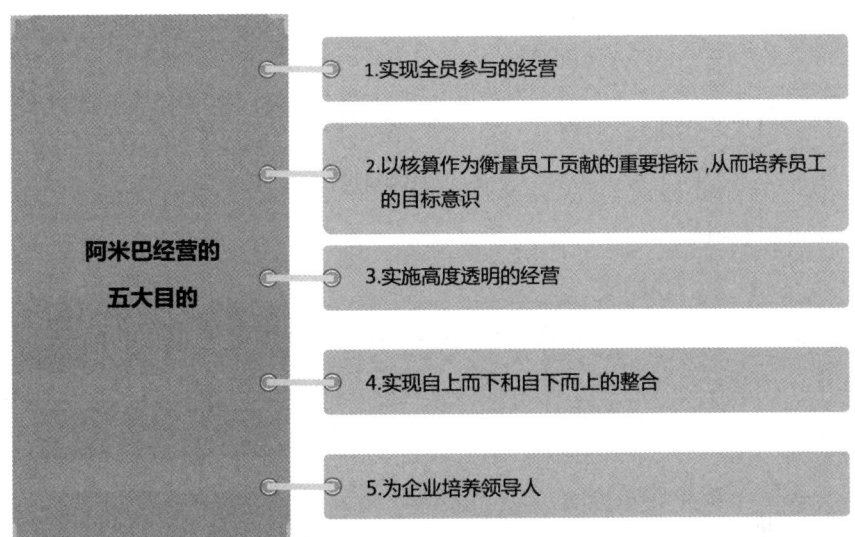

图 3-4　阿米巴经营的五大目的

阿米巴经营是全员参与的经营

多数企业采用的管理模式都是"金字塔结构"：最高管理者位于金字塔顶端，下面是核心骨干领导者，核心领导者下面又是中层领导者、基层领导者。命令自上而下传达，要经过层层传递，才能得到执行。

这种管理模式已经存在很长时间，京瓷公司成立初期的那个年代，多数企业也采取的是这种管理模式。稻盛和夫很早就预见到了这种模式存在的问题，同时他非常重视全体员工参与经营，所以，他才在京瓷成立初期，就改变了这种管理结构，让当时全公司仅有的 28 名员工全部参与到经营当中，每一位员工都可以发表自己的意见和看法，参与企业经营计划的制定，而不是传统管理模式中只有少数人才可以参与。

当企业所有员工都参与到企业经营当中，在参与中实现自我，所有员工都共同朝一个共同的目标努力时，实现企业的目标就是轻而易举了。

建立企业员工全体参与精神并不是只能通过参与经营来实现，让全体员工共同参与进公司的活动和聚会当中，同样也可以培养员工共同参与的精神。

共同参与的目的是为了让全体员工统一方向，形成合力。如果员工思想方向不一致，或者员工不愿意参与进来，这就会出现问题。稻盛和夫也预见到了这种问题的出现，所以，在他看来，将员工凝聚到统一方向，这就是企业经营者需要做的工作，让企业员工的思维方向保持一致，同时还要和企业前进方向和目标一致。如果企业员工在思维方向上没有保持一致或者和企业目标方向不同，共同参与经营反而会为企业带来麻烦。

京瓷公司在最初开始时，只是一个没有足够资金、没有值得宣传的业绩、没有任何名声的小工厂。它所依靠的只有一些技术以及28个相互信任的员工。当时的稻盛和夫年纪非常轻，对企业经营管理也并没有太多了解。因此，"企业未来应该如何发展这个问题"每天都在困扰着他。

在企业整体实力不强的情况下，稻盛和夫想到的唯一方法就是让全公司所有员工齐心协力，共同奋斗。因为虽然有人说人心是容易改变的，但同时，也没有任何东西能够比人心更坚固。在这种以心为本的思想下，京瓷公司在初期时所有员工心心相连，才发展到了今天的规模。

在稻盛和夫看来，让每一位员工开心就是自己的经营目标。

成功挽救日航是稻盛和夫传奇事迹之一，在谈起这段传奇事迹时，稻盛和夫曾说："我一生与日航没什么关系，却愿意不领一分钱的工资，为它的重建奉献最后的力量。这会给全体员工树立很好的榜样。"

正是凭借这种态度，稻盛和夫让日航员工在工作中获得幸福感，从而释放更加大的能量。"利他"是稻盛和夫一生的信念，当他人感到幸福时，自己同样也能有所收获。

稻盛和夫曾经说过："我始终一以贯之地对大家说，要努力地让自己的企业发展壮大。但我并不是说大家要为了成为有钱人，为了出名才让自己的企业发展壮大。企业发展壮大，意味着有更多的员工，也就是说，雇佣、养育更多的人。仅仅这一条，就具有很大的社会意义。具备能力的人，让自己的事业不断发展，招聘雇佣更多的人。仅仅从提供工作机会这一点来看，就已经很了不起了。

此外，通过经营好企业，从事各种事业，由此创造利润和税收，这更是了不起的社会贡献。让我们从事有社会意义的工作，恐怕是神灵赋予我们才能和职责的原因。所以，我认为，不能浪费天赐的才能，而要为社会、为自然、为宇宙尽力。这才是我将企业发展壮大的目的。"

稻盛和夫的经历正好印证了他在《活法》中说的:"成功和失败都是一种磨难。有人成功了,觉得自己了不得,态度令人讨厌,表示其人格堕落了;有人成功了,领悟到只凭自己无法有此成就,因而更加努力,进一步提升了自己的人性。而真正的胜利者,无论是成功或者失败,都会利用机会,磨炼出纯净美丽的心灵。"

希望每一个企业经营者都能够拥有俯瞰人生的视野,学会经营自己企业和人生。

第13章

探求本质 考虑长远：
深入德国工业4.0体系

在 2013 年的德国汉诺威工业博览会上，工业 4.0 的概念首次被提出。之所以被称为工业 4.0。是因为在此之前，世界上一共发生了三次大的工业革命，每一次革命都对世界产生了重大影响：

工业 1.0 指在 18 世纪科学技术的发展实现了机械生产代替手工生产，这就是第一次工业革命；

工业 2.0 发生于 20 世纪初，依靠生产线技术人类首次实现了批量生产，这就是第二次工业革命；

工业 3.0 发生于 20 世纪 70 年代，在电子系统和信息技术的帮助下，实现了自动化生产。

工业 4.0 从 2013 年开启，是利用信息化技术促进产业变革的新时代，利用物联网信息系统 (Cyber—Physical System 简称 CPS)，将生产中的供应、制造、销售等信息数据化、智慧化，最终达成快速、有效、个人化的产品供应。

所以，工业 4.0 时代也可以理解为智能化时代。在德国政府的《德国 2020 高技术战略》报告中，工业 4.0 是德国未来十大重点项目之一。此项目由德国教育局及联邦经济技术部合作投资，总投入预计将高达 2 亿欧元。这一项目的目的就在于提高传统制造业的智能化水平，建立起一个的适应性更强、资源利用率更高、涉及基因工程学的智慧工厂，在商业和价值流程中寻找并整合客户以及商业伙伴。这一切的技术基础就是当下非常热门的物联网技术。

在 2015 年 5 月，国务院正式印发《中国制造 2025》，我国开始部署全面推进实施制造强国战略。

现如今的工业 4.0 已经进入了中德合作的新时代，中德双方签署了《中德合作行动纲要》，其中关于中德 4.0 合作的内容有 4 条，第一条明确提出了工业生产的数字化就是"工业 4.0"对于未来中德经济发展具有重大意义。因此，双方认为，两国政府应为企业参与该进程提供政策支持。

德国工业 4.0，也是我们海外标杆学习的重点项目之一，通过对德国制造的探寻和对工业 4.0 企业的全面考察，我们能够从中发现自己的不足，并向德国制造 4.0 看齐，最终目的是能够实现追赶和超越。

第13章 探求本质 考虑长远：深入德国工业 4.0 体系

西门子智能制造与数字化转型

西门子股份有限公司于 1847 年在德国建立，至今已经有 71 年的历史，创始人是维尔纳·冯·西门子。西门子不仅在电机和电子领域是全球业界先驱，在能源、医疗、工业及基础设施建设与城市业务领域也是佼佼者。

目前，西门子在电气、自动化和数字化领域大有建树，而大多数人所不了解的是，西门子也是全球十大软件公司之一。

2016 年，美国《财富》杂志评选的 2016 年全球最大 500 家公司排行榜中，西门子位于第 71 名。

2018 年，《财富》杂志评选的世界 500 强排行榜中，西门子位列第 66 位。目前西门子在全球拥有约 405000 名员工，业务遍布 190 个国家。

西门子智能制造 4.0

德国安贝格西门子电子制造工厂，是德国智能制造 4.0 的集中体现，也是智能化未来工厂典范。

西门子的生产流程高度智能化和数字化，可以灵活实现小批量、多批次的生产。最值得我们注意的是，西门子每 100 万件产品中，残次品的数量仅为 10 余件。

因此，每年我们都带很多客户专门去西门子的工厂感受德国工业 4.0 的发达程度，并使西门子的高管为我们介绍西门子智能制造的特殊之处。

西门子在德国安贝格的工厂有两个，分别是西门子 EWA（德国安贝格西门子电子制造工厂）和西门子 GWA（生产低压配电柜）。

EWA 工厂的员工仅有 GWA 的 1/2 左右，但是每年创造的产值却能够与 GWA 持平。EWA 工厂通过自动化改造、数字化生产、智能制造等先进技术，让西门子 EWA 工厂近十年的产能逐年翻倍，EWA 工厂到底有多强大？看一组数据：

1. 24 小时：生产交货期仅为 24 个小时（这个周期从收到订单开始，至产品订单下达，到生产，再到配送到中央仓库只要 24 个小时）。

2. 30 亿：每年西门子生产 30 亿个零部件。

3. 1,500,000：EWA 工厂每年生产 1500000 平方米 PCB 板，面积上相当于 50 个标准足球场。

4. 1 秒：1 秒钟就可以生产 1 个产品。

EWA 的发展目标从 2015 年调整为"Perfection for our Custormers"，质量第一是西门子 EWA 的发展战略之首。

EWA 对质量的追求是可怕的，EWA 提出 dpm-A 指标，涵义是百万出错率，EWA 对质量的追求是 EWA 质量可以快速提升的关键。从 20 世纪 90 年代的西门子的产品出错率是百万中的 560，目前西门子百万出错率在 10 左右，质量水平已接近 99.999%。

西门子的质量管理水平也是全球一流的。EWA 采用的是相互制约的多系统监测系统：在物流清单、工艺制程等系统都有检测，既有自动监测，也有一定量的人工抽检。

同时，EWA 早已把传统的 BOM 管理（Bill Of Material）——既以材料清单为基础的管理，升级为 BOP 管理（Bill Of Processor）——以形成工艺为基础的管理，即形成工艺结构树。

在西门子，流水线员工根本不需要过多的培训，大多数员工只需要 10～30 分钟左右的安全培训即可上岗。

因为西门子所依靠的是系统来提供相应的装配工序，所以员工可以在不同岗位上灵活调动。

目前西门子提供的产品和服务涵盖了：工业自动化、楼宇科技、驱动技术、能源、医疗、交通、金融解决方案、个人及家用产品、服务和中低压配电等各个领域。

我们可以从西门子智能工厂中学到什么？（见图 3-5）

1．优秀的生产现场布局和人员配比

我们参观 EWA 时，发现 EWA 工厂的布局是非常科学化和系统化，不身临其境是感受不到的。而西门子的人员配比也值得我们学习，一条生产线上操作工人只有数名，但是背后的技术人员却有数十名，这些技术人员保证了物料的正常供给、设备的正常运行，以及对产品进行质量抽检等。

第13章　探求本质　考虑长远：深入德国工业4.0体系

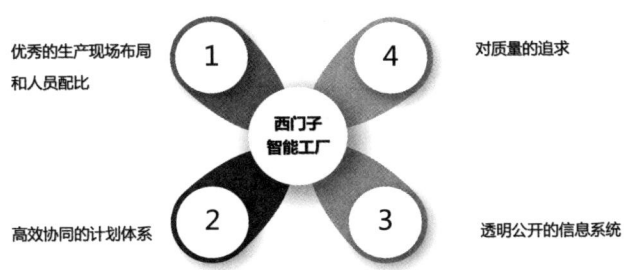

图3-5　我们能从西门子智能工厂学到什么？

2．高效协同的计划体系

西门子的生产线依靠信息系统来支撑，整个工厂的计划人员只有十几人，这些计划人员负责不同产品的调配和调度，而信息系统的支撑，保证了计划人员之间的协同，同时协同的还有西门子其他部门。

3．透明公开的信息系统

很多企业实行的是分级权限的信息管理，而西门子强调集成、统一、开放的数据标准，在西门子，生产数据是对全厂所有员工公开的。

4．对质量的追求

西门子对质量的追求值得我们所有企业学习。西门子认为出众的质量是企业赖以生存的关键。我们可以从西门子工厂学到如何生产出高质量的产品，以及如何从多角度实现对产品质量的控制。同时，对待制度的执行，西门子也是绝对严格，绝不会出现因人而异的情况。

西门子的"杀手锏"：西门子数字化解决方案

目前，西门子将数字化视为工业企业最重要的成长动力，在这一理念的引导下，西门子在整个价值创造链上，开发出一系列组合的工业4.0解决方案。

西门子目前在多个领域提供市场解决方案，包括：

汽车制造、电池生产、化工与制药、水泥、起重机、纤维行业、食品饮料、机械制造、船舶技术、采矿、石油与天然气、控制柜、制药行业、全集成能源管理、物流与机场、水处理等领域。

对于这些行业，西门子提供的市场解决方案可以通过一致性数字化，提高生产的灵活性。比如说，对于酿酒、制糖、食用油、乳制品、烟草等传统行业，不仅可以提升生产效率，带来生产的灵活性，还有助于个性化生产，确保生产过程顺利完成，同时还能确保生产优质、精良的产品。

而西门子企业服务的杀手锏有三个（见表3-2）："企业全价值链解决方案"和"西门子数字化企业软件套件"以及"MOS与SIMATIC PCS 7集成的一体化工程设计（见图3-6）"。

表3-2　西门子数字化解决方案[①]

西门子数字化转型服务	
1. 全价值链解决方案	为了使数字化充分发挥其潜力，西门子在全价值链实现整体解决方案。数字化企业软件套件可以帮助制造企业梳理整个业务流程并开展数字化改造，并将供应商无缝集成到流程中来。企业可以根据自己目前的需求，从产品设计一直到服务的整条价值链选取任意一个环节作为起点，开展数字化改造。MindSphere在企业运营的过程中对企业的生产资产和产品进行分析，并将分析的结果反馈给整个价值链，从而实现企业运营的持续优化。
2. 数字化企业软件套件	数字化企业软件套件是一套基于软件和自动化技术的全集成组合方案包，可以帮助离散工业对包括供应商在内的整个价值链进行无缝集成和数字化。 数字化企业软件套件可以生成一个完美的价值链数字模型，即"数字化双胞胎"。"数字化双胞胎"令企业得以在完全虚拟的环境下开展仿真、测试和优化，从而缩短产品上市时间，实现生产灵活性、提高生产质量和效率。西门子利用数字化企业软件套件，依托西门子协作平台Teamcenter，可以将产品生命周期管理（PLM）、制造运营管理（MOM）、全集成自动化（TIA）全面集成到一起，并与基于云的开放式物流网操作系统MindSphere相连。
3. MOS与SIMATIC PCS 7集成的一体化工程设计	"一体化工程设计"理念是指所有硬件与软件间完美协同，在一个系统中实现工厂管理、过程控制系统和设备设计与组态等各种功能。COMOS与SIMATIC PCS 7系统的完美集成，旨在实现最终的工厂数字化生产。西门子推出的一体化工程设计，可实现工厂工程设计与生产操作中的数据统一管理。 COMOS将工厂项目涉及的所有专业整合到一个中央数据库中，可有效预防数据的不一致或丢失。正是基于这种面向对象的数据管理机制，可确保所有用户随时访问最新数据。 SIMATIC PCS 7基于成熟可靠且功能强大的自动化标准组件，确保了系统的高可用性和高可靠性。该系统已无缝集成到全集成自动化环境中，实现所有系统组件间的完美协同和整个生产过程的全自动化运行，用户获益匪浅。 使用这两个工程设计解决方案，不仅确保了工厂整个生命周期内的高效系统化管理，还极大缩短了产品的面市时间，生产成本的显著降低以及产品质量的大幅提升。

西门子工业软件全球高级副总裁、大中华区首席执行官兼董事总经理梁乃明先生曾经在《西门子智能制造解决方案引领数字化企业转型》中这样阐述西门子如何在五个环节中实现企业数字化转型："从一个创意开始，到制作实现一个产品，到最后怎么样去利用这个产品，这三个大的环节，我们可以看成一个五部曲，产品设计、生产规划、生产的工程、到制造的执行，到最后一个服务。那我们如何把五个

---
① 表中资料来自于西门子公司官方网站。

环节，有机地结合起来，也就是我们今天刚才讲到的，我们把数据在各个不同阶段的数据，用数据线串起来，串起来之后我们会缩短我们的整个产品研发，速度就会出来了。再透过工业云来提供产品数据，跟我们的客户提供最好的服务，提供一个实时的维修。如此我们形成一个闭环式的制造环节，让我们更合理地迭代创新，所以第二个变成我们一个创新，就是有一个最新的先进系统，帮我们达到创新的目标。"

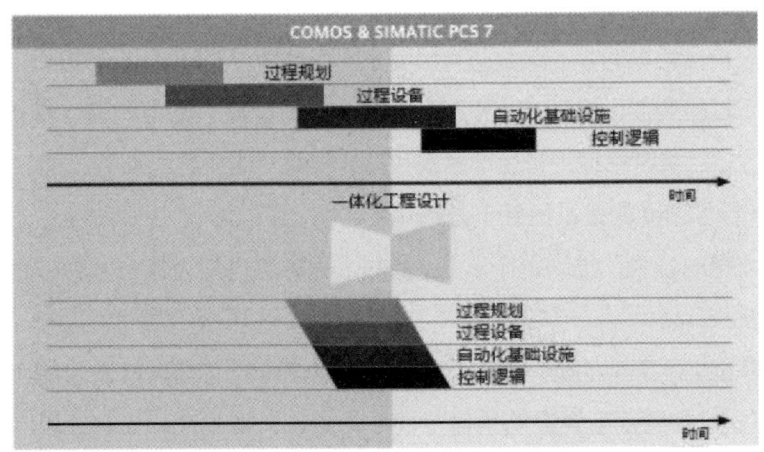

图3-6　MOS与SIMATIC PCS 7 集成的一体化工程设计 [1]

梁乃明认为："智能制造越来越与半导体、电子、机械、软件密不可分，这是在产品数字化和环境仿真、机器人的仿真、机器人协同合作、机器人安全等技术发展起来之后形成的。也是同样的，我们在用各种不同的设计软件，还有仿真软件，让我们生产线在还没有正式投产以前，我们可以做到所有测试仿真，让我们生产线在搭建起来以后，我们可以达到99%的一个目标，不需要再做一个物理上面的样板和样品，所以这个大大提高了我们的速度，也大大降低了我们的成本。"

工业化4.0与智能化实践：奔驰

奔驰智能智造4.0：全面进化和改善

如果参观过奔驰的工厂，就会体验到工业4.0究竟是什么，因为奔驰的工厂已

---

[1] 图中资料来自西门子公司官方网站。

经率先进入了工业 4.0 时代。工业 4.0 为奔驰带来的是从生产到销售再到最后的客户体验，涉及到的所有环节都有了非常大的改善，而这些就得益于大数据技术和机器学习的技术。

戴姆勒工厂数字化技术的应用，能够让生产管理者实时掌握材料消耗情况，并且可以对客户的需求作出响应，对每辆车进行定制化生产，让奔驰实现了高效、快捷和智能化的生产模式。同时，生产全流程数字化的实现，还可以让客户在下单之后随着掌握自己爱车的生产装配进度，这套系统叫作 Joyful Anticipation，英文直译就是充满乐趣的期待，对于客户来说，事实也正是如此，因为和等待通知然后提走爱车相比，自己实时掌握爱车生产情况，这确实是充满乐趣的期待。

奔驰和工业 4.0 的关系已经不是简单的参与，因为奔驰正试图通过不断更新战略和生产流程的方式，推动整个工业 4.0 的进程，这也是为什么奔驰一直走在工业 4.0 前端的原因。

现在以位于不莱梅的全球第二大梅赛德斯奔驰工厂为例，深入了解奔驰的工业 4.0 生产方式。梅赛德斯奔驰的销售方式是先定制，再生产。当有经销商有订单之后，会以电子订单的形式发送到奔驰工厂，工厂工作人员会为订单中的每一辆车创建一个条形码，条形码内容包括：生产日期、VIN、配置规格以及激活代码，在订单交付时会按照条形码上的信息一一核对。

在不莱梅梅赛德斯的生产装配车间里，没有大量的人工，有的只是数百个焊接机器人在忙碌工作。不过在机器人完成生产供需之后，为了确保安全，还会有专业技术人员再次检查，确保零部件符合标准。当所有零部件加工完毕之后，配件运至装配车间，机器人和技术工人相互配合，完成车辆的组装。

在奔驰工厂的全智能"信息物理系统"的管控下，所有生产订单都在有条不紊地进行，并且确保效率最高化。如果在组装生产过程中，其中某一环节出现了问题，比如供应商零部件未能及时送达，通过"信息物理系统"，工厂可以临时调动其他车型的通用配件，保证生产可以继续进行或者将影响降到最小。这套全智能系统既有普通生产管理软件的管理功能，同时还能根据实际情况动态管理所有生产环节，这既保证了生产效率，又实现了多样化生产。奔驰不莱梅工厂就在这套系统的帮助下，可以轻松高效地在同一生产线上生产多种车型。

第13章 探求本质 考虑长远：深入德国工业4.0体系

迎接未来

智能化工厂可以说是工业4.0的基础，奔驰的工业4.0基础已经完成，智能工厂的应用大大提高了生产的效率和质量，同时也缩短了新产品研发的时间。未来在全面迈入工业4.0时代之后，传统制造业的边界将变模糊，消费者的地位会进一步提高，产品研发和生产将更注重消费者的需求和喜好，并且对于一部分特定消费者，企业将可以提供100%的个性化定制。

目前工业4.0革命已经在全球范围内展开，这是一场新的竞赛，和工业化发展变化速度相比，过去的历史因素将变得不再重要。

工业4.0给奔驰带来了新的生产理念和技术，在这个背景下，奔驰开始重新思考未来的产品变化，之后便公布了自己的未来产品计划：无人车和无人机。

奔驰的无人卡车名字为FutureTruck2025，外界预测奔驰计划在2025年正式推出。奔驰的这款无人卡车很可能改变当前公路货运的业务现状，同时也给工业4.0时代背景下的公共运输发展提供了方向。比如，无人驾驶卡车可以通过智能控制系统在提高安全性的同时降低能源消耗。

除了无人卡车，奔驰还早在2015年时就对外公布了F015 Luxury in Motion无人驾驶概念车。无人车早已经不是新鲜事物，但是和传统汽车或无人驾驶车相比，奔驰推出的这款汽车更像是将会客室装在了车里，或者说这其实是一间有四个轮子可以自动行驶的会客室，乘客可以在自动驾驶的途中与客户聊天或者充分享受旅行带来的美好时光。也就是说奔驰的这款概念车重新定义了未来汽车的功能。

同时，奔驰现在已经意识到：在不远的将来人和车的关系将会发生重大的改变——家用车的销量很可能会出现大幅下滑情况。

为了应对未来这种可能出现的情况，奔驰在两年前就已经开始行动，扩展自己的业务范围。2016年，奔驰母公司戴姆勒宣布收购英国打车应用Hailo 60%的股份，并和戴姆勒打车服务**MyTaxi**合并，共同对抗Uber。实际上除了奔驰、大众、丰田、通用汽车等传统汽车巨头也都向共享交通领域投资，拓展自己的业务边际。

方向的调整代表着奔驰认为未来运输很可能会向公共交通或共享交通倾斜，所以及时调整了自己的战略，而从最近两年欧洲国家推出的政策中，也可以发现这种倾向。

参考文献

1. 孙黎，曹声容. 长大的鞋子——转型时期的中国企业标杆选择 [M]. 北京：中国社会科学出版社，2005 年.

2. 田涛，吴春波. 下一个倒下的会不会是华为 [M]. 北京：中信出版社，2012 年.

3. 黄卫伟. 以奋斗者为本 [M]. 北京：中信出版社，2014 年.

4. 黄卫伟. 以客户为中心 [M]. 北京：中信出版社，2016 年.

5. 李志刚. 创京东 [M]. 北京：中信出版社，2005 年.

6. 曹仰锋. 海尔转型 [M]. 北京：中信出版社，2014 年.

7. 稻盛和夫【日】. 活法 [M]. 东方出版社，2005 年.

8. 黄铁鹰. 海底捞你学不会 [M]. 北京：中信出版社，2015 年.

9. 沃麦克【美】. 丰田精益生产方式 [M]. 北京：中信出版社，2008 年.

10. 杰克·福斯特【美】. 大创意 [M]. 呼和浩特：内蒙古人民出版社，2002 年.

11. 杰夫·戴尔【美】，赫尔·葛瑞格森【美】，克莱顿·克里斯坦森【美】. 创新者的基因 [M]. 北京：中信出版社，2013 年.

12. 刘庆峰，刘庆峰. 创立 19 年 科大讯飞做到了什么 [EB/OL]. 正和岛，2018-08-20.

13. 张明若. 股权激励的本质 [EB/OL]. 明若说股权，2018-05-10.

14. 梁乃明. 西门子智能制造解决方案引领数字化企业转型 [EB/OL]. 先进制造业. 2017-12-12.

15. 约瑟夫·熊彼得【美】. 经济发展理论 [M]. 北京：立信会计出版社，2017 年.

16. 雷格·瑞文斯【英】. 行动学习的本质 [M]. 北京：机械工业出版社，2016 年.